A QUESTÃO DA IDEOLOGIA

BIBLIOTECA LEANDRO KONDER

Os marxistas e a arte

Marx, vida e obra

Marxismo e alienação

O marxismo na batalha das ideias

A derrota da dialética

O futuro da filosofia da práxis

História das ideias socialistas no Brasil

Introdução ao fascismo

Leandro Konder

A QUESTÃO DA IDEOLOGIA

1ª EDIÇÃO

EXPRESSÃO POPULAR

SÃO PAULO - 2020

Copyright © 2020 by Editora Expressão Popular

Edição anterior: *Companhia das Letras, 2002*
Revisão: *Cecília Luedemann, Nilton Viana e Dulcineia Pavan*
Projeto gráfico, diagramação e capa: *Zap Design*
Impressão e acabamento: *Paym*

Dados Internacionais de Catalogação-na-Publicação (CIP)

K82q

Konder, Leandro, 1936-2014
A questão da ideologia / Leandro Konder. --1.ed. —São Paulo : Expressão Popular, 2020.
288 p.

Indexado em GeoDados - http://www.geodados.uem.br
ISBN 978-65-991365-9-7

1. Ideologia. 2. Ideologia – História. I. Título.

CDU 316.75
CDD 140

Bibliotecária: Eliane M. S. Jovanovich - CRB 9/1250

Todos os direitos reservados.
Nenhuma parte deste livro pode ser utilizada
ou reproduzida sem a autorização da editora.

1ª edição: outubro de 2020
1ª reimpressão: setembro de 2021

EDITORA EXPRESSÃO POPULAR
Rua Abolição, 201 – Bela Vista
CEP 01319-010 – São Paulo – SP
Tel: (11) 3112-0941 / 3105-9500
livraria@expressaopopular.com.br
www.expressaopopular.com.br
🄵 ed.expressaopopular
🄾 editoraexpressaopopular

SUMÁRIO

NOTA EDITORIAL 7

APRESENTAÇÃO 11
Cristina Simões Bezerra

AGRADECIMENTOS 15

INTRODUÇÃO...17

PARTE I

1. A QUESTÃO DA IDEOLOGIA ANTES DE MARX 23

2. A QUESTÃO DA IDEOLOGIA EM MARX 37

3. A QUESTÃO DA IDEOLOGIA ENTRE OS MARXISTAS DO INÍCIO DO SÉCULO XX...59

4. EM LUKÁCS 67

5. EM MANNHEIM...77

6. EM HORKHEIMER E ADORNO 83

7. EM MARCUSE 97

8. EM BENJAMIN 103

9. EM GRAMSCI..111

10. EM BAKHTIN..121

11. EM ALTHUSSER 129

12. EM GOLDMANN 135

13. EM HABERMAS...139

14. ...E NO BRASIL 147

PARTE II

15. IDEOLOGIA E LINGUAGEM 161

16. OBJEÇÕES À IDEOLOGIA 175

17. IDEOLOGIA E PÓS-MODERNISMO 187

18. IDEOLOGIA E HISTÓRIA 199

19. IDEOLOGIA E PSICANÁLISE 211

20. IDEOLOGIA E ARTE 225

21. IDEOLOGIA E ÉTICA 239

22. IDEOLOGIA E COTIDIANO 251

23. IDEOLOGIA E POLÍTICA 263

UMA QUESTÃO NUNCA
INTEIRAMENTE RESOLVIDA? 273

REFERÊNCIAS BIBLIOGRÁFICAS 283

NOTA EDITORIAL

Às vésperas de comemorar 40 anos, em fevereiro de 2021, o ANDES-SN (Sindicato Nacional dos Docentes das Instituições de Ensino Superior) estabelece uma parceria com a Editora Expressão Popular para fortalecer a perspectiva da produção clássica e crítica do pensamento social.

O movimento docente das instituições de Ensino Superior no Brasil teve início em um ambiente hostil para a liberdade de expressão e associação do(a)s trabalhadore(a)s, pois era o período de enfrentamento à ditadura civil-militar (1964-1985). Foi nesse período que a Associação Nacional dos Docentes de Ensino Superior, a ANDES, nasceu. Um processo de criação calcado em uma firme organização na base, a partir das Associações Docentes (AD), que surgiram em várias universidades brasileiras a partir de 1976. Após a Constituição Federal de 1988, com a conquista do direito à organização sindical do funcionalismo público, a ANDES é transformada em o ANDES-SN, sindicato nacional. Toda a sua história é marcada pela luta em defesa da educação e dos direitos do conjunto da classe trabalhadora, contra os autoritarismos e os diversos e diferentes ataques à educação e à ciência e tecnologia públicas. Também é marca indelével de sua história a defesa da carreira dos/as professores/as e de condições de trabalho dignas para garantir o tripé ensino-pesquisa-extensão.

A luta da ANDES e, posteriormente do ANDES-SN, sempre foi marcada por uma leitura materialista e dialética da realidade. As análises de conjuntura que sistematicamente guiaram as ações tanto da associação quanto do sindicato sempre assumiram como base os grandes clássicos da crítica à Economia Política. Valorizá-los neste momento não é olhar o passado, muito ao contrário, significa fortalecer as bases que nos permitem fazer prospecções sobre a conjuntura e preparar-nos para a ação vindoura.

Em tempos de obscurantismo e de ascensão da extrema-direita, de perseguição à educação pública e aos/às educadores/as, de mercantilização da educação e da ciência e tecnologia, de desvalorização do pensamento crítico, de tentativa de homogeneização da ciência e de criminalização dos que lutam, ousamos resistir, ousamos lutar, nas ruas e também na disputa de corações e mentes. Por isso, ao celebrar os 40 anos de luta do ANDES-SN, a realização dessa parceria, que divulga e revigora a contribuição de pensadores/as clássicos/as, fortalece nossa perspectiva crítica e potencializa nossas lutas.

Reafirmar nosso compromisso com a defesa intransigente da educação pública, gratuita, laica, de qualidade, socialmente referenciada, antipatriarcal, antirracista, anticapacitista, antimachista, antilgbtfóbica é uma das tarefas centrais do atual tempo histórico. Não há melhor forma de reafirmar nosso compromisso do que lançar luz às questões centrais do capitalismo dependente, dar visibilidade à luta de classes e à necessária construção de um projeto de educação emancipatório.

***

Agradecemos a Cristina Konder e a Carlos Nelson Konder que solidariamente nos autorizaram a publicação de mais esse título na nossa biblioteca Leandro Konder. Esta é a nona obra que publicamos desse intelectual comunista, como ele mesmo gostava de se referir, cujas ideias são cada vez mais relevantes e importantes para compreendermos nossa realidade e transformá-la.

Como sempre, este livro de Leandro Konder traz de forma didática, mas sem perder o rigor teórico, o debate que se desenrolou no século XX em torno dessa complexa e irresoluta questão da ideologia e suas reverberações na vida social, na luta política, na arte, na cultura e na filosofia.

Boa leitura!

Diretoria Nacional do ANDES-SN
(Gestão 2018-2020)
Expressão Popular
Brasília/São Paulo, 2020

APRESENTAÇÃO

Cristina Simões Bezerra[1]

A INICIATIVA DA EDITORA EXPRESSÃO POPULAR de uma nova publicação do já clássico *A Questão da Ideologia*, do marxista brasileiro Leandro Konder é, mais uma vez, uma proposta ousada e extremamente necessária. Konder, como é sabido, representa um dos mais importantes nomes no processo de apreensão e, ao mesmo tempo, de análise da introdução das ideias marxistas no Brasil, sendo responsável, desde a metade do século XX, junto com outros companheiros como Michael Löwy, Marilena Chauí e, sobretudo, Carlos Nelson Coutinho, pelo processo de renovação de nosso "marxismo a brasileira", criando a possibilidade de superarmos nosso passado positivista de apreensão destas ideias (tão bem analisado pelo próprio Konder em *A derrota da Dialética*) e de criarmos um vínculo de fato materialista e crítico entre as ideias marxistas e a realidade brasileira. Desta forma, Konder é um autor fundamental para aqueles que desejam entender para transformar as relações sociais no Brasil e no mundo.

O livro que o leitor tem em mãos foi publicado, pela primeira vez, em 2002, pela Editora Companhia das Letras, e não poderia ter um título mais instigante: de fato, do ponto de vista filosófico ou teórico-metodológico, o termo "ideologia" representa uma das

---

[1] Professora da Faculdade de Serviço Social da Universidade Federal de Juiz de Fora

"questões" mais intensas do pensamento social de uma forma geral. De uma concepção substancialmente negativa, que se relacionava às distorções atuantes no processo de conhecimento e de sua elaboração sobre a realidade, vigente desde os pensadores gregos da Antiguidade, a uma concepção positiva e propositiva, desencadeada sobretudo pelos pensadores do marxismo renovado da segunda metade do século XX, muito se produziu e se problematizou em torno do termo "ideologia", uma vez que ele acompanhou todo o processo de busca da superação do idealismo e de nascimento do materialismo histórico no século XIX. Neste processo, dois pontos de inflexão nos parecem fundamentais. Primeiramente, a publicação, somente em 1931, de *A Ideologia Alemã*, de Marx e Engels, na qual realizam um acerto de contas fundamental com a filosofia clássica alemã, compreendendo-a como uma "falsa consciência", ou seja, como uma forma distorcida e alienante do processo de conhecimento e, por consequência, de interpretação e transformação da realidade. Este será, num primeiro momento, o sentido negativo que Marx e Engels vão atribuir ao termo "ideologia", ou seja, uma falsa consciência, um conjunto de ilusões por meio das quais os homens pensam conhecer sua realidade, mas que, na verdade, os fazem conhecer de forma enviesada, distorcida. Para Marx e Engels, este conhecimento ideológico da realidade precisa ser invertido, pois as ideias jamais se desenvolvem por si mesmas, como entidades substantivas.

Mas a história caminhou a passos largos. E junto com a história, caminham também a linguagem e seus termos fundamentais. Ao final do século XIX e início do século XX, com a experiência vitoriosa da Revolução Russa e todos seus efeitos na luta de classes no cenário mundial, o termo "ideologia" foi profundamente renovado, passando a se relacionar, no aspecto da formação da consciência, a todo um conjunto de ideias que, oriundo das mais profundas e contraditórias relações sociais de produção e reprodução, acaba por redefinir tais relações e delinear ideias e concepções de mundo que orientam determinada práxis, inserida na relação humana de intervenção e transformação da realidade. No entanto, o contexto real desta interpretação é limitado, afirma Raymond Willians, pois poderíamos encontrar, ao longo da produção marxiana, pelo menos mais dois sentidos de "superestrutura": o de formas de consciência que expressam uma determinada ideologia, uma visão de mundo característica de uma classe; e o de um processo no qual os homens se tornam conscientes de um conflito econômico fundamental e tentariam solucioná-lo (práticas políticas e culturais). Assim, este autor nos chama atenção para o fato de que entender os termos infraestrutura e superestrutura como categorias separadas e áreas de atividade fechadas é realizar uma abstração comum e vazia de sentido, própria das formas de pensamento que Marx tanto condenou.

Konder opera neste universo com primazia e profundo senso crítico, demonstrando não só este movimento do termo ideologia, mas também seus principais interlocutores. O livro se divide, assim, em duas partes, brilhantemente articuladas. Na primeira, Konder faz toda uma viagem, desde a Antiguidade até os tempos contemporâneos, em torno dos autores e das concepções que os orientaram na apreensão e na problematização do termo em questão. Orienta-o, sem dúvidas, a partir do item 3 (A questão da ideologia entre os marxistas do início do século XX) a compreensão de que estamos sempre a falar de *marxismos*, num plural significativo, que demonstra, de G. Lukács a J. Habermas, passando por A. Gramsci, L. Althusser e L. Goldmann, dentre outros, a evidente preocupação marxista em refazer o vínculo que o próprio capitalismo rompeu, qual seja, entre o pensar e o fazer, entre o trabalho manual e o trabalho ideológico, entre a ideia e a força das ideias. Especial atenção deve ser dada, nesta primeira parte, ao item 14, com o rico voo, realizado pelo autor, sobre o termo cultura no pensamento social brasileiro, valendo-se das importantes contribuições de Mauricio Tragtenberg, Roberto Schwarz, Sérgio Paulo Rouanet e Marilena Chauí. Um trabalho, a nosso ver, carente de atualizações e releituras, uma vez que autores como o próprio Konder, Carlos Nelson Coutinho e outros realizam, já no final do século XX, profundas contribuições a esse debate.

Mas Leandro Konder não se limita a esta abordagem autoral sobre o termo ideologia e vai muito além, deixando-nos talvez, na segunda parte do livro, o legado mais inquietante sobre o tema. Konder nos presenteia com uma importante abordagem do termo ideologia e sua relação com diferentes áreas de conhecimento, tais como a linguagem, o pós-modernismo (tema absolutamente atual), a história, a arte e política. O leitor saíra desta segunda parte, com certeza, com mais perguntas que respostas e é justamente esta dinamicidade que explica que ainda estejamos hoje tão provocados por este tema, que por vezes é usado quase como uma palavra-chave para explicar o inexplicável.

Em tempos de "escola sem partido", neofascismo e neoconservadorismo, o termo ideologia renasce como uma grande questão entre estudiosos e militantes e a ele devemos nossas mais profundas inquietações. Como o próprio autor questiona ao final do livro, estamos diante de uma questão nunca inteiramente resolvida? Impossível responder, mas com certeza, o legado de Leandro Konder, nesta e em outras obras deixadas a nossa herança militante e revolucionária, confirmamos que, mais uma vez, "o caminho se faz ao caminhar". Prematuramente falecido, em 2014, estamos diante de um gigante de nosso pensamento social brasileiro, a quem a história ainda fará a devida justiça. Obrigada, a Editora Expressão Popular, por mais esta investida em nossos horizontes revolucionários mais amplos.

Leandro Konder, presente. Sempre!

AGRADECIMENTOS

AO LONGO DE MUITOS ANOS, tenho conversado sobre a questão da ideologia com muita gente. Em especial, o tema tem estado presente em animadas discussões com Cristina Konder, Carlos Nelson Coutinho, Milton Temer e Margarida (Guida) de Souza Neves. Mais recentemente, Carlos Nelson (Caíto) Konder se tornou um interlocutor imprescindível.

Discuti algumas das ideias desenvolvidas neste livro com colegas, alunos e ex-alunos. Entre os que me têm ouvido mais assiduamente estão Isabel Lelis, Sonia Kramer, Menga Lüdke, Tania Dauster, Ana Waleska Mendonça, Alícia Bonamino, Maria Luiza Oswald, Vera Candau, Apparecida Mamede, Creso Franco e Ralph Bannell. Mais longamente, submeti a paciência de Zaia Brandão, Rosália Maria Duarte e Ana Elvira Raposo à exposição do meu pensamento, ouvindo sempre observações instigantes.

Além disso, ministrei um curso sobre a questão da ideologia para alunos de pós-graduação no Departamento de Educação da PUC-RJ em 2001 e apreciei enormemente a reação dos estudantes.

Ana Luiza Smolka me proporcionou ocasião de falar em Campinas sobre a questão da ideologia para um amplo público.

Mais recentemente, o livro foi lido por Eugenio Bucci, que fez observações extremamente argutas e lúcidas.

Sou grato a todos e também ao CNPq, pela bolsa de produtividade em pesquisa que me concedeu.

INTRODUÇÃO

MICHAEL LÖWY, AUTOR DE UM DOS melhores ensaios dedicados ao tema da "ideologia", já chamou a atenção de seus leitores para a polissemia do conceito:

> Existem poucos conceitos na história da ciência social moderna que sejam tão enigmáticos e polissêmicos como esse de ideologia. Ao longo dos últimos dois séculos ele se tornou objeto de uma acumulação incrível, até mesmo fabulosa, de ambiguidades, paradoxos, arbitrariedades, contrassensos e equívocos. (Löwy, 1987, p. 9-10)

Uma rápida olhada na bibliografia, no final deste volume, bastará para proporcionar ao leitor uma ideia da vastidão das publicações que veicularam as "leituras" diversas e contraditórias a que o conceito foi submetido.

O presente trabalho não pretende propor mais uma interpretação do conceito de ideologia, uma exegese disposta a corrigir todas as outras. As páginas que se seguem, a rigor, não estão sequer dedicadas ao conceito propriamente dito: de fato, elas giram em torno de uma questão (e não é casual que o livro se intitule, justamente, *A questão da ideologia*).

Em que consiste, precisamente, essa questão? Para uma explicação preliminar, vale a pena recorrermos ao *Dicionário de política*, coordenado por Norberto Bobbio, Nicola Matteucci e Gianfranco Pasquino. Nele, o verbete ideologia, escrito por Mario Stoppino, começa com uma constatação que coincide, no essencial, com a de Michael Löwy, transcrita acima:

> Tanto na linguagem político-prática quanto na linguagem filosófica, sociológica e político-científica, não existe talvez nenhuma outra palavra que possa ser comparada à ideologia pela frequência com a qual é empregada e, sobretudo, pela gama de significados diferentes que lhe são atribuídos.

Mas, apoiando-se em Bobbio, Stoppino dá um passo adiante e propõe uma curiosa distinção: ele distingue entre um significado *fraco* e um significado *forte*. O significado *fraco* é aquele em que o termo designa sistemas de crenças políticas, conjuntos de ideias e valores cuja função é a de orientar comportamentos coletivos relativos à ordem pública. O significado *forte* é aquele em que o termo se refere, desde Marx, a uma distorção no conhecimento. Na primeira acepção, o conceito é neutro; na segunda, é crítico, negativo. Stoppino escreve: "Na ciência e na sociologia política contemporâneas predomina nitidamente o significado fraco da ideologia".

Entre os representantes – minoritários – da perspectiva que trabalha com o significado *forte* da ideologia se acham alguns poucos teóricos convictamente antimarxistas, como o italiano Vilfredo Pareto, para quem os instintos fundamentais da natureza humana são muito mais fortes do que os fatores sociais e por isso influem, inevitavelmente, na psicologia dos indivíduos, induzindo-os a elaborar ou a adotar representações ideologicamente distorcidas da realidade política e social.

Apesar da presença de Pareto e de outros – poucos – antimarxistas, a lista dos teóricos que insistem em retomar o conceito em sua acepção *forte* é uma lista da qual constam, sobretudo, os *pensadores que estão de algum modo empenhados em desdobrar a reflexão de Marx sobre o tema*.

Este livro procura reconstituir alguns aspectos do movimento da reflexão desses pensadores a respeito da ideologia, algumas características daquilo que cada um retomou da concepção de Marx, acrescentando eventualmente complementos ou correções, ou algumas características daquilo que cada um considerou superado e procurou eliminar ou substituir no enfoque do autor (junto com Engels) d'*A ideologia alemã*.

Muitas vezes, os filósofos evocados a seguir formularam seus pensamentos imbuídos da convicção de que haviam conseguido elaborar um novo conceito de ideologia e com ele estavam resolvendo problemas que seus predecessores não tinham conseguido solucionar. É provável, no plano subjetivo, que essa convicção os tenha ajudado, que ela lhes tenha fortalecido a disposição, o ânimo para aprofundar suas construções teóricas. O presente trabalho, contudo, foi empreendido com outro objetivo, com outra preocupação.

Não se pretende, aqui, contribuir para resolver a questão da ideologia, submetendo o conceito a mais uma – a enésima! – reformulação. O que se procura fazer, nas páginas que se seguem, é revisitar as diversas expressões que a questão da ideologia veio assumindo desde Marx até o presente na perspectiva da esquerda, em suas diversas vertentes teóricas. O interesse do estudo, então, está inteiramente voltado para *a questão como tal*.

A convicção com a qual este livro foi escrito é a de que, independentemente do maior ou menor alcance do seu valor operatório em diferentes campos do trabalho científico, *o conceito de ideologia, em seu significado "forte", trouxe para o pensamento contemporâneo a exigência de se defrontar com uma questão crucial, inescamoteável, extremamente instigante, que o obriga a um autoquestionamento radical e o desafia a uma autorrenovação dramática.*

É como se a questão da ideologia fosse, hoje, uma nova versão do enigma que a Esfinge propôs a Édipo. Em vez da alternativa "ou decifras o enigma ou te devoro", a questão da ideologia, moderna Esfinge, nos provoca, irônica: "Decifra-me, enquanto te devoro".

PARTE I

1. A QUESTÃO DA IDEOLOGIA ANTES DE MARX

O TEMA DA IDEOLOGIA – ENTENDIDO como o registro de pressões deformadoras atuando sobre o processo de elaboração do conhecimento – é um tema muito antigo.

Desde que os gregos, pioneiramente, passaram a refletir sobre os problemas mais gerais dos seres humanos – de onde viemos, o que é o mundo, quem somos nós, para onde vamos etc. – sem se prenderem às explicações religiosas tradicionais (os mitos), uma questão crucial, que emergia sempre no caminho da reflexão, era: *o que é o conhecimento?*

Platão já advertia seus contemporâneos de que podiam estar enxergando sombras e pensar que estavam vendo seres reais.

Vinte e cinco séculos se passaram e a indagação continuou a ser feita com insistência: o que é, exatamente, conhecer? O que me autoriza a afirmar que efetivamente conheço alguma coisa? Quem me garante que o que eu sei (ou acho que sei) corresponde à realidade?

O poeta espanhol Antonio Machado disse, com muita graça: *"en mi soledad/ he visto cosas muy claras/ que no son verdade"*. O fato de vermos as coisas com muita clareza não assegura que elas sejam tais como as vemos.

Mesmo que os órgãos dos sentidos fossem mais confiáveis do que de fato são, eles me proporcionariam, no máximo, o acesso a um nível bastante limitado da realidade.

Um homem pode ter especial apreço, por exemplo, pela cadeira em que costuma se sentar. Conhece-a – empiricamente – há muitos anos. Está familiarizado com sua cor, com sua forma, com a maciez do assento, com a solidez da madeira e a estrutura do respaldar. Já observou, talvez, cada centímetro dela, os arranhões sofridos, as falhas na pintura. Identifica até mesmo o cheiro dela. Mas o que ele sabe, de fato, sobre a cadeira?

Podemos dizer que o cidadão do nosso exemplo sabe muitas coisas apreendidas por sua percepção sensorial. Para saber outras coisas fundamentais, entretanto, ele precisará ir além da empiria: precisará trilhar caminhos que exigem a abstração teórica.

O conhecimento da cadeira só poderá vir a se aprofundar se o seu zeloso usuário a comparar com outras cadeiras, estudar sua concepção, como ela foi concebida pelo *designer,* qual é o seu estilo, como foi feita pelo carpinteiro, qual foi a técnica que ele utilizou, quais eram as opções técnicas e estilísticas disponíveis, quais as peculiaridades da madeira escolhida, que ligações a cadeira tem com a cultura do seu tempo e de que modo se insere na sociedade que a viu ser criada.

Trata-se, portanto, de um conhecimento que não pode ficar limitado à percepção sensível direta: precisa construir interpretações abstratas, baseadas em informações que não podem ser imediatamente cotejadas com a experiência *vivida* pelo observador. O sujeito se *abstrai* da multiplicidade das sensações, da percepção imediata, e se fixa em determinados elementos, que vão sendo desdobrados e postos em conexão uns com os outros.

Trilhando os novos caminhos e explorando as novas possibilidades, o conhecimento realiza avanços prodigiosos, porém fica exposto a maiores equívocos. Os erros cometidos empiricamente são limitados e simples; os erros que se cometem com base na elaboração teórica, entretanto, são sutis e complexos.

Se a experiência me mostra que fui vítima de uma ilusão de ótica ou me enganei na apreensão de um som, posso ficar momentaneamente perplexo, mas não terei grandes dificuldades para reconhecer e corrigir o engano. Se, contudo, construí uma interpretação, articulei fatos e ideias, elaborei uma teoria e incorporei o que foi observado a um conjunto de noções organizadas, nas quais tenho confiança, o reconhecimento do equívoco se torna mais delicado e, com frequência, mais doloroso.

O desenvolvimento das ciências depende da teoria, da abstração. Ao mesmo tempo, ele não proporciona ao conhecimento nenhuma garantia de que não haverá descaminhos. E – o que é pior – qualquer falha na construção saudavelmente ambiciosa do conhecimento científico poderá, em princípio, causar transtornos muito superiores aos que costumam ser acarretados pelas deficiências da limitada percepção empírica.

Por isso, um dos campos temáticos mais importantes da filosofia, a teoria do conhecimento, sempre se ocupou, de um modo ou de outro, de algumas das questões que integram a problemática daquilo que, a partir do século XIX, viria a ser designado como ideologia.

Houve numerosos momentos nos quais o conhecimento, voltando-se sobre si mesmo, sentiu-se obrigado a reconhecer seus próprios paradoxos. Alguns pensadores indagaram: como posso saber se sei o que sei, se não posso cotejar o que supostamente sei com o que sou forçado a admitir que não sei?

Ao avançar, o conhecimento tem ampliado seu quadro de referências, seu acervo de informações, mas também tem aumentado tanto seus problemas de organização interna quanto sua percepção da vastidão da sua ignorância. Quanto mais o sujeito conhece, mais ele se dá conta do quanto desconhece. E foi essa constatação que levou Nicolau de Cusa, no início do Renascimento, a sustentar a ideia da *douta ignorância,* isto é, a tese de que o verdadeiro sábio é o que se sabe ignorante.

Nicolau de Cusa, na verdade, propunha uma nova maneira de se pensar o conhecimento. Ele dizia: não podemos conceber a infinitude em Deus, só podemos lidar com uma concepção humana do infinito, por isso o conhecimento que temos das coisas finitas que compõem o nosso mundo é sempre limitado, imperfeito. Deus é o *Absoluto Máximo,* é absolutamente incomparável, ao passo que no nosso mundo tudo é relativo, nosso conhecimento é obtido por comparação e tropeça inevitavelmente em contradições. Só nos cabe, então, ser humildes, debruçar-nos com modéstia sobre as contradições do mundo (Cusa, 1979).

Além disso, em diversas ocasiões, surgiram, na história da filosofia, reflexões segundo as quais, além das enormes dificuldades intrínsecas da construção do conhecimento, o esforço do conhecer enfrenta, inevitavelmente, pressões deformadoras provenientes de alguns elementos constitutivos da cultura e da sociedade onde o sujeito cognoscente vive.

Uma das reflexões mais vigorosas dedicadas a esse tema, ainda no Renascimento, pode ser encontrada no *Novum Organum,* do inglês Francis Bacon. O pensador britânico, preocupado com a exagerada abstratividade das teorias tradicionais, herdadas da Idade Média, empenhou-se numa enérgica revalorização de um conhecimento que permanecesse mais próximo do nível empírico, da experiência, da observação direta dos fatos. Para ele, era preciso levar os seres humanos ao "trato direto das coisas", para ajudá-los a se libertar do cipoal de noções falsas que lhes eram inculcadas (e que Bacon chamava de "ídolos").

De acordo com Bacon, eram quatro as espécies de *ídolos:* os *ídolos da tribo,* os *ídolos da caverna,* os *ídolos do foro* e os *ídolos do teatro.*

Os *ídolos da tribo* eram as conveniências específicas do gênero humano, que os homens acreditam que são, automaticamente, a expressão correta da realidade da natureza e do mundo. Os *ídolos da caverna* eram as conveniências de cada indivíduo como tal, que levam cada pessoa a acreditar que sua opinião tem, naturalmente, validade geral. Os *ídolos do foro* provinham da comunicação entre os indivíduos por meio da linguagem e da imperfeição das palavras, o que resulta numa adaptação dos homens à inépcia comunicativa.

Por fim, havia os *ídolos do teatro,* resultantes do fato de que todas as ideias – filosóficas, científicas ou meras crendices e superstições – chegam à alma crédula da população na forma de "verdades" *encenadas,* sancionadas pela autoridade da tradição e fortalecidas por sua capacidade de simplificar as ideias, tornando-as agradáveis e lisonjeiras para as pessoas.

Embora combata os *ídolos,* Bacon descreve um quadro pouco alentador, que reconhece de maneira bastante realista, nas condições da época, a força colossal de que esses *ídolos* dispõem.

No capítulo 49 do *Novum Organum* se pode ler:

> O intelecto humano não é luz pura, pois recebe influência da vontade e dos afetos, donde se pode gerar a ciência que se quer. Pois o homem se inclina a ter por verdade o que prefere. Em vista disso, rejeita as dificuldades, levado pela impaciência da investigação; a sobriedade, porque sofreia a esperança; os princípios supremos da natureza, em favor da superstição; a luz da experiência, em favor da arrogância e do orgulho, evitando parecer se ocupar de coisas vis e efêmeras; paradoxos, por respeito à opinião do vulgo. Enfim, inúmeras são as fórmulas pelas quais o sentimento, quase sempre imperceptivelmente, se insinua e afeta o intelecto. (Bacon, 1982)

Outro pensador renascentista que abordou a questão da ideologia sem nomeá-la foi o francês Montaigne, que denunciava a estreiteza ideológica de sua própria cultura, a cultura europeia. Observando a conquista da América e o brutal desrespeito com que os conquistadores lidavam com as culturas de outros povos, Montaigne escreveu: "Nós os chamamos de *bárbaros* ou povos do *Novo Mundo,* porém nós os superamos em todos os tipos de barbárie" (Montaigne, 1972, cap. 31).

Dois séculos mais tarde, outro pensador francês, Diderot, retomou a crítica de Montaigne à presunção do eurocentrismo e procurou aprofundar sua análise do fenômeno, no *Suplemento à viagem de Bougainville.* Diderot sugere que a pretensão de universalidade da cultura dos conquistadores e o comportamento predatório dos europeus no processo da expansão colonial estavam ligados à espinhosa questão da propriedade privada.

No primeiro diálogo do livro, um personagem afirma que os selvagens possuem a terra em comum e por isso levam uma vida mais pacífica que a dos civilizados, já que "toda guerra nasce de uma pretensão comum à mesma propriedade". E, no segundo diálogo, um velho taitiano recrimina os brancos, dizendo-lhes: "Aqui, tudo é de todos. E vocês chegaram para estabelecer uma diferença entre o *teu* e o *meu*".

Para um filósofo do *Século das Luzes,* entretanto, ainda não era possível aprofundar a reflexão sobre a complicadíssima relação entre a busca da universalidade no conhecimento, de um lado, e os desejos individuais e interesses particulares, de outro.

O Iluminismo tendia a confiar demais no conhecimento. Os iluministas tendiam a acreditar que todas as questões, em princípio, poderiam ser adequadamente resolvidas no plano da teoria, se recebessem um tratamento teoricamente correto. Para eles, era difícil pensar que mesmo as boas teorias precisam, modestamente, se remeter à vida, à ação, à história.

Havia, na perspectiva dos teóricos das *Luzes,* um robusto otimismo. E não é casual que a palavra *otimismo* tenha surgido na primeira metade do século XVIII. Embora alguns dos *campeões* da causa *ilustrada* tenham sido perseguidos e encarcerados pela repressão, eles tinham confiança no futuro e tendiam a crer que o poder de persuasão da argumentação racional e a difusão de conhecimentos científicos produziriam efeitos devastadores sobre as bases mais resistentes dos males humanos: a ignorância, o preconceito e a superstição.

Essa confiança no que estavam fazendo e no que estavam pensando animava os pensadores nas batalhas que travavam; porém, ao mesmo tempo, lhes atenuava as inquietações, quando se debruçavam sobre si mesmos e se perguntavam sobre a legitimidade e a confiabilidade de seus conhecimentos.

No início do século XIX, essa confiança já passava a sofrer abalos provenientes de tumultos históricos, de mudanças sociais e crises políticas inesperadas, desencadeadas pelos acontecimentos e pelas repercussões da Revolução Francesa. O período napoleônico, com suas guerras, com o recrutamento compulsório em larga escala, agravou esses abalos, atingindo a consciência de amplos setores da população, alterando seu estado de espírito na própria vida cotidiana. As pessoas não conseguiam mais se satisfazer com explicações *racionalistas* tranquilizadoras, ao se verem envolvidas em situações de tensão e incertezas. Ficou mais difícil sustentar os princípios do Iluminismo nos termos em que eram defendidos por seus campeões no século XVIII.

Foi então que Destutt de Tracy, retomando ideias dos *clássicos* das *Luzes,* especialmente de Condillac, publicou seu livro *Elementos de ideologia* (em 1801).

O volume teve considerável repercussão. Nele, Destutt de Tracy concebia a *ideologia* como uma nova disciplina filosófica, que devia incorporar os resultados mais significativos de todas as outras. Seu raciocínio seguia um caminho que pode ser resumido da seguinte maneira: agimos de acordo com nossos conhecimentos, que se organizam por meio das ideias; se chegarmos a compreender como se formam essas ideias a partir das sensações, teremos a chave para nos entender e para criar um mundo melhor. A conclusão era: precisamos decompor as ideias até alcançar os elementos sensoriais que as constituem em sua base.

Em sua difusão, a perspectiva derivada dessa concepção do conhecimento foi entendida como a doutrina segundo a qual a consciência era *produto do meio*. A *realidade objetiva* chegava à compreensão dos homens por meio de impressões sensoriais, que depois se complicavam na sofisticação das ideias. À medida que eram capazes de reconstituir esse processo formativo, por meio da *ideologia*, os homens refletiam com maior fidelidade o real, evitavam os delírios do subjetivismo e podiam se aperfeiçoar, aperfeiçoando o mundo em que viviam.

O autor de *Elementos de ideologia* não estava sozinho; ele integrava um grupo de intelectuais – os *ideólogos* – que se dispunham a prestar aos detentores do poder uma assessoria esclarecedora, orientando-os no sentido de promover o aprimoramento das instituições.

Na época em que os *ideólogos* expunham suas concepções, nos anos que se seguiram à publicação do livro de Destutt de Tracy, quem governava a França era Napoleão Bonaparte. O grupo deu sinais de que desejava ensiná-lo a dirigir o Estado (ao menos foi essa a impressão do imperador). Napoleão enfureceu-se, acusou os *ideólogos* de cultivarem uma "tenebrosa metafísica" e afirmou – em 1812 – que eles não contribuíam para proporcionar aos homens um melhor "conhecimento do coração humano". Acrescentou, ainda, que, apesar das pretensões que exibia, o grupo não se mostrava atento e receptivo às "lições da história".

Foi com Napoleão, portanto, que o termo *ideologia* – que havia surgido com sentido exaltadamente positivo – passou a ter acepção asperamente negativa. E essa acepção negativa, afinal, prevaleceu nas décadas seguintes.

Michael Löwy comenta com humor a predominância do sentido atribuído ao termo por Napoleão sobre o sentido que lhe conferiam os *ideólogos:* "como Napoleão tinha mais peso, digamos, ideológico que eles, foi sua maneira de utilizar o termo que teve sucesso na época e que entrou para a linguagem corrente"(Löwy, 1987, p. 12).

Já em Fourier, um dos pioneiros do pensamento socialista, a palavra *ideologia,* embora não seja de uso frequente nos escritos do idealizador do falanstério, quando eventualmente surge no texto aparece empregada com a acepção que lhe deu o imperador. Fourier identificava nos 500 mil livros publicados pelos seres humanos uma atuação ideológica deformadora da sensibilidade dos leitores: um discurso *moralista,* pretensamente racional e científico, que caluniava as paixões e dificultava enormemente a compreensão dos homens por eles mesmos.

Fourier escreveu: "Existe uma venda, uma catarata das mais espessas, que cega o espírito humano. Essa catarata se compõe de 500 mil volumes que discursam contra as paixões e contra a atração, em vez de estudá-las" (Fourier, 1970, p. 27).

No desenvolvimento da sua teoria socialista (crítica) das ideologias, Marx pôde ter no seu ponto de partida um termo já reconhecido em seu teor crítico de *denúncia do fenômeno,* graças a Fourier. Não deixa de ser curioso, entretanto, que Fourier tenha aproveitado a reviravolta napoleônica sofrida pelo conceito.

Napoleão, que não era nenhum talento em matéria de filosofia (era uma inteligência filosoficamente medíocre), enxergou um problema bastante sério na relação entre a história e as ambições explicativas desmesuradas dos *ideólogos.* De fato, o projeto de Destutt de Tracy e de seus companheiros não ajudava os homens do início do século XIX a se abrirem para uma compreensão mais rica e mais profunda dos movimentos mais acelerados e da transformação contraditória das sociedades nas quais estava começando a ser organizado o sistema criado a partir da revolução industrial.

Faltava à *ideologia,* tal como os *ideólogos* a propunham, algo que, sintomaticamente, também faltava ao imperador que a repelia: a capacidade de se debruçar com espírito *crítico* e *autocrítico* sobre os conflitos internos do conhecimento humano em ligação com as mudanças históricas.

Algumas indagações precisavam ser formuladas mais incisivamente. As causas das transformações históricas, das modificações na vida social, eram causas exteriores aos homens? Ou eram os homens que faziam a história?

Que homens, afinal, faziam a história? Todos? Alguns? Ou apenas um herói, um espírito iluminado, em cada geração, em cada povo?

Em que elementos de conhecimento os homens podem se apoiar para saber o que lhes cabe fazer em cada situação, ou então para reconhecer seus limites e aprender com seus erros, quando percebem que se equivocaram?

Que garantias podem obter para se certificarem de que não estão se enganando, ainda que de boa-fé, ao elaborar suas imponentes construções teóricas?

Para passar a uma reflexão mais aprofundada sobre a questão da ideologia, os teóricos imbuídos de espírito crítico radical precisavam assimilar um pressuposto que ainda não estava disponível nas condições da cultura francesa: uma nova abordagem dos problemas do *sujeito* como construtor do conhecimento (Kant) e como criador da própria realidade conhecida (Hegel).

O termo *sujeito* é mais complexo do que pode parecer à primeira vista. Vale a pena recorrer à etimologia, para tentar compreendê-lo melhor. A palavra existia no latim medieval, escolástico, empregada em contraposição a *objectus.* Em sua origem latina, anterior ao seu uso medieval, *subjectus* é o particípio passado masculino do verbo *subjicere* (ou *subicere*), que, entre muitos outros sentidos, significa submeter, subjugar; é composto de *sub* (embaixo) e *jacere* (jogar). *Subjectus,* então, significa arremessado (lançado) embaixo (*sub*) de algo ou de alguém. Quer dizer: significaria sujeitado, subordinado (posto sob uma ordem) ou subalterno (posto sob o comando de um *alter,* de um outro).

Em sua acepção mais antiga, o termo designava, pois, redução à passividade: o sujeito *sujeitado.* Esse sentido ainda marca a palavra francesa *sujet* (que nós traduzimos também por *súdito* em português) e marca a palavra inglesa *subject* (que podemos traduzir para o português também como *assunto,* isto é, o tema, a matéria, o *objeto* de um relato ou de uma conversa).

Paralelamente à história da conservação do sentido antigo, entretanto, o termo passou a se firmar com um sentido novo, na linha da distinção entre *sujeito* e *objeto,* já presente em alguns escritores latinos e no latim escolástico.

Na passagem do século XVIII para o XIX, na Alemanha, os principais representantes da filosofia do chamado *idealismo clássico* – Kant e Hegel, sobretudo – enfrentaram com disposição radical o desafio de repensar a relação sujeito/objeto à luz das novas condições históricas, nas quais os indivíduos, em número crescente, estavam se reconhecendo como *sujeitos* capazes de se afirmarem sobre os *objetos,* intervindo, de algum modo, no processo histórico da mudança da realidade "objetiva".

Kant proclamou a originalidade e a importância das consequências da sua descoberta, quando a classificou como uma "revolução copernicana". Para ele, todo conhecimento era sempre, e nunca poderia deixar de ser, construção subjetiva. Tratava-se de uma drástica ruptura com a concepção segundo a qual o conhecimento poderia ser pensado como uma mera captação, um registro fiel da realidade objetiva por parte do sujeito humano. O sujeito não podia pretender se *apagar* ou se *cancelar* em face do objeto, não podia renunciar a assumir sua subjetividade, não podia tentar eliminar todo e qualquer elemento subjetivo em sua apreensão do real. Cabia-lhe esforçar-se para construir com rigor uma representação da objetividade a partir dele mesmo, sujeito. O que o sujeito poderia fazer para evitar o subjetivismo mais arbitrário era ousar servir-se de sua razão (*sapere aude!*), empenhando-se em compreender-se tal como era, tão objetivamente quanto lhe fosse possível.

Em 1784, Kant sublinhou a necessidade de se pensar o sentido da história como algo que não se revelava à primeira vista e, de fato, situava-se por trás dos movimentos dos indivíduos e dos povos. Era um sentido que não aparecia diretamente no "jogo da liberdade da vontade humana".

Kant explicava: mesmo quando os sujeitos humanos agem de acordo com um processo derivado de causas objetivas necessárias, um processo que envolve todas as pessoas, eles não podem deixar de agir e pensar como sujeitos, quer dizer, não podem deixar de ter motivações individuais (conforme a caracterização kantiana do fenômeno da "sociabilidade insociável" dos homens).

Nas palavras do próprio Kant:

> Os homens, enquanto indivíduos, e mesmo povos inteiros mal se dão conta de que, enquanto perseguem propósitos particulares, cada qual buscando seu próprio proveito, e frequentemente uns contra os outros, seguem inadvertidamente, como um fio condutor, o propósito da natureza, que lhes é desconhecido, e trabalham para a sua realização. (Kant, 1986, p. 10)

Por um lado, reconhece-se com facilidade o espírito otimista do Iluminismo, sua confiança no poder que a universalidade possui de sempre prevalecer. Por outro lado, contudo, percebe-se um novo caminho aberto para a abordagem dos problemas da ideologia, por meio da enérgica revalorização do sujeito no plano da teoria do conhecimento e também por meio do reconhecimento da autonomia inerente à subjetividade (a autonomia que permite ao movimento subjetivo não ser totalmente absorvido pelos movimentos puramente objetivos).

É sintomática, na formulação de Kant, a ideia de que o *insuprimível* ponto de vista particular *mal se dá conta* da lei universal e a segue *inadvertidamente*. Por força de sua "sociabilidade insociável", o sujeito humano terá sempre na singularidade (ou na particularidade) um poderoso obstáculo estrutural para se elevar à consciência da universalidade.

Como, afinal, o singular se eleva à universalidade? Como o relativo se eleva ao absoluto?

Hegel, na esteira das discussões desencadeadas pelas ideias expostas por Kant, propõe uma resposta original e ousada para essas perguntas: singular e universal, tal como acontece com relativo absoluto, são categorias de "determinação reflexiva". Os dois polos se pressupõem mutuamente.

Não conseguimos entender isso porque, segundo Hegel, temos uma grande dificuldade para realizar o "esforço do conceito", isto é, para superar a percepção imediata, para ir além da estreiteza do horizonte do empirismo, no qual a multiplicidade das árvores (cada uma com sua singularidade) nos impede de enxergar a floresta.

A verdade – sustentava o autor da *Fenomenologia do espírito* – é o todo. Mas o todo jamais se entrega de graça, ao primeiro contato, no primeiro encontro, ao recém-chegado. O todo não é ponto de partida, é ponto de chegada. A totalidade é sempre resultado de um processo de totalização, tanto no plano do conhecimento quanto no plano da realidade, quer dizer, no plano da ação histórica dos homens.

A história da formação e transformação da consciência política se desenvolve em conexão com a história das modificações institucionais práticas. É no movimento conjunto delas que a cidadania se afirma, se consolida, reunindo numa mesma totalidade a diversidade dos cidadãos singulares e a universalidade do serviço livremente prestado ao bem comum.

Hegel caracteriza, na *Filosofia do direito,* três momentos necessários desse movimento: 1) a família, 2) a sociedade civil burguesa (*bürgerliche Gesellschaft*) e 3) o Estado, a esfera estatal (Hegel, 1970a).

No primeiro momento, o indivíduo ainda não desenvolveu sua capacidade de tornar-se autônomo, recebe proteção, mas ainda permanece imerso numa esfera demasiado próxima da natureza, isto é, limitada, incompatível com as exigências do seu crescimento.

No segundo momento, o indivíduo, por assim dizer, vai à luta: enfrenta a competição do mercado, aprende a fazer prevalecer seus desejos e interesses particulares, nas condições de uma espécie de guerra generalizada de todos contra todos. O indivíduo aprende a endurecer a pele e o coração, e desenvolve a capacidade racional de planejar e exercer sua independência. Sua razão, contudo, carece de universalidade.

No terceiro momento, finalmente, o indivíduo autônomo reconhece sua pertinência à comunidade e complementa sua liberdade pessoal com a aceitação da necessidade da cooperação fundada sobre a razão. O Estado – afirma Hegel – é um "hieróglifo da razão": os sujeitos singulares devem aprender a decifrá-lo para ultrapassar os limites dos horizontes da consciência correspondente à sociedade civil-burguesa.

Marx, que chegou a Berlim cerca de cinco anos após a morte de Hegel (que lecionara na universidade da capital da Prússia), entrou em contato com os textos e com alguns discípulos do filósofo, entusiasmou-se com a perspectiva hegeliana, sobretudo com a caracterização realista da sociedade civil-burguesa.

Seis anos mais tarde, entretanto, Marx iniciou um sério ajuste de contas com a filosofia de Hegel, a partir de um questionamento drástico da concepção hegeliana do Estado, recusando-se a aceitar a ideia de que a esfera estatal seria o lugar da realização da universalidade na cidadania e a admitir que o acesso à esfera estatal viabilizaria a superação das distorções ideológicas impostas pelas condições de funcionamento da *bürgerliche Gesellschaft*.

2. A QUESTÃO DA IDEOLOGIA EM MARX

A REFLEXÃO DE MARX SOBRE A QUESTÃO da ideologia passou a se desenvolver criticamente a partir do ajuste de contas com Hegel. Foi na *Crítica do direito público hegeliano,*[2] escrita em Kreuznach, em meados de 1843, que Marx se insurgiu contra o modo de Hegel interpretar a relação do Estado com a sociedade civil. Marx vinha de um período de mais de seis anos de percurso hegeliano, sabia quanto devia ao autor da *Fenomenologia do espírito,* mas se dava conta de que a abordagem da vida política pelo mestre encerrava uma grave distorção, que antes não tinha sido notada.

Na incisiva ruptura com o ponto de vista hegeliano, o futuro autor d'*O capital* atribuía-lhe um *formalismo* inaceitável. O Estado, construção dos homens, resultado da atividade concreta deles, era transformado por Hegel numa chave – formal – pela qual se abria a porta para a compreensão do sentido do movimento dos seres humanos. Marx percebeu o equívoco e o apontou: "Não é a Constituição que faz o povo, mas o povo que faz a Constituição" (Marx-Engels Werke [MEW], I, p. 231).

---

[2] Esta obra foi publicada no Brasil com o título *Crítica da filosofia do direito de Hegel,* pela boitempo editorial. (N. E.)

A situação em que os homens criaram e continuam criando seus Estados torna o equívoco hegeliano compreensível, porque os próprios criadores tropeçam em mil dificuldades e não se reconhecem, efetivamente, no que criaram. O Estado é uma criação de homens divididos, confusos, *alienados*. E foi isso que Marx observou quando escreveu: "O ser humano é o verdadeiro princípio do Estado, mas é o ser humano *não livre*. O Estado, então, é *a democracia da não liberdade*, a consumação da alienação" (MEW, I, p. 233).

A ideia de uma construção teórica distorcida, porém ligada a uma situação histórica ensejadora de distorção, é, no pensamento de Marx, desde o primeiro momento da sua articulação original, uma ideia que vincula a ideologia à alienação (ou ao estranhamento, se preferirem).

A existência do Estado como um corpo estranho, que submete a sociedade ao seu controle, impondo a sua ordem, é um sintoma da alienação, do estranhamento – quer dizer, do fenômeno que Marx costuma chamar de *Entfremdung*, em alemão – resultante dos movimentos históricos nos quais os seres humanos que compõem a sociedade atuam muito desunidos e perdem a capacidade de se realizar no mundo que estão empenhados em dominar.

É inevitável que, no esforço que fazem para *racionalizar* a atividade que desenvolvem, os indivíduos sejam levados a alimentar a ilusão de um Estado *racional*, adequado à promoção da *lei* no funcionamento da sociedade. Essa maneira de conceber o Estado como lugar onde a *razão* prevalece foi o que Marx, em 1843, criticou mais incisivamente em Hegel. E foi nessa crítica que o pensador socialista se deu conta do que era, de fato, uma construção ideológica.

Marx percebeu com clareza que a concepção hegeliana suavizava, atenuava, a contradição entre a sociedade e o Estado. Nela, os sujeitos humanos eram induzidos a se deixar enquadrar em moldes preconcebidos de *cidadania,* definidos na esfera estatal. Marx denunciou esse artifício da concepção hegeliana do Estado: "A liberdade *subjetiva* aparece em Hegel como liberdade formal". E acrescentou que isso acontecia "exatamente porque a liberdade objetiva não é concebida como realização e confirmação da liberdade subjetiva" (MEW, I, p. 265).

Não há dúvida de que Hegel enxergava as tensões existentes na relação entre a "sociedade civil [burguesa]" (a *bürgerliche Gesellschaft*) e o Estado. Marx elogiou-o por sua competência na identificação das contradições. No entanto, aos olhos do filósofo comunista, a perspectiva hegeliana não era suficientemente ampla para observar o movimento geral dessa relação contraditória e encaminhar criticamente o pensamento na direção da superação do quadro constituído. Os horizontes de Hegel permaneciam estrangulados pela ótica da propriedade privada. O ângulo do qual Hegel conseguia olhar para o Estado, afinal, era o ângulo do qual o próprio Estado se via.

O Estado se considera universal, por isso não se dá conta do quanto está envolvido, comprometido com a propriedade privada. Marx escreveu:

> Qual é o poder do Estado político sobre a propriedade privada? É o próprio poder da propriedade privada, sua essência trazida à sua existência. E o que resta ao Estado político em oposição a essa essência? A *ilusão* de que é determinante, quando, de fato, é determinado. (MEW, I, p. 305)

Trata-se de uma ilusão ideológica. Os seres humanos que pertencem a sociedades profundamente divididas são levados a misturar e confundir o universal e o particular. Em seus escritos da segunda metade de 1843, Marx insistia em proclamar que esses seres humanos ainda não haviam conseguido se tornar indivíduos de um novo tipo, capazes de compreender a realidade simultaneamente a partir da ótica de suas respectivas singularidades e a partir da ótica do gênero humano.

Nesse período, Marx se apoiava numa concepção de Feuerbach para criticar Hegel e caracterizava, feuerbachianamente, o indivíduo típico da sociedade burguesa como alguém que ainda não era *ein wirkliches Gattungswesen,* isto é, "um verdadeiro ser da sua espécie". Por quê? Porque ainda era um ser que não conseguia se abrir para a assimilação enriquecedora de tudo que a sua espécie (o gênero humano) podia lhe proporcionar. Ainda estava prisioneiro de um horizonte estreito e, quando tentava se elevar ao âmbito da universalidade, enrolava-se em abstrações pseudouniversais.

Espicaçados por interesses particulares dramaticamente poderosos, lançados uns contra os outros na feroz competição em torno da riqueza privada, os indivíduos se confrontam, destrutivamente, na arena do mercado (uma arena que tende a se expandir e começa a abranger a sociedade inteira).

Os indivíduos se estranham uns aos outros, se distanciam uns dos outros. O ensaio de Marx, *A questão judaica,* fustiga a ilusão de uma universalidade que é pressuposta, porém se acha, em geral, posta fora do alcance das pessoas. Os homens tentam pensar o quadro histórico das condições em que se encontram, procuram alcançar uma visão de conjunto, porém se perdem nas boas intenções (ou naquilo que Marx caracterizava como a abstratividade inócua da religião).

A filosofia que não supera os limites da perspectiva da burguesia se perde num círculo vicioso. Para sair dele, de acordo com Marx, era imprescindível que os filósofos aprofundassem sua crítica e a *radicalizassem.* Em setembro de 1843, quando participava do planejamento de uma revista que seus amigos Moses Hess e Arnold Ruge iam lançar em Paris, Marx propunha uma "crítica implacável, sem peias, a tudo que existe" (em alemão: *"eine rücksichtslose Kritik alles Bestehenden"*). E explicava: uma crítica sem consideração alguma, quer em relação a seus resultados, quer em relação aos conflitos que terá com os poderes constituídos (MEW, I, p. 344).

Três meses depois, a *radicalização* realizava um avanço sensível, num texto intitulado "Contribuição à crítica da filosofia hegeliana do direito. Uma introdução".

Marx estava convencido de que a crítica do céu precisava se converter em crítica da terra e não podia ficar no plano especulativo. Estava decidido a ir além de Feuerbach. Sabia que a arma da crítica não podia substituir a crítica feita por meio das armas, porém tinha consciência de que a teoria, com seu potencial crítico, precisava desempenhar um papel decisivo; e para isso precisava dispor de portadores materiais, quer dizer, precisava sensibilizar setores da sociedade dispostos a acolhê-la, desenvolvê-la na ação, traduzi-la na prática. Qual poderia ser a classe dos sujeitos propensos a agir na direção almejada? Marx concluiu que seria o proletariado.

O proletariado tem sido excluído do sistema da propriedade privada. A burguesia tem monopolizado todas as formas economicamente mais importantes da propriedade e tem impedido que a massa dos trabalhadores participe da posse dos grandes meios de produção. Os males do sistema, então, pesam radicalmente sobre os ombros da classe operária. E ela se vê desafiada a insurgir-se contra o sistema como um todo, de maneira radical.

A filosofia alemã, que em Hegel ainda permanecia presa aos horizontes de classe da burguesia, podia, agora, ampliar seu quadro de referências e radicalizar sua reflexão crítica sobre a sociedade existente e seus aspectos mais insatisfatórios. Podia, em suma, contribuir mais efetivamente para libertar os seres humanos em sua totalidade, beneficiando o gênero humano. "Tal como a filosofia encontra no proletariado suas armas *materiais,* o proletariado encontra na filosofia suas armas *espirituais*". A emancipação dos homens, segundo Marx, dependia desse encontro: "A cabeça dessa emancipação é a filosofia, seu coração é o proletariado. A filosofia não pode se realizar sem a superação do proletariado, e o proletariado não pode ser superado sem a realização da filosofia" (MEW, I, p. 391).

O movimento operário proporcionava a Marx um ponto de apoio para a crítica radical da sociedade burguesa, uma crítica que Hegel não conseguia fazer. Marx estava convencido de que, sem ir à raiz da alienação, era impossível encaminhar eficazmente a luta para superá-la. Com o movimento operário se tornava possível para o pensamento fundar uma postura revolucionária nova e viabilizar a construção de uma alternativa à sociedade hegemonizada pela burguesia. Pela sua inserção na nova ação histórica transformadora, o pensamento podia alcançar uma compreensão da realidade que reagiria às distorções ideológicas e fortaleceria as ações desalienadoras no mundo alienado.

Instalado em Paris, Marx tratou de aprofundar sua reflexão na trilha recém-aberta. Do ângulo dos trabalhadores, procurou elaborar uma original filosofia do trabalho.

O trabalho é a primeira atividade do ser humano como ser humano. É pelo trabalho que passa a existir a contraposição sujeito/objeto. Por sua própria natureza, o trabalho humano se distingue da atividade dos animais. Os animais também produzem, mas o que os guia é o instinto, são as necessidades naturais mais imediatas; os homens, contudo, podem produzir mesmo em condições nas quais não estão pressionados por necessidades físicas imediatas (e, de fato, assegura Marx, só produzem *humanamente* quando estão liberados dessas pressões).

O trabalho é a atividade pela qual o ser humano se criou a si mesmo; pelo trabalho ele transforma o mundo e se transforma. Nos *Manuscritos econômico-filosóficos de 1844*, Marx escreveu: "Toda a chamada história universal é apenas a produção do ser humano pelo trabalho humano". A questão crucial com que o filósofo socialista se defrontava, então, era a seguinte: por que o trabalho se transformou numa atividade tão desagradável, tão sofrida, para os trabalhadores? Por que, no trabalho, a força vira impotência, a criação se torna castração, a humanização resulta em desumanização?

Hegel não encarava essa pergunta. Marx o fustiga: "O único trabalho que Hegel conhece e reconhece é o trabalho abstratamente intelectual". E mais: "Ele só vê o lado positivo, não o negativo do trabalho". As limitações ideológicas de Hegel, então, não estavam essencialmente no que ele enxergou (Marx sabia que o autor da *Fenomenologia do espírito* havia enxergado coisas importantíssimas). As limitações estavam, sobretudo, no que Hegel *não enxergou*.

Hegel não conseguia extrair todas as consequências da ideia de que o ser humano se faz por sua atividade concreta num mundo em que essa atividade é distorcida e degradada. "O homem" – observou Marx – "é o mundo dos homens, o Estado, a sociedade. Esse Estado e essa sociedade produzem a religião, uma consciência do mundo invertida, porque eles são um mundo invertido" (MEW, I, p. 178). Faltou à filosofia hegeliana uma compreensão dessa *inversão*.

A perspectiva de Hegel não era suficientemente abrangente para que, ao lado do vigor construtivo do trabalho, lhe aparecesse também a causa do drama dos trabalhadores explorados (o *lado noturno* do trabalho).

Empenhado em superar a unilateralidade de seu mestre, Marx mergulhou no exame crítico das condições de trabalho impostas pela sociedade burguesa aos trabalhadores. E iniciou uma prolongada investigação, que haveria de levá-lo à descoberta de que o modo de produção capitalista, correspondente aos interesses vitais da burguesia, reduzia a força de trabalho dos seres humanos à condição de mera mercadoria.

Numa primeira etapa, nos *Manuscritos de 1844*, o pensador comunista analisou o papel do dinheiro: à medida que a sociedade passa a girar em torno do mercado, à medida que se generaliza a produção de mercadorias, todas as coisas vão passando a ser *vendáveis*, o valor delas vai passando a ser medido e pode se traduzir em dinheiro. O dinheiro, em si mesmo, não é, obviamente, o sujeito desse processo. Como "equivalente universal", ele servia para agilizar o comércio, facilitar as trocas de mercadorias. Nas condições criadas pela burguesia, entretanto, promoveu-se uma expansão tendencialmente ilimitada dos domínios regidos pelo dinheiro. O dinheiro aparece como o símbolo da mercantilização da vida.

Marx prorrompe em invectivas contra ele: chama-o de "proxeneta universal", intermediário de encontros venais de todos os tipos, corruptor empenhado em prostituir aqueles que seduz. Acusa-o de usurpar o lugar de Deus e de se tornar "a divindade visível". O dinheiro destrói as qualidades espirituais, porque as compra. Corrompe os sentimentos, porque é capaz de custear a representação deles ou substituí-los por sucedâneos. Transforma a fidelidade em infidelidade, o amor em ódio, o ódio em amor, a virtude em vício, o vício em virtude, o criado em patrão, o patrão em criado, o burro em sábio e o sábio em burro.

Em seus novos domínios, cada vez mais amplos, o dinheiro é um elemento essencial no funcionamento do "mundo invertido"[*verkehrte Welt*] que embaralha a nossa consciência, trocando valores intrinsecamente qualitativos – valores absolutos, fundamentais para as convicções duradouras que nos permitem orientar nossas vidas – por valores quantificados, sempre relativos e conjunturais.

Enquanto sua esfera permaneceu restrita, o dinheiro não podia produzir todos esses efeitos. Quando, porém, a sociedade capitalista o pôs no centro da sua dinâmica, ele se transformou, segundo Marx, na encarnação das "capacidades alienadas da humanidade" [*das entäusserste Vermögen der Menschheit*]. E passou a agravar enormemente as distorções da ideologia.

Depois de iniciar sua fecunda colaboração com Engels, Marx tratou de aprofundar seus estudos de Economia Política, ajudado pelo amigo. Juntos, os dois escreveram *A sagrada família,* em áspera polêmica com os neo-hegelianos Bruno e Edgar Bauer, Szeliga e Jules Faucher, entre outros. Acusaram-nos de conceber a história como uma força que movia os seres humanos, uma espécie de "sujeito metafísico"; que reduziria os "indivíduos humanos" à condição de seus "carregadores" (MEW, II, p. 83).

Insurgindo-se contra essa concepção, Marx e Engels afiançaram: "Não é a 'história' que se serve dos seres humanos para alcançar os fins dela, como se ela fosse um sujeito à parte". E acrescentaram: "A história é apenas a atividade dos seres humanos perseguindo os objetivos deles" (MEW, II, p. 98).

Ao subestimarem a importância da atividade concreta dos homens, os neo-hegelianos, na esteira de Hegel, tendiam a ver o movimento dos seres humanos como determinado pelo movimento das ideias. Marx e Engels protestaram contra isso: "As ideias nunca podem executar (*ausführen*) coisa alguma; para que as ideias sejam executadas são necessários seres humanos que ponham em movimento uma força prática" (MEW, II, p. 126).

Os dois pensadores revolucionários acusavam os neo-hegelianos de cultivarem uma "superstição política": a de que o Estado organizava racionalmente os indivíduos atomizados da sociedade burguesa. Dessa forma, sancionavam a atomização, contribuíam para que ela persistisse, pois atribuíam a um dos fatores dela (o Estado) a tarefa de superá-la. Marx e Engels sabiam que o Estado não pairava acima da sociedade e percebiam que ele abria espaço para o fortalecimento de uma ideologia *individualista,* que induzia as pessoas a minimizarem a interdependência existente entre elas, isto é, incitava os indivíduos a se pensarem descontextualizadamente, fora da história.

O tema da ideologia foi retomado em outro livro que os dois amigos elaboraram em conjunto; e a significação do conceito já tinha se tornado tão notável para eles que o termo apareceu até no título da obra: *A ideologia alemã*. Nesse novo volume, os autores insistiam na crítica a Bruno Bauer, mas também voltavam suas baterias contra Max Stirner e Ludwig Feuerbach. E já nas primeiras linhas esclareciam um de seus pressupostos essenciais na abordagem dos fenômenos ideológicos: a convicção de que "os seres humanos elaboraram até agora falsas representações a respeito deles mesmos, do que são ou deveriam ser".

Um pouco adiante, vinha a complementação: "As criações da cabeça deles desbordaram, agigantaram-se sobre a própria cabeça. Criadores, os homens se curvaram diante de suas próprias criações"(MEW, III, p, 13).

Os autores d'*A ideologia alemã* ilustram sua crítica às distorções ideológicas da tradição *idealista* subjetiva, que supervaloriza o poder das representações, com um exemplo sarcástico: o de um sujeito que insiste em convencer os outros de que os homens só se afogam porque, ao caírem na água, ficam presos à *ideia* de que são mais pesados que a água. Caso venham a se libertar do *pensamento* do peso, conseguirão flutuar.

A contribuição de Marx à crítica dos representantes da "ideologia alemã" acabou sendo superior à de Engels. Marx considerava os intelectuais alemães, por força das condições históricas específicas e da tradição peculiar, merecedores de uma análise especialmente implacável. Na Alemanha, segundo ele, o atraso em que a sociedade se encontrava tendia a fazer as cabeças pensantes (os "críticos") caírem na tentação de supor que as desvantagens práticas materiais poderiam ser facilmente compensadas por pretensas vantagens espirituais de natureza especulativa.

Kant e Hegel desenvolveram considerações lúcidas tanto sobre seus conterrâneos quanto sobre seus contemporâneos, pois sabiam o que se passava no país onde viviam, porém estavam de olhos postos na França e na Inglaterra e escapavam à estreiteza provinciana. Os neo-hegelianos, contudo, não conseguiam pensar com suficiente radicalidade, não possuíam suficiente espírito crítico e autocrítico; deixavam-se envolver demasiadamente com as ambições paroquiais e com conflitos periféricos, por isso não compreendiam nem o que se passava na Europa nem o que estava acontecendo na própria Alemanha. "A nenhum desses filósofos" – observou Marx – "ocorreu indagar qual pode ser a conexão da filosofia alemã com a realidade alemã, quer dizer, da reflexão crítica com as condições materiais em que vivem os críticos" (MEW, III, p. 20).

Marx mostrava que havia avançado em sua caracterização do que era a ideologia. Deixava claro que, para ele, a ideologia – no essencial – era a expressão da incapacidade de cotejar as ideias com o uso histórico delas, com a sua inserção prática no movimento da sociedade. E se dava conta de que essa incapacidade também precisava ser compreendida historicamente.

No desdobramento da sua argumentação, lemos: "A consciência nunca pode ser uma coisa diferente do ser consciente". E em seguida:

> Quando, em toda ideologia, os seres humanos e suas relações aparecem de cabeça para baixo, como numa 'câmara escura': esse fenômeno também ocorre em função do processo histórico da vida, tal como a inversão dos objetos no negativo das fotografias decorre imediatamente de razões físicas. (MEW, III, p. 26)

Deixemos de lado, por ora, essa aproximação feita pelo filósofo entre a *inversão* da consciência (e do mundo) e a inversão dos objetos nos negativos das fotografias. Depois, voltaremos a ela. No momento, o que nos cabe sublinhar é a tese de que a consciência remete sempre ao ser consciente.

Servindo-se desse fio condutor, Marx concluiu que a possibilidade de que a consciência se iludisse a respeito da sua própria natureza tinha surgido no processo em que os seres conscientes promoveram a dilaceração do tecido social que os unia. Mais precisamente: tinha surgido com a divisão social do trabalho, com o aparecimento das classes sociais em colisão.

Em suas palavras:

> A divisão do trabalho só se torna efetivamente divisão a partir do momento em que se efetua uma cisão entre o trabalho material e o trabalho espiritual. Desse momento em diante, a consciência *pode* se convencer de que é algo distinto de consciência da práxis em realização; pode construir uma *efetiva representação* de algo sem representar *algo efetivo*. Desse momento em diante, a consciência está em condições de se emancipar do mundo e entregar-se à 'pura' teoria, teologia, filosofia, moral etc. (MEW, III, p. 31)

O livro dedicado à crítica da ideologia alemã não chegou a ser publicado durante a vida de seus autores e só saiu, na íntegra, em 1931. Nos originais, à margem do trecho que acabamos de transcrever, Marx anotou: os primeiros especialistas no trabalho espiritual foram os sacerdotes, "a primeira forma dos ideólogos".

A origem remota da ideologia, então, estaria na divisão social do trabalho, ou, o que é a mesma coisa, na propriedade privada. Marx é explícito nessa equiparação: "Divisão do trabalho e propriedade privada são expressões idênticas; o que uma diz sobre a atividade é o que a outra diz sobre o produto da atividade" (MEW, III, p. 32).

A distorção ideológica derivaria, assim, da fragmentação da comunidade humana, do fato de os homens não atuarem juntos. A atividade do homem "se torna para ele um poder estranho, que se contrapõe a ele e o subjuga, em vez de ser por ele dominado" (MEW, III, p. 33). Os seres humanos não podem se reconhecer coletivamente, de maneira imediata, no que fazem. E é a partir desse "estranhamento" que o Estado se estrutura como "figura independente" e assume o caráter de uma "comunidade ilusória".

Em Marx, portanto, se encaminha uma alternativa para Hegel: uma explicação para o fato de que o Estado não poderia ser o lugar da razão. O Estado, afinal, era construído no interior de uma sociedade cindida e nascia comprometido com a cisão; seus movimentos eram inevitavelmente influenciados pelas ideias e representações dos setores privilegiados da sociedade.

> As ideias da classe dominante – sustentava o filósofo – são, em cada época, as ideias dominantes. Quer dizer: a classe que possui o poder *material* na sociedade possui ao mesmo tempo o poder *espiritual*. A classe que dispõe dos meios da produção material também dispõe dos meios da produção espiritual. (MEW, III, p. 46)

Um pouco adiante, Marx extraiu outra consequência da divisão social do trabalho e constatou que o exercício do poder espiritual exigia que a própria classe dominante se dividisse. A classe dominante abria espaço no seu interior para que alguns "pensadores" (os "ideólogos ativos") se dedicassem a elaborar as representações adequadas à classe (incluindo nelas as ilusões necessárias). Esses "pensadores" são aceitos pelos membros economicamente mais ativos da classe dominante porque se desincumbem de uma função necessária; cabe-lhes apresentar o interesse da classe como interesse comum a todos os integrantes da sociedade. Para isso, eles devem "conferir a suas ideias a forma da universalidade, apresentando-as como as únicas ideias plenamente válidas e razoáveis" (MEW, III, p. 47).

Para se desincumbirem eficazmente de sua tarefa, os "pensadores" ou "teóricos" precisam acreditar no que fazem; precisam estar convencidos de que estão construindo um conhecimento plenamente verdadeiro. Precisam buscar – sinceramente – a universalidade. E isso confere aos produtos que elaboram a preciosa possibilidade de chegarem a alcançar *algum conhecimento real importante*.

Compreende-se, portanto, que Marx tenha se dedicado a fundo a estudar construções culturais que ele sabia serem ideológicas, como a filosofia de Hegel, as teorias econômicas de Adam Smith e de David Ricardo ou os romances de Balzac (autor legitimista e católico sobre o qual Marx chegou a pensar em escrever um ensaio). Nas obras desses *ideólogos*, cuja perspectiva se limitava aos horizontes da burguesia, o pensador socialista encontrava magníficos elementos de conhecimento, que o ajudavam a refletir criticamente sobre a sociedade do seu tempo. Em sua abordagem das construções culturais estava presente o cuidado de incorporar ao movimento do pensamento crítico, revolucionário, quaisquer elementos que, embora provenientes das obras de autores de inspiração conservadora, proporcionassem conhecimentos mais fecundos do que as banalidades eventualmente encontráveis nos escritos de autores mais progressistas.

Para Marx, então, a distorção ideológica não se reduzia a uma racionalização cínica, grosseira, tosca, bisonha ou canhestra dos interesses de uma determinada classe ou de um determinado grupo. Muitas vezes ela falseia as proporções na visão do conjunto ou deforma o sentido global do movimento de uma totalidade, no entanto respeita a riqueza dos fenômenos que aparecem nos pormenores.

No seu ensaio sobre *O 18 brumário de Luís Bonaparte,* Marx enfatizou sua convicção de que frequentemente, em situações decisivas, os indivíduos agem sem intenção criminosa, sem *dolo,* ao adotar um modo de pensar ideologicamente distorcido.

> Sobre as diferentes formas de propriedade, sobre as condições sociais, erige-se uma inteira supraestrutura integrada por maneiras de sentir, ilusões, maneiras de pensar, concepções de vida distintas e diversamente constituídas. A classe inteira as cria e as forma sobre a base de suas condições materiais e das relações sociais correspondentes. O indivíduo isolado que as assimila pela tradição e pela educação pode imaginar que elas constituem suas próprias motivações, o ponto de partida da sua ação. (MEW, VIII, p. 139)

Mais adiante, comentando a atuação dos deputados pequeno--burgueses da chamada *Nova Montanha,* Marx advertia:

Não se deve ter a concepção estreita de que a pequena burguesia por princípio quer impor um interesse de classe egoísta. Ela crê, ao contrário, que as condições *particulares* da sua libertação são as condições *gerais* sem as quais a sociedade moderna não pode ser salva, nem a luta de classes pode ser evitada. Também não se deve imaginar que os representantes democráticos sejam todos *shopkeepers* ou admiradores dos lojistas. Por sua formação e situação individual, podem estar tão distanciados deles como o céu da terra. O que os torna representantes da pequena burguesia é o fato de que não conseguem ultrapassar no pensamento os limites que a pequena burguesia não consegue ultrapassar na vida. Por conseguinte, são impelidos a se defrontar teoricamente com os mesmos problemas e as mesmas soluções com que o interesse material e a situação social obrigam a pequena burguesia a se defrontar. E essa é, em geral, a relação existente entre os *representantes políticos e literários* de uma classe e a classe por eles representada. (MEW, VIII, p. 141-142)

Os representantes políticos de uma classe podem alcançar níveis excepcionalmente elevados de eficiência em suas ações históricas, apesar das limitações de seus horizontes ideológicos. Os representantes literários podem produzir expressões vigorosas, dignas de admiração irrestrita, apesar das limitações de seus horizontes ideológicos. Como admirador das epopeias de Homero, das tragédias de Ésquilo e de Sófocles, do teatro de Shakespeare, Marx sabia quanto seria vã e ridícula qualquer tentativa de desqualificar esses autores por meio da invocação das marcas deixadas pela ideologia em suas obras.

Também no exame das categorias e dos conceitos mais abstratos do pensamento filosófico, Marx reconhecia a capacidade de tais construções perdurarem e, ao serem compreendidas por pessoas de outros tempos e de outras culturas, demonstrar sua universalidade. O que o autor d'*O capital* não podia admitir era que esses conceitos e essas categorias capazes de perdurar fossem postos *fora* da história. Para o pensador comunista, era evidente que eles perduravam *na* história.

Na Introdução geral à *Crítica da Economia Política*,[3] pode-se ler a afirmação de que "mesmo as categorias abstratas, apesar da sua validade para todas as épocas – por causa da sua abstração –, na determinação dessa abstração mostram que são produtos de relações históricas e possuem sua plena validade no âmbito dessas relações" (MEW, XIII, p. 636).

Na perspectiva de Marx, as discussões a respeito da universalidade e da singularidade, ou a respeito do duradouro e do efêmero deveriam se articular com o tema dos *valores*, quer dizer, deveriam levar em conta a existência de valores distintos conferidos pelos seres humanos ao que lhes convém momentânea ou circunstancialmente e ao que significa muito para eles, em geral, e é reconhecido como importante para a humanidade.

Na *Contribuição à crítica da Economia Política*, Marx já trabalhava com dois conceitos que vieram a ser retomados, depois, n'*O capital*: valor de uso e valor de troca. O valor de uso, tal como ele o concebia, era, por sua própria essência, subjetivo e qualitativo. É o valor que se realiza quando o ser humano vive a experiência de servir-se de alguma coisa. O valor de troca, ao contrário, é quantitativo e se define no âmbito mais acentuadamente objetivo das relações sociais.

Essa distinção era fundamental para Marx. Ele escrevia:

> Como criador de valores de uso, como atividade útil, o trabalho é uma condição de existência do ser humano, independente de todas as formas de sociedade, uma necessidade natural eterna do metabolismo do ser humano com a natureza, uma mediação da vida humana. (MEW, XIII, p. 57)

Em seguida, contudo, advertia: o trabalho não cria só valores de uso; ele cria igualmente coisas para serem trocadas. Numa

---

[3] Trata-se da Introdução redigida por Marx em 1857, Há várias edições dela disponíveis em português e pode ser encontrada no anexo de Marx, K. *Contribuição à crítica da Economia Política*. São Paulo: Expressão Popular, 2009. (N. E.)

sociedade como a nossa, a esmagadora maioria das coisas criadas pelo trabalho humano é feita para ser vendida, para ser comprada.

O valor de troca, de fato, vem se expandindo. Sem dúvida, ele não elimina o valor de uso, já que, para que uma coisa venha a ser comprada, é preciso que ela tenha valor de uso para alguém. Mas a expansão do valor de troca obscurece a percepção do valor de uso. Nas condições em que a sociedade contemporânea funciona, as pessoas são induzidas a fixar a atenção delas nos movimentos frenéticos da compra e venda das mercadorias.

N'*O capital*, Marx retomou – dando-lhes nova formulação – as observações que havia feito algumas décadas antes, nos *Manuscritos de 1844*, sobre o dinheiro. Relembrou que, de equivalente universal destinado a agilizar a troca de mercadorias, o dinheiro acabara se tornando a expressão de uma invasão de todas as esferas da existência humana, pondo *preço* em todas as coisas, quantificando tudo.

Com o capitalismo, o dinheiro passa a ser encarado como um poder capaz de substituir todos os valores, ocupando o lugar deles. Marx notou, entretanto, que o dinheiro não é e não pode ser, efetivamente, um valor. Por quê? Porque o dinheiro sempre quantifica algo que o seu possuidor pode comprar, quer dizer, o dinheiro sempre aponta para algo *fora dele,* para alguma coisa que *não é ele,* que o sujeito pode comprar *por meio dele.*

A sociedade burguesa gira, de maneira tendencialmente exclusiva, em torno da dinâmica – cheia de incertezas – do mercado. Os seres humanos, confusos, inseguros, podem não saber ao certo o que desejam, podem não reconhecer os valores de uso que lhes convêm, mas tratam de adquirir valores de troca suficientes, dinheiro bastante, para poderem comprar o que vierem a desejar (qualquer que seja a coisa desejada).

Em tais condições, com a vida posta sob o comando quase incontrastado do valor de troca, as mercadorias assumem "sutilezas metafísicas e caprichos teológicos" (MEW, XXIII, p. 85). Surge o que Marx chamou de "o fetichismo da mercadoria". As mercadorias parecem ter vida própria, dão a impressão de se moverem por si mesmas. Nossos olhos são condicionados para enxergar coisas que se movimentam, objetos por trás dos quais desaparecem os sujeitos que promovem os deslocamentos. A própria linguagem cotidiana reforça o condicionamento, quando nos leva a dizer: o pão subiu, a manteiga baixou, o açúcar sumiu, o leite melhorou, os fósforos pioraram etc.

Difundem-se por toda parte e com insistência as imagens de uma objetividade ilusória, que encobre e mascara a presença da subjetividade, quer dizer, disfarça a realidade das iniciativas contraditórias e das motivações contrastantes de seres humanos divididos.

Passa a ser muito mais difícil para os seres humanos realizar avanços na compreensão de suas ações. "Seu próprio movimento social possui para eles a forma de um movimento de coisas, sob cujo controle se acham, em vez de controlá-las" (MEW, XXIII, p. 89). São impelidos a agir sem poder ter plena consciência da ação que empreendem. E é no contexto dessa reflexão que Marx escreve uma de suas frases mais conhecidas, citadíssima como caracterização da situação criada pela ideologia: *Sie wissen es nicht, aber sie tun es*. Traduzindo: "Não sabem o que estão fazendo, mas fazem-no" (MEW, XXIII, p. 88).

O processo envolve a sociedade inteira. A crescente imposição de procedimentos quantificadores e de critérios quantitativos impede que as pessoas reconheçam a importância dos fenômenos qualitativos inelimináveis que permeiam a existência delas. O valor de uso, acuado pela proliferação dos preços, é forçado a recuar para uma quase clandestinidade. "Coisas que em si e para si não são mercadorias, como, por exemplo, consciência, honra etc., podem ser vendidas por seus donos por dinheiro; e assim, por meio do preço, adquirem a forma da mercadoria" (MEW, XXIII, p. 117).

À medida que vai reduzindo tudo (ou quase tudo) a mercadoria, o sistema engendrado pela burguesia chegou – com inegável coerência lógica – a transformar a própria força humana de trabalho em objeto de compra e venda.

Com a força de trabalho é a criatividade do sujeito humano que é comercializada. É o poder do homem de acrescentar valor à matéria-prima que lhe é submetida que é posto no balcão para ser negociado. O trabalhador é forçado a vender sua *mercadoria* ao capitalista, que lhe impõe o preço ao comprá-la.

O trabalhador dispõe de um "dom natural", que é a sua força de trabalho, que lhe permite "conservar e aumentar o valor" da matéria-prima. Segundo Marx, é "um dom que não custa nada para o trabalhador, mas traz grandes vantagens para o capitalista" (MEW, XXIII, p. 221). Por quê? Porque o capitalista compra a força de trabalho, explora seu *valor de uso,* extrai dela a mais-valia e só paga ao trabalhador um salário correspondente ao *valor de troca* que tinha, no mercado, no momento em que foi vendida, isto é, *antes de ser usada e de criar valor.*

O conteúdo altamente *explosivo* dessas concepções e a postura deliberadamente polêmica de Marx – e de Engels, que o acompanhava em suas batalhas – explicam por que os dois pensadores comunistas enfrentaram tantas e tão apaixonadas objeções.

A trajetória de Marx e Engels foi marcada por ásperas controvérsias. A perspectiva deles foi questionada não só por teóricos conservadores comprometidos com os horizontes da burguesia, mas também por escritores progressistas e ativistas e líderes socialistas, ligados ao movimento operário, que os achavam demasiado radicais ou autoritários.

As críticas formuladas por seus contraditores os levavam, por vezes, a expor com ênfase excessiva alguns aspectos de suas concepções (aqueles que se prestavam melhor às exigências imediatas da discussão), deixando um pouco de lado outros aspectos, que não tinham tanta serventia direta como arma de combate.

Na conceituação da ideologia, por exemplo, alguns textos dos dois autores do *Manifesto do Partido Comunista* sublinham com certa unilateralidade, em função das necessidades do combate, a dimensão da falsa consciência.

Engels, numa carta a Franz Mehring – empenhado em educar a curto prazo o crítico alemão, no espírito da militância socialista mais combativa –, escreveu:

> A ideologia é um processo que o chamado pensador executa certamente com consciência, mas com uma *falsa consciência*. As verdadeiras forças motrizes que o motivam permanecem ignoradas; de outra forma, não se trataria de um processo ideológico.

Se nos detemos no exame da frase, observamos que a ideologia é um processo e reconhecemos que quem o executa é um sujeito movido por uma falsa consciência, porém não podemos deixar de levar em conta, também, que o processo da ideologia é *maior* do que a falsa consciência, que ele *não se reduz à* falsa consciência, já que incorpora necessariamente em seu movimento conhecimentos verdadeiros.

Como Engels não alertava seus leitores para essa constatação (que já havia sido feita por Marx), sua frase comportava uma leitura simplificadora, que escorregava para a identificação de ideologia e falsa consciência.

Uma leitura fecunda de Marx e Engels não pode deixar de se empenhar em compreender as ideias que cada um deles formulou no contexto em que tais ideias foram formuladas. Os conceitos se ligam a avaliações que, por sua vez, nos remetem a circunstâncias específicas, de modo que mesmo as teorias mais abstratas podem precisar de observações capazes de relacioná-las a um quadro de referências historicamente concreto.

Quando Marx comparou a *inversão* acarretada pela representação ideológica à inversão promovida pela técnica da fotografia na câmara escura (nos negativos), ele não estava caracterizando com rigor científico a *estrutura* do funcionamento da ideologia; estava apenas recorrendo a uma imagem sugestiva, que lhe foi inspirada por uma invenção muito recente, que na época exercia poderoso fascínio sobre as pessoas (inclusive sobre o próprio Marx).

As distorções ideológicas não se deixam explicar mediante o emprego de uma fórmula extraída da física, da óptica. Os problemas concernentes à ideologia nos remetem a um processo complicadíssimo.

O que Marx fez com o seu conceito de ideologia foi justamente chamar a atenção dos seus contemporâneos (e das várias gerações que se seguiram, até os nossos dias) para uma questão de enorme importância e que talvez não comporte uma solução cabal e conclusiva, nem a curto, nem a médio prazo.

Ao conceito de ideologia elaborado por Marx se aplica, perfeitamente, o que Adorno disse mais tarde a respeito dos termos filosóficos: "Todo termo filosófico é a cicatriz de um problema irresolvido" (Adorno, 1973).

3. A QUESTÃO DA IDEOLOGIA ENTRE OS MARXISTAS DO INÍCIO DO SÉCULO XX

Alguns aspectos do pensamento de Marx não foram bem compreendidos sequer por seus seguidores e simpatizantes. Quando Marx morreu, em 1883, ainda ficou Engels, que sobreviveu até 1895 e se serviu de sua autoridade para defender a perspectiva teórica do seu amigo contra a proliferação de mal-entendidos e de adulterações. Após a morte de Engels, contudo, a situação se agravou. Mesmo teóricos socialistas talentosos, agindo de boa-fé, deixavam transparecer uma imensa dificuldade em assimilar a dimensão mais acentuadamente dialética da concepção da história do autor de *O 18 brumário*.

Mais tarde, no início da guerra de 1914-1918, Lenin, exilado na Suíça, anotaria em seus *Cadernos filosóficos* uma observação extraordinariamente aguda: a de que era impossível alguém compreender o primeiro volume d'*O capital* de Marx sem ter estudado a fundo a *Lógica* de Hegel. E concluiria: como até então (1914) nenhum marxista havia estudado a fundo a *Lógica* de Hegel, impunha-se o reconhecimento de que, quase 50 anos após sua publicação, nenhum marxista havia compreendido o primeiro volume d'*O capital*.

A observação de Lenin poderia ser mais abrangente. De fato, o conhecimento das raízes hegelianas não é imprescindível apenas para a compreensão do alcance de certas ideias desenvolvidas por Marx no primeiro volume d'*O capital*: é imprescindível para a compreensão da dimensão filosófica da perspectiva de Marx.

Lenin não dispunha de elementos suficientes para formular sua observação em termos de maior abrangência, porque não conhecia alguns dos textos mais notáveis do Marx filósofo. Não conhecia os *Manuscritos econômico-filosóficos de 1844* e o texto completo de *A ideologia alemã,* que só foram publicados no início dos anos de 1930, quando o revolucionário russo já tinha morrido. E não conhecia, obviamente, os *Grundrisse,* quer dizer, as *linhas básicas* da crítica da Economia Política que Marx esboçou antes de redigir *O capital,* manuscritos volumosos que só viriam a ser publicados na íntegra em 1939.

Apesar dessas limitações de que se ressentia seu quadro de referências, o fundador do Estado soviético se dava conta, a seu modo, da importância da subjetividade na dialética da história, tal como Marx a concebia. E, com sua enérgica revalorização das iniciativas do sujeito humano no plano teórico-político (mas não no plano filosófico), contrapunha-se às tendências que prevaleceram no pensamento socialista desde a morte de Engels até a Primeira Guerra Mundial.

No que concerne à sua concepção de ideologia, entretanto, Lenin não divergiu significativamente de Kautsky e dos teóricos mais influentes da Segunda Internacional. Para o autor do *Que fazer?* havia ideologias reacionárias e ideologias progressistas. No capitalismo, contrapunham-se, fundamentalmente, a ideologia proletária e a ideologia burguesa. A grande divergência de Lenin com a posição teórico-política hegemônica na Segunda Internacional não era relativa ao conceito de ideologia, mas à análise que fazia-se do confronto das ideologias existentes.

O movimento socialista chegou ao final do século XIX em resoluta ascensão. Os partidos identificados com os trabalhadores se tornaram os primeiros partidos de massa na história política da humanidade e arrancaram importantes concessões da burguesia. Houve um aumento real do poder de compra dos operários nos países mais industrializados da Europa. A ação de uma boa bancada de deputados no parlamento conseguia obter modificações limitadas porém animadoras na legislação.

Surgiram logo controvérsias sintomáticas. A ideia de uma revolução necessária à edificação de uma nova sociedade não deveria ser substituída por um programa reformista, capaz de encaminhar mudanças graduais, realistas, exequíveis? Em vez de uma ruptura com o sistema capitalista, não seria mais sensata uma transição negociada, que preservasse os aspectos considerados positivos da sociedade hegemonizada pela burguesia?

Num primeiro momento, as posições exacerbadamente reformistas foram derrotadas. Foi mantido o compromisso com os princípios revolucionários. No entanto, as tendências que privilegiavam a continuidade contra a ruptura continuavam a se fortalecer, subterraneamente; e mesmo alguns dos líderes da resistência contra a ofensiva reformista, no plano político, eram influenciados, no plano filosófico, pelas teorias que se empenhavam em pensar o futuro como um prolongamento mais ou menos *lógico* ou *natural* do presente.

Na concepção da história, a dialética cedia espaço a um certo *evolucionismo*. A concepção elaborada por Darwin para o entendimento da evolução natural das espécies era transplantada para o âmbito da história dos homens. O movimento social dos sujeitos humanos, com suas escolhas, iniciativas, tensões e contradições, era reduzido a uma matriz biológica. E isso se fazia com base na tranquila convicção de que Darwin e Marx eram complementares, convergentes (ou até coincidentes).

Ignorava-se a profundidade da divergência, que no entanto acarretava graves consequências. O evolucionismo tendia a privilegiar a continuidade em relação à ruptura: o novo era reduzido à explicitação de algo que já existia, embutido no antigo. A planta era reduzida à semente que desabrochava. A dialética, ao contrário, insistia na significação decisiva da ruptura, na dimensão subversiva da inovação.

Karl Kautsky, líder do Partido Social-Democrata dos Trabalhadores Alemães, sucessor de Engels, orgulhava-se de, antes de ter se tornado socialista e marxista, ter sido darwinista. E esclarecia que, ao se converter às novas posições, não tinha precisado mudar nada na sua perspectiva.

A atitude de Kautsky se torna ainda mais significativa quando lembramos que ele foi, de fato, o grande codificador do marxismo, isto é, o inventor da doutrina composta de ideias de Marx habilmente selecionadas, submetidas a uma eficiente montagem, organizando um sistema que dava a todos a impressão de constituir a expressão mais legítima do essencial do pensamento do filósofo comunista.

O historiador Georges Haupt averiguou como foi se constituindo o *marxismo* a partir dos anos de 1880 e concluiu: "A paternidade das noções de *marxista* e *marxismo,* no sentido que elas assumiram no nosso vocabulário, cabe a Kautsky" (Haupt, 1980, p. 95). E com o impulso kautskiano inicial, o *marxismo* logo se submeteu a uma interpretação inequivocamente *evolucionista*.

Além do *evolucionismo,* os socialistas da passagem do século XIX para o XX manifestaram, igualmente, uma forte tendência no sentido de interpretar a concepção da história elaborada por Marx – o *materialismo histórico* – como um *determinismo econômico.*

O próprio genro de Marx, Paul Lafargue, autor do belo panfleto *O direito* à *preguiça,* contribuiu para esse mal-entendido quando publicou um livro sobre as ideias de seu falecido sogro e intitulou o volume *O determinismo econômico de Karl Marx.*

Tanto no caso do *evolucionismo* quanto no caso do *determinismo econômico,* a questão da ideologia, tal como Marx a tinha abordado, era esvaziada em sua significação. O conceito se empobrecia. O ideológico passava a ser visto como consequência *lógica* ou *natural* da lenta mas inexorável evolução da espécie humana, ou então como o corolário mecânico ou o subproduto fatal de uma dinâmica socioeconômica.

Com isso, o tema da ideologia sofria uma *desdramatização*. Se o ideológico, afinal, não passava de uma consequência pura e simples de um processo prático, material, que importância maior poderiam ter, na sua esfera, as controvérsias que lançavam, uns contra os outros, os sujeitos históricos? Os dramas subjetivos – reconhecidos como secundários – remetiam os pesquisadores à realidade tida como objetiva, que era o nível onde podiam ser encontradas as causas, isto é, a *verdade* dos fenômenos.

A questão filosófica da ideologia cedia lugar a um campo de estudos bem mais restrito, que ficava entregue à competência exclusiva dos sociólogos, incumbidos de verificar a que grupos, classes ou setores da sociedade se ligavam as representações ideológicas.

Os marxistas do final do século XIX e sobretudo os do início do século XX, em sua maioria, adotaram uma concepção redutivamente sociológica da ideologia, limitando-se ao esforço de identificar – e denunciar politicamente – as formas diretas mais simples da expressão dos interesses materiais das classes sociais no discurso dos teóricos, nos programas de ação ou na produção artística. E esse fenômeno pode ser constatado tanto na perspectiva de Kautsky quanto na de Lenin.

Os resultados obtidos com o emprego desse conceito *sociológico* de ideologia deixaram bastante a desejar. Frequentemente, as análises estéticas ficavam no plano da obviedade, ou, o que é pior, resvalavam para condenações unilaterais e tropeçavam em formulações empobrecedoras, que não respeitavam a densidade e a complexidade das obras de arte criticadas.

Mesmo críticos de talento, como o russo Plekhanov ou o alemão Franz Mehring, manifestaram essas limitações. Plekhanov, aliás, ficou conhecido por sua proposta metodológica de encontrar o "equivalente social" da obra de arte: sua análise da produção cultural, especialmente da arte, tendia a reduzir o conteúdo das obras às condições sociais em que se achava o artista ou produtor no momento em que as obras foram engendradas. As obras seriam ilustrações do quadro histórico, das circunstâncias sociais, da situação de classe e dos valores políticos de seus criadores. A riqueza de sentido delas, então, não nascia de um movimento de criação um tanto imprevisível, não estava na *inovação* que traziam: estava, fundamentalmente, numa verdade que elas se limitavam a *traduzir* ou *explicitar,* numa verdade anterior a elas, existente no ponto de partida do trabalho do artista ou produtor.

As obras de arte refletiriam a inserção de seus criadores em suas respectivas sociedades e os valores políticos que os artistas encampavam, isto é, a ideologia. Deveriam refleti-los com nitidez.

Plekhanov, portanto, era coerente quando cobrava dos artistas que fossem francos e diretos na expressão de suas diversas ideologias. Essa coerência, contudo, o levava a formular juízos críticos reveladores de uma incompreensão surpreendente. Ele censurava, por exemplo, os pintores impressionistas por manifestarem "a mais completa indiferença pelo conteúdo ideológico de suas obras" (Plekhanov, 1955, p. 67).

Antes de mais nada, registremos o fato de que os críticos de arte mais importantes do século XX, ao comentarem os quadros dos grandes pintores impressionistas, fizeram observações que contradizem frontalmente a afirmação feita por Plekhanov. O *conteúdo ideológico* dos quadros impressionistas é considerado merecedor de grande atenção e há indícios de que, ao menos em alguns casos, os pintores tinham, a seu modo, clara consciência do que estavam fazendo.

Independentemente dessa divergência crítica de base, entretanto, algumas perguntas relativas aos pressupostos metodológicos de Plekhanov nos ocorrem. O artista tem que ter clara consciência do *conteúdo ideológico* de suas obras? Um dos desafios da crítica empenhada no exame das distorções ideológicas não é, justamente, o de tentar enxergar na obra expressões características de uma ideologia da qual o artista não tinha consciência? Uma postura de *indiferença* pelo *conteúdo ideológico* de suas obras, francamente assumida pelo artista, não seria, ela própria, a expressão de uma ideologia merecedora de estudo? O que haveria de ilegítimo, afinal, em tal postura?

Tais perguntas, ao serem formuladas, contribuem para que possam ser enxergadas com maior clareza algumas das consequências da estreiteza do conceito *sociológico* de ideologia adotado por Plekhanov.

A adoção dessa concepção estreita da ideologia era facilitada por um duplo movimento, bastante curioso, de admiração dos socialistas por Marx e, ao mesmo tempo, desconhecimento da sua obra. Marx, no final do século XIX, em alguns ambientes, tornou--se algo como um herói mítico, um santo que parecia estar sendo cultuado por equívoco, um guru que era homenageado porém muito mal compreendido.

Franco Andreucci relata episódios pitorescos, envolvendo o contato de alguns intelectuais socialistas com o pensamento de Marx. O dirigente socialista neozelandês Harry Holland confessava que não conseguia ultrapassar as primeiras páginas d'*O capital* porque – dizia – "para estudar Marx é preciso envolver a cabeça com tiras de pano molhadas em água fria". William Morris, importante artista e intelectual inglês, declarou que, ao tentar estudar *O capital,* assustou-se: "Meu cérebro conheceu o medo da agonia". E Eugene Debs, líder do Partido Socialista nos Estados Unidos, admitiu que preferia "ler os escritos de divulgação de Kautsky a ler diretamente os textos de Marx" (Andreucci, 1982, p. 39 e 65).

4. EM LUKÁCS

O HÚNGARO GYÖRGY LUKÁCS TEVE SOBRE os intelectuais do início do século XX a vantagem de empreender uma aventura espiritual que o marcou indelevelmente e na qual seu "caminho para Marx" foi pavimentado por um sólido conhecimento do idealismo clássico alemão, especialmente das ideias de Kant e Hegel. A intimidade que tinha com a filosofia de Kant e Hegel lhe permitia perceber e apreciar o que outros não conseguiam digerir nos escritos do autor d'*O capital.*

Após um primeiro contato com textos de Marx, por volta de 1910, quando, segundo seu depoimento, só enxergou o teórico "sociológico", Lukács, sob o impacto da guerra de 1914-1918 e em meio à repercussão da Revolução Russa de novembro de 1917, descobriu Marx *como filósofo.*

Mergulhou no estudo das suas obras com um entusiasmo e uma desenvoltura que na época eram bastante raros. E esse mergulho se deu num período extremamente tumultuado, em que o pensador se viu pela primeira vez envolvido diretamente na luta política, chegando a tornar-se dirigente da política cultural da Comuna Húngara de 1919, período no qual os comunistas exerceram o poder na Hungria, de 21 de março até 12 de agosto, a princípio coligados com os sociais-democratas, depois sozinhos.

A experiência de um engajamento radical na luta política e na "batalha das ideias" se expressou numa coletânea de ensaios intitulada *História e consciência de classe*, de 1922.

Nos ensaios do livro, sobretudo no ensaio sobre a *reificação* (ou *coisificação*), Lukács trouxe uma significativa contribuição para o aprofundamento da reflexão a respeito da questão da ideologia.

Exilado em Viena (então sob governo social-democrata), Lukács analisava as condições da vitória obtida pela direita em seu país, a Hungria, à luz da situação do capitalismo na Europa. Estava, na época, convencido de que a revolução proletária era iminente.

Mesmo sem ter lido os *Manuscritos econômico-filosóficos de 1844*, de Marx, que só viriam a ser publicados uma década após *História e consciência de classe*, Lukács de algum modo redescobriu algumas preocupações que haviam sido explicitadas pelo jovem Marx por meio do seu conceito de *alienação* (ou *estranhamento*).

O ponto de partida da reflexão de Lukács sobre a coisificação foi a teoria do *fetichismo da mercadoria*, desenvolvida por Marx no primeiro volume d'*O capital*.

Na sociedade capitalista, que gira em torno do mercado e se baseia na generalização da produção de mercadorias, o movimento dos objetos começa a invadir todas as esferas da vida humana e passa a camuflar todos os movimentos subjetivos, quando a própria força humana de trabalho é vendida em troca de um salário e se torna uma mercadoria igual às outras. Impõe-se ao sujeito que trabalha uma racionalização *instrumental*, ditada por um objetivo exterior, comprometida com o objeto que o trabalho vai produzir. Então, a subjetividade é desqualificada, passa a ser "mera origem de falhas" (Lukács, 1970, p. 178).

A razão *instrumental* é quantificadora. Para ela, a quantidade é que decide tudo. Os sujeitos humanos são sacrificados na expressão de suas qualidades individuais e também na capacidade de perceber a riqueza da diversidade das qualidades das coisas.

A dinâmica do sistema criado pelo capitalismo tende a destruir todos os valores intrinsecamente qualitativos, o fundamento das convicções dos homens. Os sujeitos individuais são induzidos a aceitar serem colocados num plano no qual as máquinas podem substituí-los e superá-los, rendendo mais do que eles.

O que realmente importa é o rendimento mensurável, é o pretenso valor que se traduz num preço. Para abrir espaço à expansão da lógica do dinheiro, o sistema se desdobra em subsistemas, cuja autonomia é relativamente grande. A *razão* renuncia à sua universalidade, se fragmenta numa pluralidade de "razões", isto é, de racionalizações setoriais, que se limitam a horizontes e motivações particulares. O *todo* – esvaziado – se distancia das partes; e as leis das partes são incoerentes com as leis do todo.

A burguesia se empenha cada vez mais em dominar os pormenores e vai renunciando a dominar o todo, que lhe escapa. O espírito radicalmente crítico, que tinha realizado importantes avanços com a filosofia de Kant e Hegel, no campo da perspectiva burguesa, se ressente do estilhaçamento da razão: ele dependia de um sujeito disposto a se universalizar, quer dizer, dependia de um sujeito coletivo que podia se apoiar numa razão sintetizadora. Quando a burguesia deixa de crer que poderia ser esse sujeito, ela é forçada a renunciar à totalização.

Nas novas condições, perde-se também a possibilidade de aproveitar a lição de Goethe, segundo a qual o que o ser humano empreende só é bem-sucedido quando resulta do conjunto de suas forças, de todas as suas energias criadoras, quer dizer, só tem êxito quando o sujeito se põe por inteiro naquilo que faz. Goethe formulou sua observação a respeito da criação artística, mas o autor de *História* e *consciência de classe* sustenta que ela tem alcance mais geral: vale para a existência propriamente humana, para a capacidade que os homens têm de fazer história, transformando o mundo e transformando a si mesmos.

A práxis, a ação histórica, exige uma consciência adequada ao que se está fazendo. Os seres humanos precisam constantemente aprender e reaprender a pensar historicamente. E para isso devem reconhecer "a formação ininterrupta do qualitativamente novo" (Lukács, 1970, p. 260). Esse reconhecimento, contudo, vai se tornando cada vez mais impossível, do ângulo da burguesia.

Lukács, então, associa a possibilidade do pensamento dialético, crítico, desmistificador, a uma superação das distorções ideológicas que depende do proletariado.

O proletariado lhe aparece como o portador material das ideias de um movimento que reunifica a humanidade, supera a divisão social do trabalho e a dilaceração da comunidade humana que transparece na luta de classes. "O conhecimento de si mesmo é, para o proletariado, ao mesmo tempo, o conhecimento objetivo da essência da sociedade". Com o movimento do proletariado se chega a compreender "o problema do presente como problema histórico" (Lukács, 1970, p. 279). De algum modo, a classe operária, mesmo sendo uma classe particular, antecipa elementos da perspectiva da humanidade reunificada, unindo teoria e prática, e realizando o sujeito-objeto idêntico.

A percepção empírica que os trabalhadores têm da sociedade burguesa em que vivem e trabalham é fonte de distorção ideológica e deve ser superada por uma consciência "acrescentada" (*zugerechnetes Bewusstsein*). Lukács distingue entre a consciência real, existente, e a "consciência possível", que é aquela que pode proporcionar à classe operária o processo de totalização que lhe permite "a apreensão da história como processo unitário" (Lukács, 1970, p. 74). "Só com o aparecimento do proletariado é que se completa o conhecimento da realidade social. E ele se completa quando, com a posição de classe do proletariado, encontra-se um ponto do qual se pode enxergar o todo da sociedade" (Lukács, 1970, p. 87).

Da perspectiva do movimento operário, torna-se possível questionar revolucionariamente tanto a ideologia comprometida com a coisificação quanto a sociedade burguesa que engendra essa ideologia. O ponto de vista da força que impulsiona na prática a criação da sociedade futura permite a superação da percepção da realidade como um amálgama de *coisas* ou de *fatos*. "O reconhecimento de que os objetos sociais não são coisas, mas relações entre homens, leva à completa dissolução deles em processos" (Lukács, 1970, p. 313).

Resgatando a capacidade de compreender a história – que ele mesmo está fazendo – como um todo, o movimento operário passa a entender as *coisas* como relações humanas e os *fatos* como momentos de um processo.

A "consciência possível" do movimento operário ultrapassa, então, os limites da perspectiva parcial e da fragmentaridade. Supera as distorções ideológicas.

Combativo, ousado, resoluto, disposto a extrair as consequências de suas construções teóricas, o autor de *História e consciência de classe* polemizou com as posições de um dos *clássicos* do *marxismo*, ninguém menos que Engels, o inseparável amigo de Marx.

A divergência se manifestou em relação a vários pontos. Primeiro, no que se refere à teoria do conhecimento concebido como *reflexo* da realidade (em alemão: a *Abbildungtheorie*). Lukács escreveu: "O critério da correção do pensamento é, de fato, a realidade. Mas a realidade não é: ela se transforma. E não sem que o pensamento atue" (Lukács, 1970, p. 349).

Em outra passagem, Lukács criticava Engels por ter feito uma restrição inepta a Kant, a respeito do conceito de *coisa em si*, quando Engels ignorou o fato de que para Kant a *coisa em si* não impedia o conhecimento de se expandir infinitamente. Engels, a seu ver, também teria tropeçado numa interpretação equivocada da terminologia hegeliana, ao caracterizar o *em si* e o *para nós* de Hegel como conceitos antitéticos.

Por fim, a crítica mais grave era a de que Engels tinha falado da atividade *industrial* e da atividade *experimentadora* como práxis. Lukács se insurgia contra o erro e afirmava que eram, de fato, atividades "contemplativas".

História e consciência de classe, como se sabe, provocou muita discussão e foi objeto de críticas irritadas. Os sociais-democratas repeliram como *comunistas* as posições defendidas no livro e os comunistas condenaram a obra como *revisionista.*

Ao longo da segunda metade dos anos de 1920, Lukács reexaminou suas concepções e chegou à conclusão de que algumas delas eram equivocadas. Convenceu-se de que sua perspectiva era voluntarista e admitiu que em 1922 ele contava com uma revolução proletária europeia, que afinal não veio, mas que, como expectativa irrealista, havia desequilibrado sua análise da situação histórica. Aceitou o papel de liderança do movimento comunista mundial que a União Soviética assumiu e consolidou, tanto no plano da atividade política quanto no plano da teoria, com a elaboração da doutrina do *marxismo-leninismo.*

Reconsiderou suas críticas à teoria do conhecimento concebido como *reflexo* da realidade; aderiu à *Abbildungtheorie.* Retraiu-se em relação às restrições feitas a Engels (sem, contudo, renegá-las). Dispôs-se a pagar o preço necessário ao seu engajamento no movimento comunista mundial, convencido de que ele era a força organizada capaz de enfrentar a ascensão do fascismo. Insistiu numa constante reafirmação da sua pertinência ao partido leninista. Mais tarde, se justificaria, repetindo uma frase em inglês: *Right or wrong – my party* [Certo ou errado – meu partido].

Ao longo de seus mais de 50 anos de militância, Lukács fez diversas autocríticas. Algumas delas não eram sinceras e ele as considerava manobras táticas que lhe permitiam continuar integrado ao movimento comunista. A partir de 1930, após a derrota das suas posições na luta interna e o seu afastamento da direção do Partido Comunista da Hungria, passou a se concentrar na discussão de temas estéticos e literários, às vezes levando para o plano da crítica de arte critérios forjados nos conflitos políticos e aplicando-os de maneira muito direta aos fenômenos literários.

De qualquer maneira, construiu uma obra de peso, com numerosos ensaios importantes. E – mostrando que era sincera a autocrítica em que assimilara a *Abbildungtheorie* – baseou seus estudos, de 1931 a 1971, na teoria do conhecimento concebido como *reflexo* da realidade, empenhando-se em submetê-la a uma *leitura* dialética.

Nas quatro décadas que se seguiram à guinada que se manifestou em 1931, abandonou alguns aspectos da concepção de ideologia que havia adotado em *História e consciência de classe.* Admitiu – numa linha que seguia o exemplo de Lenin – que a discussão epistemológica provocada pelo conceito poderia ser considerada secundária em relação ao exame crítico das diversas ideologias que expressavam as perspectivas das classes sociais e das organizações políticas. Consideradas em seu uso histórico, havia ideologias progressistas e ideologias conservadoras. Consideradas em sua eficácia política imediata, havia ideologias consequentes e ideologias confusionistas. O importante, então, era fortalecer as primeiras e combater as segundas.

A questão da ideologia nos escritos de Lukács a partir do início dos anos de 1930, de certo modo, se tornou menos dramática do que no livro de 1922.

No entanto, cumpre reconhecer que a preocupação do filósofo com o tema não desapareceu.

Em seu estudo sobre a peculiaridade do estético, Lukács trouxe importante contribuição à reflexão sobre os problemas da ideologia, com sua abordagem da temática do cotidiano. Para ele, a ciência e a arte correspondem a formas *especializadas* do conhecimento, e a consciência que se eleva ao âmbito dessas formas *especializadas* é sempre um tanto excepcional. No entanto, há um nível inelimínável na consciência dos seres humanos – a cotidianidade – no qual todos os indivíduos se veem, normalmente, imersos.

A consciência cotidiana tem seus limites. No dia a dia de sua existência, os indivíduos recorrem (e não podem deixar de recorrer) a inferências simplificadamente analógicas e a generalizações abusivas. A dimensão *teórica* da consciência deles é obrigada a autolimitar-se, em função de uma entrega inevitável do espírito às múltiplas demandas de constantes adaptações e ações práticas imediatas. Mesmo grandes artistas e grandes cientistas não poderiam ser o tempo todo grandes artistas e grandes cientistas.

A consciência cotidiana, dentro de suas limitações, é complexa e contraditória, segundo Lukács. De um lado, ela precisa simplificar seus critérios e suas motivações, sob o signo do *imediato*; de outro, ela se serve da linguagem, isto é, de um sistema cheio de *mediações* complicadas.

Voltaremos a esse tema no capítulo dedicado às relações entre a ideologia e o cotidiano, na segunda parte deste livro. Por ora, limitamo-nos a observar que, do ponto de vista lukacsiano, há firme convicção de que, para enriquecer sua compreensão do mundo e de si mesmo, o ser humano deve desenvolver sua sensibilidade artística e seu conhecimento científico, superando os limites da consciência cotidiana. Mas Lukács entende, também, que a efetivação de transformações históricas profundas e irreversíveis na sociedade depende da modificação da consciência cotidiana dos *homens comuns*.

A consciência cotidiana, assim, não é ontologicamente degradada: o desafio que ela nos apresenta é decisivo para pensarmos com maior rigor a ação transformadora, revolucionária, criativa, e também os obstáculos ideológicos a essa ação, que estão ancorados na cotidianidade (sobretudo nas condições da cotidianidade dos homens do século XX, tão marcada pela televisão e pelos entretenimentos da chamada *indústria cultural*).

No final da sua vida, em sua inacabada *Ontologia do ser social,* num capítulo inédito significativamente intitulado "A ideologia", Lukács ainda advertia: "Há novos fenômenos de massa que não podem ser resolvidos com o apelo a Marx ou a Lenin". "É preciso dar à juventude a possibilidade de ela buscar por conta própria". E previa que, com a crescente complexidade das condições culturais e sociopolíticas contemporâneas, o socialismo precisaria desenvolver concepções dotadas de maior poder de persuasão, o que manifestaria o "papel qualitativamente novo dos problemas ideológicos" (*mimeo*).

Para não perdermos o fio condutor do presente trabalho e para tentarmos manter algum respeito pela cronologia em nossa tentativa de reconstituir o movimento histórico do conceito de ideologia, convém retornar à *História* e *consciência de classe.*

Apesar de ter sido abandonado por seu autor, o livro se tornou o ponto de partida de algumas reflexões e de algumas construções teóricas significativas, desenvolvidas por autores tão diversos como Karl Mannheim, Lucien Goldmann, Maurice Merleau-Ponty, Walter Benjamin, Leo Kofler, Theodor Wiesengrund Adorno, Max Horkheimer e Jean-Paul Sartre.

São múltiplas as evidências dessa repercussão. O tema da coisificação foi constantemente retomado por numerosos teóricos ao longo do século XX. O conceito de *consciência possível* se tornou a pedra angular das análises que Lucien Goldmann empreendeu sobre o "máximo de consciência possível" que se manifesta nas *visões de mundo* estudadas pelo *estruturalismo genético.* Outros exemplos poderiam ser lembrados.

Vamos nos concentrar, a seguir, na abordagem da questão da ideologia pelos pensadores ligados à chamada *Escola de Frankfurt.*

5. EM MANNHEIM

ANTES DE NOS DETERMOS NO EXAME DA trajetória da *Escola de Frankfurt* e da sua abordagem do tema, vale a pena recordar algo a respeito de um livro que exerceu e ainda exerce considerável influência e que foi escrito por um teórico direta e profundamente marcado pelas ideias defendidas por Lukács em 1922: refiro-me a *Ideologia e utopia,* de Karl Mannheim, trabalho cuja primeira versão foi publicada em 1929.

A partir do problema apresentado por Lukács, Mannheim se dispôs a refletir sobre o tipo de objetividade que poderia ser alcançado pelas Ciências Humanas e Sociais, desde que elas, reconhecendo a inevitabilidade da presença de *valores* na perspectiva dos cientistas, renunciassem à pretensão de excluir as valorações, preferindo reconhecê-las e controlá-las criticamente.

Mannheim estava convencido de que o rigor científico era possível no trabalho dos cientistas sociais, porém as peculiaridades da investigação exigiam que, em seu campo de atuação, os cientistas se empenhassem na busca de um novo tipo de objetividade: "Um novo tipo de objetividade pode ser obtido nas Ciências Sociais, mas não por meio da exclusão de valorações, e sim por meio da percepção e do controle crítico destas" (Mannheim, 1972, p. 33).

Com o processo de modernização das sociedades, com a intensificação da mobilidade social (tanto horizontal quanto vertical), aumentaram o ceticismo e a insegurança dos indivíduos. No entanto, assim como Sócrates teve a lucidez e a coragem intelectual de descer ao âmago do ceticismo dos sofistas no seu tempo, transformando-o criticamente num fator de renovação, nós, hoje, também podemos mergulhar fundo nas incertezas características da nossa época e, controlando-as, compreendê-las melhor.

O franco reconhecimento da situação objetiva é imprescindível ao esforço de autodomínio por parte dos sujeitos.

> Mesmo em nossa vida pessoal – escreveu Mannheim – somente nos tornamos senhores de nós mesmos quando as motivações inconscientes, de que anteriormente não nos dávamos conta, adentram repentinamente nosso campo de visão, tornando-se assim acessíveis ao controle consciente. (Mannheim, 1972, p. 73-74)

O conceito de ideologia presta relevantes serviços nesse campo, pois corresponde à necessidade de um reconhecimento mais efetivo da fecundidade da diversidade de ângulos para alcançarmos uma visão mais abrangente da realidade.

Para Mannheim, as ideologias são sempre conservadoras. Elas expressam o interesse vital das classes dominantes numa estabilização da ordem: "Está implícita na palavra *ideologia* a noção de que, em certas situações, o inconsciente coletivo de certos grupos obscurece a condição real da sociedade, tanto para si quanto para os demais, estabilizando-a, portanto" (Mannheim, 1972, p. 66).

À ideologia, na concepção mannheimiana, contrapunha-se a "utopia", que o sociólogo húngaro via como expressão da percepção que tinham da realidade certos grupos oprimidos, que, empenhados na transformação da sociedade, "somente veem na situação os elementos que tendem a negá-la" (Mannheim, 1972, p. 67). A utopia, então, seria a forma assumida por uma espécie de *ideologia progressista*: ao se contrapor à ideologia, intrinsecamente conservadora, a utopia incidia numa unilateralidade estrutural-mente análoga à da expressão do conservadorismo.

Tanto pelo caminho da ideologia quanto pelo caminho da utopia, portanto, a compreensão do real, segundo Mannheim, tende a uma certa unilateralidade, que não deriva das más intenções das pessoas nem resulta de mentiras calculadas; trata-se, antes, de uma tendência que reflete o fato de que o pensamento de todos os grupos emerge de suas condições de vida e se liga às circunstâncias, à situação concreta daqueles que estão pensando.

Num primeiro momento, a ideologia, com suas distorções, foi reconhecida como um fenômeno atribuído exclusivamente aos que "se equivocavam" e se contrapunham ao conhecimento tido como *científico*. Era, na designação mannheimiana, uma concepção *parcial* de ideologia.

Depois, veio o reconhecimento de que as distorções ideológicas derivavam das condições sociais e em princípio atingiam todas as pessoas que viviam na sociedade. O autor de *Ideologia e utopia* chamou essa perspectiva de concepção *total* de ideologia.

Mannheim entendia que, atingido o nível da compreensão da ideologia como um fenômeno *total,* impunha-se um novo avanço do conhecimento: para superar o *relativismo* decorrente da convic-ção de que, afinal, tudo é ideológico (tudo é distorcido), era preciso passar ao *relacionismo,* que era a seu ver o princípio metodológico fundamental da *sociologia do conhecimento.* "Com a emergência da formulação genérica da concepção total de ideologia, a teoria simples da ideologia evolui para a sociologia do conhecimento" (Mannheim, 1972, p. 103).

Mannheim entendia que o marxismo estava errado ao vincular a possível objetividade do conhecimento a uma determinada classe social, o proletariado. Para o autor de *Ideologia e utopia,* o conceito de ideologia, tal como Marx o formulou no século XIX, estava demasiadamente integrado a um *arsenal* teórico que também refletia as condições da época. No século XX, abriam-se novas possibilidades que permitiam aos cientistas sociais transformá-la num "método de pesquisa da história intelectual e social em geral"(Mannheim, 1972, p. 104).

O livro *História e consciência de classe,* de Lukács, teria cometido o erro de depositar uma esperança desmesurada no papel da classe operária, atribuindo-lhe o poder de, ao mesmo tempo, possuir uma perspectiva particular, de classe, e desenvolver a capacidade de abarcar a totalidade do movimento social, elevando-se a um ponto de vista universal.

Mannheim propunha outro caminho: reconhecendo a necessidade para o conhecimento de se empenhar constantemente na superação dos particularismos e das estreitezas dos pontos de vista adotados por indivíduos, grupos ou classes, o autor de *Ideologia e utopia* procurou substituir o sujeito inevitavelmente particular que, afinal, poderia se mover na direção da possível universalidade. Procurou o sujeito que poderia, de algum modo, substituir o proletariado de Marx e Lukács. E acreditou tê-lo encontrado no pequeno grupo do qual ele mesmo fazia parte.

Uma "visão experimental, incessantemente sensível à natureza dinâmica da sociedade e à sua unicidade", deveria desenvolver-se, de acordo com Mannheim, a partir do esforço de "um estrato relativamente sem classe, cuja situação na ordem social não seja demasiado firme", isto é, a partir do empenho de um pequeno grupo de intelectuais relativamente não comprometidos, que constituíam a *freischwebende Intelligenz,* uma intelectualidade socialmente meio desenraizada (Mannheim, 1972, p. 180).

Esse estrato estaria "aberto ao ingresso constante de indivíduos das mais diversas classes e grupos sociais, com todos os pontos de vista possíveis" (Mannheim, 1972, p. 186). Por isso, seus integrantes poderiam desenvolver uma compreensão ampla das exigências tanto das diversas classes quanto do conjunto da sociedade. Promoveriam, assim, a extensão historicamente possível do conhecimento, a ampliação viável dos horizontes da sociedade, contribuindo, cientificamente, para uma visão total que implicaria "tanto a assimilação quanto a transcendência das limitações dos pontos de vista particulares" (Mannheim, 1972, p. 132).

Mannheim acreditava que a existência desse grupo de intelectuais relativamente não comprometidos constituía a base social de um terceiro tipo de ideia, que não seria nem a ideologia nem a utopia: as ideias propriamente científicas, que poderiam aspirar, legitimamente, a uma validade universal.

6. EM HORKHEIMER E ADORNO

UM MOVIMENTO TEÓRICO COMPLETAMENTE distinto do de Mannheim foi aquele que se realizou no âmbito do grupo que viria a constituir a *Escola de Frankfurt.*

Quando o livro *História e consciência de classe* foi publicado, estava sendo organizado o Instituto de Pesquisa Social, que passaria a funcionar nos anos seguintes em articulação com a Universidade de Frankfurt/Main, mas preservando sua autonomia graças ao apoio financeiro que lhe dava o comerciante e veterano socialista Hermann Weil, que havia regressado muito rico da Argentina.

Felix Weil, filho do patrocinador, redigiu o memorando que definia o projeto do Instituto, e no texto do memorando já se notava o eco das concepções defendidas por Lukács em 1922: assumia-se o compromisso de empreender pesquisas voltadas para a "compreensão da vida social em sua totalidade". Adotava-se uma perspectiva disposta a avaliar as questões presentes em cada campo da atividade na inter-relação dinâmica de umas com as outras, reconhecendo a inserção delas no processo histórico.

A sede da organização foi inaugurada no *campus* da Universidade de Frankfurt/Main em 22 de junho de 1924. Na prática, contudo, apesar de seu elevado nível qualitativo, a produção teórica dos pesquisadores do Instituto ao longo dos anos de 1920 não se caracterizou por uma notável criatividade. Sob a direção do historiador austríaco Carl Grünberg, comunistas e sociais-democratas conseguiam conviver sem atritos incontroláveis, partilhando o mesmo espaço institucional e evitando trazer para dentro dele as ásperas polêmicas que tinham na vida política da Alemanha. Sobre a história do Instituto, já existe uma vasta bibliografia (cf. Jay, 1973; Slater, 1978; Freitag, 1986).

Entre os personagens mais destacados daquele período podem ser encontrados, além de Felix Weil, os nomes de Henryk Grossmann, Karl August Witfogel, Friedrich Pollock e Franz Borkenau. A liderança intelectual do Instituto, entretanto, a partir da segunda metade dos anos de 1920, passou a ser conquistada por Max Horkheimer.

Nos ensaios que escreveu naqueles anos e foram reunidos em livro publicado em 1930, o ensaísta analisava escritos de Maquiavel, Hobbes, Thomas Morus e Vico; e, no estudo sobre Hobbes, antecipava alguns elementos da preocupação com a questão da ideologia, que viria a se tornar decisiva para os pesquisadores do Instituto, a partir dos anos de 1930.

Horkheimer incluía Hobbes entre os pensadores que desmistificavam elementos da ideologia feudal, convencidos de que todas as atividades humanas se realizavam sempre de acordo com as leis da natureza, embora o reconhecimento dessas leis necessárias, implacáveis, ficasse obscurecido porque não correspondia de fato aos interesses de poderosos grupos privilegiados e de organizações empenhadas em preservar zonas de penumbra no conhecimento. "Assim se coloca, em princípio" – observou Horkheimer –, "o problema da ideologia" (Horkheimer, 1984, p. 58).

Era, para Hobbes, um problema complexo, já que, a seu ver, o Estado que ele mesmo propunha não poderia abandonar completamente, de uma hora para outra, o recurso à "escuridão secreta" e à "exploração de ilusões" (Horkheimer, 1984, p. 63 e 64). De qualquer maneira, de acordo com o filósofo inglês, já seria um avanço importante da ciência que o novo Estado tivesse à sua frente alguém capaz de pensar e agir com honestidade subjetiva, sem a má-fé que se constatava nos metafísicos e religiosos.

Horkheimer apontava as limitações da perspectiva de Hobbes, que atribuía às intenções subjetivas dos privilegiados a distorção ideológica que deveria ser superada pela ciência: "Para o conhecimento da história não é suficiente tratar as ideias religiosas ou metafísicas – na medida em que não conseguiram acompanhar o desenvolvimento da ciência – da mesma maneira que meros erros". E acrescentava: "As ideias significativas que dominam uma época possuem uma mais profunda origem que a má vontade de alguns indivíduos" (Horkheimer, 1984, p. 70).

Em janeiro de 1931, Horkheimer assumiu a direção do Instituto, substituindo Carl Grünberg, que estava com a saúde abalada. Logo as pesquisas passaram a manifestar nova ênfase em suas escolhas temáticas: concentraram-se nos fenômenos sociopolíticos que se verificavam no plano da cultura.

Embora se recusasse a atribuir, na linha de Hobbes, o poder de causar distorções ideológicas à má vontade de alguns indivíduos poderosos, Horkheimer estava convencido de que uma interpretação materialista da história, para ser fecunda, não poderia ignorar o papel decisivo dos fatores culturais na determinação das diversas disposições subjetivas com base nas quais as pessoas agiam ou reagiam, em face das condições objetivas com que se defrontavam.

Para enfrentar o desafio de mergulhar a fundo nos problemas da subjetividade, tais como se apresentavam na cultura, desbravando um campo que não tinha merecido do velho Marx toda a atenção que ele havia concedido à dinâmica da economia e às contradições sociais objetivas, Horkheimer contaria com a colaboração de novos pesquisadores incorporados pela equipe do

Instituto, entre os quais Leo Löwenthal, Herbert Marcuse e – sobretudo – Theodor Wiesengrund Adorno.

Horkheimer sublinhava a importância do aprofundamento da reflexão sobre o conceito de ideologia e deixava claro que a seu ver esse aprofundamento não se daria pelo caminho proposto por Mannheim e pelos intelectuais de espírito *acadêmico*. Em texto escrito por volta de 1930 e publicado em 1934, intitulado "Urbanidade da linguagem" (volume *Dämmerung*), o novo diretor do Instituto dizia sobre o conceito de ideologia e sua abordagem pelos *acadêmicos:*

> Marx não o tratou de modo aprofundado. Em certo sentido, ele o utilizou como uma mina subterrânea contra a fortaleza de mentiras da ciência oficial. Todo o seu desprezo pelo mascaramento intencional ou semi-intencional, intuitivo ou racionalizado, pago ou não remunerado da exploração em que se baseia o sistema capitalista, estava inserido nesse conceito. Agora, eles [os intelectuais 'acadêmicos'] o limpam e o reduzem à relatividade da consciência, formulam-no como historicidade das ciências do espírito e assim por diante. O conceito perdeu sua periculosidade.

Desde o início da sua gestão, Horkheimer tratou de fundar surcursais do Instituto no exterior, iniciativa que contou com o apoio de Felix Weil e que se revelou providencial, pois, quando Hitler assumiu o poder em 1933 e desencadeou uma monstruosa onda de repressão contra judeus, comunistas e socialistas, os pesquisadores do Instituto tiveram para onde ir, ao serem forçados a sair da Alemanha.

Duas constatações extremamente dolorosas, nos anos de 1930, marcaram, de maneira indelével, a reflexão dos principais teóricos do Instituto de Pesquisa Social. A primeira foi a de que o movimento operário e as organizações de esquerda não haviam sido capazes de evitar a conquista do poder por Hitler e a consolidação da ditadura nazista. A segunda foi a de que, como os *expurgos promovidos* por Stalin tornavam mais do que evidente, a União Soviética não estava avançando na direção de uma sociedade livre sem Estado e sim na direção de uma sociedade cada vez mais totalmente controlada pelo Estado. O *marxismo-leninismo* se caracterizava como uma ideologia, a serviço de um movimento político-partidário mundial, cujo centro era a direção do Partido Comunista da União Soviética.

Enquanto Lukács, o autor de *História e consciência de classe,* optava por adaptar-se à nova situação, empenhado em continuar inserido no movimento comunista, os pensadores identificados com o Instituto optaram pela independência crítica, embora sabendo que teriam de pagar um preço bastante alto por ela.

Um dos ensaios mais importantes da segunda metade dos anos de 1930 é "Teoria tradicional e teoria crítica", de Horkheimer. Nele, o ensaísta procura esclarecer os fundamentos da sua opção por uma posição independente, ainda que em grande parte apoiada na crítica de Marx ao capitalismo.

Insurgindo-se contra Hegel (mas também, implicitamente, contra *História e consciência de classe),* Horkheimer sustenta que, numa sociedade capitalista na qual a totalidade social é desprovida de racionalidade, os sujeitos humanos, qualquer que seja a posição de classe deles, não podem se apoiar numa razão que, por seu conceito, seja transparente a si mesma. O próprio proletariado, em sua consciência, sofre a interferência da inumanidade radical que prevalece em toda a sociedade e por isso não desfruta de garantia alguma no que concerne à sua capacidade de compreender corretamente a dinâmica da realidade.

> Não existe mais uma classe social em cuja compreensão seja possível nós nos basearmos, agora. Nas cunstâncias atuais, qualquer camada da sociedade pode apresentar uma consciência ideologicamente distorcida e corrompida, por mais que sua posição possa lhe conferir uma vocação para a verdade. (Horkheimer, 1970)

Enquanto as condições atuais não forem efetivamente revolucionadas – assegura o ensaísta –

> pode ser que a verdade deva ser buscada em grupos numericamente fracos. A história ensina que esses grupos, mal reconhecidos e desprezados pelas forças de oposição, e no entanto perseverantes, irredutíveis, podem, no momento decisivo, por sua inteligência política mais profunda, tornar-se a ponta de lança da ação. (Horkheimer, 1970)

O grupo constituído pelos principais pesquisadores do Instituto, um grupo numericamente fraco, se pensa, então, como uma teimosa reserva de lucidez para uma reflexão crítica rigorosa e criativa. Cada vez mais, para afirmar sua identidade teórica, o grupo passa a se referir à sua perspectiva filosófica como *teoria crítica*. E a *teoria crítica* passa a expressar um esforço no sentido de recuperar a radicalidade da crítica de Marx ao capitalismo e à ideologia, sem, contudo, aceitar as ideias do autor d'*O capital* sobre o papel revolucionário do proletariado e sobre o encaminhamento da construção do socialismo.

O modo de produção capitalista, no século XX, vinha se mostrando ainda mais perverso – mas também muito mais capaz de se renovar e perdurar – do que Marx podia ter imaginado. Adorno e Horkheimer, exilados nos Estados Unidos, se perguntam de onde o capitalismo extraiu toda a sua surpreendente vitalidade.

O fato de abominarem o nazifascismo, os regimes vigentes na Alemanha de Hitler e na Itália de Mussolini, e o fato de repelirem o regime vigente na União Soviética de Stalin não os tornam, por contraste, mais indulgentes ou menos drásticos na avaliação que fazem da situação criada pelo capitalismo nos Estados Unidos. Em alguns aspectos, Adorno e Horkheimer dão a impressão, mesmo, de que consideram certas artimanhas da ideologia do *american way of living* mais perigosa e sofisticadamente eficazes do que as truculências obviamente propagandísticas dos seguidores do *Führer,* do *Duce* ou do secretário-geral do PCUS.

Juntos, Horkheimer e Adorno empreenderam, então, antes do final da guerra de 1939-1945, a elaboração de um livro que veio a ter, no pós-guerra, enorme repercussão: *Dialética do esclarecimento.*

O ponto de partida da obra é uma reflexão crítica aprofundada sobre o Iluminismo, isto é, sobre o espírito do movimento cultural mais típico das ambições do pensamento ligado à ascensão da burguesia, no século XVIII (que costuma ser chamado de *Século das Luzes*). A palavra usada para designar o Iluminismo em alemão é, exatamente, *esclarecimento.* Adorno e Horkheimer aproveitam o fato de se tratar de um termo de uso cotidiano para propor uma revisão do espírito "esclarecedor", que se manifestou no século XVIII, mas também se manifesta antes e depois daquele momento, quer dizer, está presente ainda hoje, vivo, entre nós.

O melhor do esclarecimento, segundo eles, estava no seu vigor crítico e autocrítico. No entanto, esse vigor crítico e autocrítico, de fato, nunca foi suficiente. A pretensão do pensamento esclarecido de identificar e fazer prevalecer a verdade sobre os mitos e os preconceitos na realidade sempre se mostrou abusiva e nunca conseguiu se justificar: seu resultado tem sido o de, em nome da verdade, erigir novos preconceitos e forjar novos mitos.

O esclarecimento tinha como programa o desencantamento do mundo; pretendia livrar os seres humanos do medo. Contudo, ao ser traduzido em ação, acumpliciou-se com atitudes ditadas por interesses amesquinhados, covardia, preguiça, vaidades e facciosismos; e acabou contribuindo para que, num mundo tornado mais perigoso, os medos crescessem e se multiplicassem. Para resgatar as esperanças dos iluministas, passou a ser urgente, no nosso tempo, questionar radicalmente a postura sistematizadora do esclarecimento, que o leva a subordinar a diversidade infinita das coisas ao sistema.

Em sua fidelidade à ordem tida por racional, o esclarecimento tende a excluir o rico espaço das diferenças do campo (sempre sistemático) da teoria. A razão calculadora, empenhada em medir tudo, elimina o incomensurável. Os seres humanos devidamente esclarecidos, capazes de organizar o conhecimento e dosá-lo adequadamente, se capacitam para ser sujeitos maduros, autônomos. Nas palavras de Kant: eles saem da menoridade, porque conseguem se servir de seu entendimento sem a direção de outrem.

Horkheimer e Adorno comentam que, na sociedade burguesa hipercompetitiva, a teoria kantiana tem uma ilustração prática preocupante: nas condições da sociedade burguesa, a combinação de individualismo exacerbado, egoísmo e autonomia assegurada pelo entendimento é capaz de engendrar *monstros*. "A obra do marquês de Sade mostra o 'entendimento sem a direção de outrem', isto é, o sujeito burguês liberto de toda tutela" (Adorno & Horkheimer, 1985, p. 85).

Os escritores clássicos da burguesia são *luminosos:* apresentam as coisas sob uma luz que as ordena e lhes confere a aparência de uma harmonia. Adorno e Horkheimer se interessam mais pelos escritores *sombrios,* como o marquês de Sade e Nietzsche, que revelam com rude franqueza a ligação entre a racionalidade instrumental e o crime, ou entre a ciência e a perversidade, nas sociedades burguesas.

Servindo-se de uma expressão que já havia sido empregada em 1932 por Leo Löwenthal, Horkheimer e Adorno se dispõem a aproveitar todos os sinais de contradições que estejam sendo *camufladas,* sonegadas pela "ilusão de harmonia" que caracteriza a forma dominante da ideologia na vida cultural contemporânea. "Os que sucumbem à ideologia são exatamente os que ocultam a contradição" (Adorno & Horkheimer, 1985, p. 147).

A ideia de maior impacto veiculada pela *Dialética do esclarecimento* é a de que, na nossa época, no século XX, a ideologia dominante e a sua capacidade de impingir às pessoas uma "ilusão de harmonia" adquiriram um poder muito superior àquele que Marx poderia ter imaginado no século XIX, graças à criação da *indústria cultural*.

A *indústria cultural* é o conceito mais famoso dos dois pensadores *clássicos* do Instituto de Pesquisa Social. Pioneiramente, eles denunciam o funcionamento dos meios de comunicação de massa e a indústria do entretenimento como um sistema que não só assegurou a sobrevivência do capitalismo como continua exercendo função essencial em sua preservação, reprodução e renovação.

A produção cultural em escala notavelmente ampliada exigiu colossais investimentos e rendeu lucros gigantescos. Para viabilizar-se, contudo, ela precisava de certa padronização, de certa limitação imposta à diversificação das expressões culturais: por isso, investiu também na formação de um vasto público consumidor de comportamento passivo e, tanto quanto possível, desprovido de espírito crítico. "O espectador não deve ter necessidade de nenhum pensamento próprio" (Adorno & Horkheimer, 1985, p. 128).

Para disputar um espaço sempre maior no mercado, os produtos são *naturalmente* levados a cultivar a preguiça e o comodismo dos consumidores, desencorajando-os de quaisquer esforços de inquietação consequente ou questionamento ousado. Desenvolve-se uma produção que, no conjunto, evita estimular a reflexão de seus destinatários, produzindo-lhes na sensibilidade impactos anestesiadores e atrofiando-lhes a imaginação. Mesmo suas qualidades de amenidade e leveza são utilizadas para gerar conformismo: "A diversão favorece a resignação" (Adorno & Horkheimer, 1985, p. 133). "Divertir-se significa estar de acordo" (Adorno & Horkheimer, 1985, p. 135).

Na época do capitalismo liberal, os trabalhadores eram brutalmente explorados nas fábricas e tinham pouco tempo para a diversão e para a cultura. Sob o capitalismo tardio, o tempo para a cultura e a diversão pode ter aumentado, porém passou a sofrer uma interferência cada vez maior por parte da lógica do sistema.

Essa situação repercute na linguagem. As conversas entre pessoas são desvalorizadas, as palavras que não indicam qual o objetivo imediato perseguido por aquele que as pronuncia ou escreve (que se serve delas como meios) são consideradas desimportantes ou suspeitas.

Em nome da ciência e da utilidade, cobra-se dos falantes que explicitem seus interesses *comerciais,* em vez de discorrerem sobre os valores e a verdade (num discurso que só pode ser *papo furado* ou propaganda disfarçada de alguma coisa ainda não revelada). A própria esfera da vida privada é invadida pela convicção mais ou menos generalizada de que quem se entrega a algo não o está fazendo gratuitamente: deve ter um objetivo *interesseiro* oculto.

> A ideologia, assim reduzida a um discurso vago e descompromissado, nem por isso se torna mais transparente e, tampouco, mais fraca. Justamente sua vagueza, a aversão quase científica a fixar-se em qualquer coisa que não se deixe verificar, funciona como instrumento da dominação. (Adorno & Horkheimer , 1985, p. 138)

Nas anotações que redigiu na segunda metade dos anos de 1940 e publicou em 1951 com o título de *Minima moralia,* Adorno também abordou o tema das novas formas da ideologia que apareciam nas condições da *indústria cultural.* Os costumes se tornam mais cruamente utilitários, as pessoas dispensam as delicadezas no trato de umas com as outras. "A objetividade nas relações humanas, que acaba com toda ornamentação ideológica entre os homens, tornou-se ela própria uma ideologia para tratar os homens como coisas" (Adorno, 1992, p. 35).

A convicção de Adorno é sempre a de que a falsidade da ideologia passa a ser perversamente mais importante à medida que ela, a ideologia, alimenta a pretensão de corresponder à realidade. E essa pretensão se fortalece ao máximo quando o sujeito é induzido a crer que alcançou uma visão global satisfatória, um conhecimento confiável do *todo*, do conjunto articulado das coisas compreendidas.

Hegel ensinava na *Fenomenologia do espírito*: "O verdadeiro é o todo". Adorno retrucou, em *Minima moralia*: "O todo é o não verdadeiro" (Adorno & Horkheimer, 1985, p. 42). Em sua busca do que seria uma dialética não hegeliana, Adorno se insurge contra o pensamento que joga todas as suas fichas na expectativa de chegar ao resultado "esclarecido" de uma totalização fulgurante. E afirma, com ânimo decididamente provocador: "Onde tudo é mais claro, reinam em segredo os resíduos fecais" (Adorno & Horkheimer, 1985, p. 50).

A *indústria cultural* conferiu poderes avassaladores à capacidade que a ideologia dominante possui de induzir o pensamento, a atenção e mesmo o olhar, a percepção, para os pontos por ela *iluminados*. A *indústria cultural* possibilitou, no século XX, a criação e o funcionamento de sociedades *totalmente administradas*, que já não precisam se empenhar em justificar suas prescrições e imposições: a massa dos consumidores tende a aceitá-las passivamente, considerando-as *normais*, legitimadas pelo simples fato de existirem. Num dos ensaios de *Prismas*, em 1951, Adorno escreveu: "A ideologia, a aparência socialmente necessária, é hoje a própria sociedade real" (Adorno, 1962).

Após o final da guerra, com a derrota do nazismo e o retorno dos dois à Alemanha, a projeção de Adorno começou a superar a de Horkheimer. Não só por sua intensa atividade, mas também pelo rigor e pela qualidade de sua obra, bem como por sua disposição polêmica, Adorno se destacou como o principal pensador do movimento que, nos anos de 1960, passou a ser usualmente designado como a *Escola de Frankfurt*. Porém a parceria com o amigo não cessou.

Em 1956, em *Soziologische Excurse*, Adorno, em colaboração com Horkheimer, retomou o tema da ideologia. Os dois observaram que para Max Weber o ideológico ficava minimizado, reduzia-se ao mero preconceito, ao passo que para Pareto todo produto do espírito era em si mesmo ideológico. E chegaram à conclusão de que, em ambos os casos, o conceito de ideologia ficava *neutralizado*. O primeiro caminho levaria à tranquila convicção de que para superar a distorção ideológica basta a ciência; e o segundo resultaria numa postura conformista ou cínica de aceitação da verdade como mera função do poder (legitimando a "lei da selva" no mundo do espírito).

A questão da ideologia reapareceu, também, no ensaio que Adorno dedicou ao que chamou de *semicultura* (*Halbbildung*). O filósofo afirma que nas condições atuais desapareceu a velha distinção entre *episteme* e *doxa,* isto é, entre conhecimento e opinião. Para a ideologia dominante, tudo é opinião, mas algumas opiniões são falsas e outras são corretas. O poder de persuadir os indivíduos das opiniões *corretas* está ligado à capacidade da ideologia dominante de se apoiar em todo um vasto sistema educativo, em toda uma organização da formação cultural corrompida que é proporcionada ao amplo público consumidor.

Mais eficazmente do que o conjunto das escolas, a *indústria cultural* serve à multidão produtos culturais simplificados, vulgarizados, amontoados acriticamente. Os *professores* se convencem de que estão ajudando seus "alunos" a avançar pouco a pouco na assimilação da cultura. E os *alunos,* massificados, lisonjeados com a *semicultura* a que estão tendo acesso, satisfazem-se com o que está sendo dado, e são induzidos a preservar o que lhes parece ser o seu saber, o seu *patrimônio cultural,* reagindo contra quaisquer objeções dos eternos questionadores, sempre insatisfeitos, ou contra as investidas *insensatas* de uma crítica *radical.*

A cultura sempre foi contraditória, não devemos idealizá-la. Contudo, ela tem tido, ao longo da história, espaços nos quais também se têm expressado valores críticos. No século XX, com a esmagadora predominância de critérios imediatistas e utilitários, esses valores críticos da cultura sofrem um brutal esvaziamento e as pessoas vão deixando até de ter a capacidade de reconhecê-las, se por acaso com eles se defrontassem.

Em seus últimos anos, Adorno se dedicou a dois livros: *Teoria estética* e *Dialética negativa*. No primeiro, fustigou duramente as ideias de Lukács sobre a arte e sobretudo a doutrina do *realismo socialista*, oficialmente adotada desde 1934 pelo movimento dos partidos comunistas. Acusou os teóricos do *realismo socialista* de se recusarem a enfrentar o desafio apresentado pelo "caráter enigmático" da arte e preferirem dissolver o significado das obras numa concepção ampliada de ideologia, que, ao pretender abranger todas as criações artísticas e culturais indiferenciadamente, transformava-se numa concepção ainda mais pobre que a de Mannheim: "A teoria marxista da ideologia, em si mesma ambivalente, é falsificada por meio de uma teoria da ideologia total, no estilo de Mannheim, indevidamente transposta para a arte" (Adorno, 1974, p. 374). Todas as expressões humanas são ideológicas, todas – inclusive as obras de arte – são desqualificadas como formas de uma *falsa consciência*. E Adorno concluía: "Se a ideologia é consciência socialmente falsa, a simples lógica permite concluir que nem todas as formas de consciência são ideológicas" (Adorno, 1974, p. 374).

Quais as formas da consciência, então, que não são ideológicas? Em *Dialética negativa,* o filósofo reassume seu ponto de vista segundo o qual é pela negação que o pensamento pode pretender – sem garantias! – escapar à ideologia.

Adorno vê o mundo atual como um cenário de pesadelo, uma enorme prisão ao ar livre, algo que se aproxima cada vez mais da percepção da realidade por parte de um sujeito posto numa situação de crise, num caso de paranoia.

A ideologia dominante é obrigada a insistir na positividade exatamente porque está empenhada em evitar que, pela negação, as pessoas tomem consciência de quanto o quadro da realidade constuída é negativo.

> Se a ideologia hoje, mais do que nunca, incita o pensamento à positividade, é precisamente porque sabe que ele não encontra no real razões para ser positivo e percebe, maliciosamente, que ele precisa ser estimulado pela autoridade a se adaptar à positividade. (Adorno, 1972, VI, p. 30)

A esperança está numa negação que preserve o poder questionador da vida espiritual e que impeça a consciência de se satisfazer, ingenuamente, consigo mesma. Sempre que a razão se fixar em seus produtos, em suas construções abstratas, ela estará contrariando o sentido do pensar e estará se tornando irracional. O próprio conceito de identidade é considerado o ponto de partida das distorções ideológicas: "A identidade é a forma originária (*die Urform*) de ideologia" (Adorno, 1972, VI, p. 132).

Curiosamente, depois de formular, com seu estilo peculiar, teses tão drásticas, Adorno advertiu seus leitores: "Toda tese drástica é falsa", *Jede drastische These ist falsch* (Adorno, 1974, VI, p. 261).

7. EM MARCUSE

ADORNO, O FILÓSOFO QUE SE DEBRUÇAVA tão insistentemente sobre as contradições, era ele próprio contraditório. Coerente com sua convicção de que a dimensão anti-ideológica do pensamento se expressava na denúncia das camuflagens criadoras de harmonias e na capacidade de fazer surgirem as contradições, o pensador não tinha nenhum motivo para recusar-se a reconhecer suas contradições internas.

As contradições, contudo, às vezes apareciam de maneira desconcertante, perturbadora, mesmo para a mente que em princípio se declarava aberta para reconhecê-las e aceitá-las. Uma contradição que esteve presente ao longo de praticamente toda a sua trajetória na maturidade como pensador foi a da relação entre a exigência de um constante aprofundamento da crítica na teoria e a insuperável dificuldade com que se defrontava para promover esse aprofundamento no nível em que ele passava a ser decisivo: o da unidade da teoria com a prática. Para sermos mais precisos: o nível da ação política.

Para preservar a *criticidade* radical, era preciso simultaneamente engajar-se na ação coletiva (ninguém faz política sozinho) e preservar ferozmente a independência individual (ninguém pode abrir mão de sua personalidade e continuar a ser livre).

Quando não viam como segurar firmemente ambas as extremidades da corrente, Adorno e Horkheimer tendiam a abandonar a exigência da inserção no processo prático, porque a ação de quem está lutando junto aos outros é condicionada por movimentos coletivos que, para se concretizarem com alguma possibilidade de êxito, exigem concessões do indivíduo aos seus companheiros. Os dois filósofos temiam *sujar-se* eticamente; temiam reconhecer que ninguém faz política, ninguém consegue se inserir ativa e duradouramente num movimento coletivo real, sem alguma flexibilidade. Por isso, suas intervenções nas lutas políticas careciam de regularidade e eram esporádicas.

Herbert Marcuse, nesse ponto, contrastava com seu amigo Adorno. Embora concordasse com a imensa maioria das posições assumidas por Adorno no plano teórico, Marcuse tinha uma forte disposição para intervir nas ações práticas, nos movimentos políticos. A própria análise que Adorno fazia da gravíssima situação em que se encontrava a sociedade, nas condições do capitalismo tardio, era encarada por Marcuse como razão para engajar-se, com urgência, nos combates possíveis, nas lutas que estavam sendo travadas, sem esperar o aparecimento de um movimento que correspondesse plenamente às exigências filosóficas do pensador engajado.

Marcuse partilhava com Adorno e Horkheimer da crítica que eles faziam tanto ao totalitarismo quanto ao liberalismo. Recusava com firmeza tanto o modelo da Alemanha de Hitler e da União Soviética de Stalin quanto o modelo dos Estados Unidos de Franklin Delano Roosevelt.

Fazia questão de transformar sua recusa em intervenções ou em publicações militantes: colaborou com o serviço de inteligência do exército estadunidense na guerra contra os nazistas, lançou em livro uma crítica contundente ao *Marxismo soviético* (Marcuse, 1969) e fez análises desmistificadoras do *consumismo* na sociedade estadunidense.

Marcuse observou que a única *igualdade* que a *sociedade afluente* oferecia aos indivíduos atomizados pela concorrência generalizada era uma igualdade abstrata, que se realizava como desigualdade concreta: a dos consumidores. Constituía-se uma paisagem humana de indivíduos que moravam engavetados em prédios de apartamentos, possuíam carros novos, com os quais suportavam terríveis engarrafamentos para ir a lugares parecidos com os locais onde viviam e trabalhavam. Esses indivíduos tinham em casa geladeiras e *freezers* abarrotados de comidas enlatadas, liam os mesmos jornais e revistas, viam os mesmos filmes, ouviam as mesmas músicas, orgulhavam-se da singularidade de suas personalidades e no entanto cada vez mais se assemelhavam uns aos outros.

Uma ideologia individualista, nessa sociedade afluente, ao mesmo tempo afagava e enfraquecia o *eu,* exaltando-lhe o poder e, simultaneamente, tornando-o cada vez mais disponível para aceitar um comando externo. Embora fossem manipuladas por colossais investimentos feitos na propaganda, as pessoas tinham a impressão de que eram livres porque nos supermercados e lojas podiam escolher entre muitas mercadorias e numerosos serviços. Por isso, tendiam a se adaptar *voluntariamente* aos padrões daquilo que Marcuse caracterizou como "conduta e pensamento unidimensional" (Marcuse, 1967, p. 32).

Nessas condições, algumas das velhas limitações impostas pela ideologia burguesa dominante do século passado tornavam-se inúteis. A nova ideologia dominante, que assegurava a lucratividade do *sistema* para a burguesia no século XX, nem sempre recorria à retórica do ascetismo, nem sempre coibia os prazeres em seu discurso: preferia liberá-los na prática regida pelas leis do mercado, porém os submetia a um processo de degradação, que muitas vezes acabava por falsificá-los.

Marcuse explicava:

> o prazer na humilhação dos outros e na própria humilhação sob uma vontade mais forte, o prazer nos numerosos substitutos da sexualidade, no sacrifício sem sentido, no heroísmo da guerra, é [...] um falso prazer, porque os impulsos e necessidades que com ele se satisfazem tornam os homens menos livres, mais cegos e mesquinhos do que precisariam ser. (Marcuse, 1967, p. 188)

Há nos consumidores, segundo Marcuse, uma expectativa de felicidade. Com essa expectativa, eles se dirigem ao mercado, que os induz a uma escalada no consumo, sugerindo que para ser felizes precisarão comprar cada vez mais mercadorias cada vez mais caras (e assim condenando-os a uma frustração crescente). O aumento no número dos frustrados e na intensidade da frustração torna imprescindível o crescimento de uma rede discreta mas implacável de meios repressivos, para o controle da população.

No passado, de acordo com a análise feita por Freud e retomada pelo autor de *Eros e civilização,* os indivíduos, em determinadas condições, eram incitados a *sublimar* seus impulsos libidinais e agressivos e podiam expressá-los na arte. Com a situação criada pelo capitalismo no século XX, entretanto, a exploração lucrativa dos "falsos prazeres" instaurava, nas palavras de Marcuse, uma "dessublimação repressiva".

A análise que Marcuse fazia do *sistema* e da sua ideologia não se desenvolvia, absolutamente, em oposição às análises que Adorno e Horkheimer haviam dedicado à *indústria cultural.* Havia, entretanto, uma divergência subjacente: Marcuse concentrava sua atenção em aspectos da sociedade afluente que em princípio poderiam (e deveriam) ser alvo de uma ofensiva por parte de forças políticas existentes.

Marcuse se dirigia a toda uma gama de *marginalizados,* de *excluídos,* como os negros do Black Power, os hippies, os estudantes sem perspectiva de emprego satisfatório, os povos do *Terceiro Mundo* etc. Animava-o a disposição de contribuir para uma reação coletiva contra o capitalismo: a *grande recusa.*

Horkheimer e Adorno se mantinham numa postura mais retraída, mais pessimista. E em 1968 uma onda de protestos estudantis na Europa, nos Estados Unidos (e até no Brasil) criou uma situação na qual a divergência se explicitou.

Um grupo de estudantes rebeldes invadiu o prédio do Instituto de Pesquisa Social, na Universidade de Frankfurt/Main. Adorno, diretor da instituição, hostilizado pelos estudantes, chamou a polícia para removê-los. Marcuse, seu amigo há mais de 30 anos, mandou-lhe uma carta, divergindo da decisão. Adorno replicou, cobrando do outro apoio ao seu esforço para preservar o velho Instituto em que haviam trabalhado juntos ("nosso velho Instituto, Herbert"), Marcuse retrucou, dizendo que o Instituto não era mais o mesmo, pois vinha pecando por "abstinência política" e não tomara posição contra "o imperialismo estadunidense" na guerra do Vietnã. Provocativamente, acrescentou que empregava a expressão "imperialismo estadunidense" porque continuava convencido de que ela se referia a um fenômeno real.

A polêmica epistolar está publicada no número 3 da revista *Praga,* de São Paulo (1997). Adorno escreveu que a polícia tinha tratado os estudantes de modo muito mais civilizado do que os estudantes o haviam tratado. Caracterizou o grupo como politicamente isolado e viu na atitude dos jovens algo de "fascista", uma postura que poderia vir a destruir as instituições da democracia representativa.

Marcuse admitiu que havia comportamentos irresponsáveis e ações levianas no meio dos estudantes, porém negou que o movimento estudantil em geral corresse o risco de sofrer um processo de *fascistização*. Reafirmou seu ponto de vista segundo o qual o inconformismo dos estudantes era um elemento fundamental no questionamento do capitalismo e advertiu *Teddy* de que os danos acarretados às instituições da democracia representativa vinham muito mais das classes dominantes do que da rebeldia dos estudantes.

Infelizmente, o debate epistolar foi bruscamente encerrado pelo infarto que matou Adorno na Suíça, em 1969.

8. EM BENJAMIN

Trinta anos antes de sua polêmica epistolar com Marcuse, Adorno já havia se defrontado com a ansiedade da participação na atividade política, que se havia manifestado na complexa personalidade de um amigo que vinha exercendo, na segunda metade dos anos de 1920, forte influência sobre o seu pensamento: Walter Benjamin.

Benjamin e Adorno se conheceram em 1923. Em 1929, as convergências de pensamento entre eles parecem ter alcançado seu ponto culminante. Benjamin, 11 anos mais velho que Adorno, trouxe para seu jovem amigo preocupações e referências que marcaram profundamente as reflexões que este passou a desenvolver.

Richard Wolin chega a dizer que o ensaio "A atualidade da filosofia", que Adorno publicou em 1931, "é na verdade pouco mais do que uma glosa das observações metodológicas" feitas por Benjamin na introdução da *Origem do drama barroco alemão* (Wolin, 1982, p. 169).

Ao longo dos anos de 1930, ocorreu certa bifurcação nos caminhos trilhados pelos dois pensadores, ao menos na maneira que cada um tinha de abordar os problemas da ideologia.

Se, por um lado, Adorno permanecia – apesar de tudo – próximo da dialética *clássica* de Hegel e de Marx, em seu reconhecimento da importância crucial das *mediações*, e Benjamin se inclinava para uma valorização maior de algumas formas de conhecimento *imediato*, também é verdade que, por outro lado, Adorno se afastava do imperativo da práxis, essencial à perspectiva de Marx, e Benjamin, com sua consciência (dilacerada) da necessidade do *engajamento*, ainda que fundado sobre razões insuficientemente mediatizadas (o *plumpes Denken*, o pensamento grosseiro) manifestava um *espírito* cujas afinidades com o de Marx eram mais fortes do que as da postura cultivada por Adorno.

Para compreender mais profundamente o movimento do real, do ângulo de Benjamin, era preciso participar desse movimento, fazendo-o. E o desafio de fazer a história, de romper a má continuidade constituída pela tirania do "sempre-igual", é um desafio tanto mais terrível quanto mais insidiosa é a ação corruptora da ideologia sobre a nossa consciência.

Benjamin tinha um ponto de vista bastante original no que se refere ao papel do conceito no processo do conhecimento. Seu conceito de conceito era muito incomum, não era de fácil compreensão. Para ele, o conceito deveria atuar como um mediador na relação entre as ideias abstratas e os fenômenos da empiria. Na introdução de seu livro sobre *A origem do drama barroco alemão*, Benjamin explicava: as ideias se relacionavam umas com as outras como constelações e, sem o sangue da empiria, tornavam-se anêmicas; os fenômenos, caso lhes faltasse a organização promovida pelas ideias, dispersar-se-iam, perder-se-iam. E ao conceito cabia a função de viajar constantemente de um polo ao outro, pondo as ideias em contato com os fenômenos e os fenômenos em contato com as ideias.

Não se deveria, então, empreender a análise dos conceitos com o tipo de rigor que se encontrava no trabalho de Adorno. O conceito precisa ter disponibilidade para se comprometer com as diferenças inesgotáveis que se manifestam na proliferação sempre perturbadora dos fenômenos empíricos, grandes ou pequenos. Nenhum pormenor, nenhuma singularidade, nenhum fragmento podem ser desperdiçados ou dissolvidos numa visão de conjunto (que se tornaria, no caso, uma síntese harmonizadora, isto é, uma distorção ideológica muito grave). Para Benjamin, o conceito precisa se aproximar da imagem. E, de certo modo, a *imagem dialética* – que *cristaliza* o movimento de uma contradição, *extraindo-a* do fluxo em que pode se *dissolver* e nos escapar – promove o encontro necessário entre o conceito e a imagem.

A *imagem dialética* tem algo de uma *mônada*, quer dizer, se apresenta como um microcosmo fechado em si mesmo, porém estruturado de tal maneira que proporciona uma chave para o macrocosmo. Na 17ª tese sobre o conceito de história se lê: "Pensar é algo que abrange não só o movimento das ideias como a imobilização delas. Quando o pensamento se detém, subitamente, numa constelação saturada de tensões, ele lhe transmite um choque e a cristaliza como mônada".

O trabalho do conhecimento nem sempre pode ser equilibrado e sereno: ele depende de aventuras espirituais apaixonadas e apaixonantes, capazes de proporcionar "iluminações profanas", capazes de romper a carapaça da ideologia, que de algum modo aprisiona a consciência a uma esmagadora supremacia da *continuidade* sobre a *descontinuidade*, na compreensão do movimento do real.

As pessoas são induzidas a adotar critérios que implicam conivência com uma certa percepção do tempo como algo linear, mecânico, homogêneo, vazio, anulador da subjetividade, perfeitamente adequado à medida que os relógios lhe prescrevem. Os indivíduos isolados pela competição desenfreada, típica da sociedade burguesa, não dispõem mais de condições para *digerir* suas experiências à luz de uma sabedoria acumulada pela comunidade, como faziam os homens de antigamente: são *bombardeados* por *choques* que precisam ser imediatamente assimilados.

As velhas *narrativas* que pressupunham um intercâmbio vivo entre os membros da coletividade são substituídas por uma miríade de *informações* que transmitem conhecimentos de escassíssima durabilidade, superficiais, fugazes, efêmeros.

A arte reflete com nitidez essa modificação. O século XX consumou um processo iniciado no século XIX, promovendo o ingresso da produção artística na "era da reprodutibilidade técnica", conforme a expressão utilizada pelo filósofo no título de um ensaio famoso que escreveu em 1935. A *aura* que existia em torno das obras de arte originais (como manifestação de uma realidade distante, mesmo quando próxima) tende a desaparecer. No lugar dela, cresce o "valor de exposição", ligado à possibilidade de que as criações artísticas reproduzidas em ampla escala sejam postas imediatamente ao alcance de um número enorme de pessoas.

O cinema é o melhor exemplo dessa nova característica. O filme já nasce multiplicado em muitas cópias para tornar-se rentável, exibido em vários lugares. O crescimento do "valor de exposição", segundo Benjamin, cria possibilidades interessantes (Benjamin não tem uma posição hostil ao cinema, como Adorno): graças à linguagem do cinema, os homens do século XX puderam enxergar coisas que seus antepassados jamais puderam ver. Essa experiência proporciona maior autoconfiança no sujeito humano, anima-o em sua vontade de enxergar mais, de conhecer mais. No entanto, nas condições atuais, o capitalismo aproveita a "reprodutibilidade técnica" da produção artística para fins de lucro, impondo-lhe critérios utilitários, imediatistas, que resulam na sua banalização.

A dimensão histórica – absolutamente essencial à possível vitória do conhecimento sobre a ideologia – é sacrificada pela distorção ideológica típica do chamado *historicismo:* as pessoas que olham para o passado são levadas a se identificar, por *empatia,* com os vencedores, quer dizer, com aqueles que têm levado a melhor nos conflitos. Em outras palavras: são levadas a se identificar com os privilegiados, com os opressores. A interrupção dessa má continuidade – segundo Benjamin – depende da nossa disposição para "escovar a história a contrapelo" (Benjamin, GS I, 2).

Benjamin é, decididamente, um pensador da *ruptura,* hostil a qualquer determinismo, a qualquer evolucionismo. Para ele, as noções de *progresso* e *desenvolvimento* são ideológicas. A história se baseia num tempo incompleto, inacabado, que em si mesmo é uma exigência de mudança. O passado jamais se entrega imediatamente a nós, por isso devemos considerar ideológica a pretensão de estabelecer "o que efetivamente aconteceu". Nosso ponto de partida é o *tempo-de-agora* (*Jetztzeit*); é nele que tomamos consciência da nossa temporalidade e é com base nele que podemos nos relacionar em termos novos com o passado.

A história se apresenta a nós sempre como um desafio no *tempo-de-agora.* Lidando com a história, partimos sempre das urgências do presente. "Para o historiador materialista, qualquer época de que ele se ocupe é apenas a pré-história da época que realmente lhe importa: a sua" (Benjamin, GS, V, p. 593).

Para enfrentarmos os perigos que o *tempo-de-agora* está constantemente nos trazendo, dispomos de uma "débil carga messiânica" e precisamos estar atentos para a captação dos sinais que nos foram enviados, do passado, pelos rebeldes e lutadores que nos precederam e que podem nos reanimar. Como não sabemos que sinais podemos receber, jamais podemos considerar algo definitivamente perdido para a história.

Benjamin afirma que o que mantém viva em nós essa consciência é aquilo que ele chama de *rememoração* (*Eingedenken*), uma capacidade que a memória histórica pode aguçar nas pessoas que vivem mais intensamente os perigos do presente e se insurgem contra a situação em que se encontram. A *rememoração* nos liberta da finitude: um acontecimento vivido é finito, mas um acontecimento rememorado não tem limites, já que se torna necessariamente uma chave para o que veio antes e o que ocorreu depois.

Na *rememoração,* o que é rememorado é dito, isto é, se expressa na linguagem. A história, segundo Benjamin, depende da *rememoração,* o que significa que ela depende da linguagem. Mas a *rememoração,* em si mesma, e a linguagem – por essenciais que sejam – não bastam para transformar o mundo. A emancipação humana, a saída do inferno do capitalismo, depende de uma intervenção política, de uma ação material. O capitalismo, advertia o filósofo, não vai morrer de morte natural: cabe aos homens que o combatem a iniciativa de liquidá-lo.

A liquidação do capitalismo depende de uma práxis. E a práxis, de acordo com Benjamin, só é possível, realmente, em termos religiosos ou políticos. E acrescenta: "Não reconheço nenhuma distinção essencial entre as duas".

Para tomarem a imprescindível iniciativa e se lançarem à práxis, os homens precisam possuir uma forte convicção e precisam estar possuídos por ela. Deve ser, portanto, uma convicção *grande,* capaz de canalizar para a ação todas as energias libertárias disponíveis. Deve ser um movimento suficientemente vigoroso para recuperar simbolicamente tudo que foi dito e feito, tudo que foi desejado e pressentido pelos rebeldes do passado, pelos que se revoltaram contra a injustiça e buscaram justiça. Um movimento que alcança uma dimensão na qual é possível à revolução honrar seus prenunciadores e vingar o que se passou com eles.

Para designar esse movimento, Benjamin se serve, sintomaticamente, de um termo teológico, usado pelo cristão Orígenes, da época da Igreja padecente, perseguida. Orígenes dizia que os pagãos não podiam avaliar toda a grandeza do poder de Deus, da Sua misericórdia: Deus podia começar por salvar as almas dos justos, depois podia salvar as almas dos pecadores e por fim podia salvar a alma do próprio Demônio. E chamava essa salvação generalizada de "apocatástase histórica".

Na revolução, a humanidade redimida reapropriar-se-ia do seu passado. Tudo que aconteceu no passado poderia vir a ser transformado em uma citação atual, quer dizer, poderia vir a ser convocado para se apresentar perante o *Juízo Universal* (ou *Juízo Final*).

Em conexão com o nosso tema – a questão da ideologia – as ideias que acabaram de ser evocadas nos permitem duas constatações.

Primeira: Benjamin se antecipou em cerca de uma década à análise feita por Horkheimer e Adorno de alguns aspectos do agravamento da situação dos consumidores da produção cultural no século XX, denunciando as novas e poderosas formas de distorção ideológica de que esses consumidores eram vítimas. De fato o ensaio sobre "A obra de arte na época da sua reprodutibilidade técnica", de Benjamin, é de 1935, e o ensaio sobre a indústria cultural, publicado na *Dialética do esclarecimento,* é do final da Segunda Guerra Mundial (1945).

Segunda: apesar da denúncia da gravidade das novas formas de distorção ideológica, Benjamin realizou um imenso esforço no sentido de discernir elementos pelos quais o conhecimento podia avançar. Em sua abordagem da questão da ideologia, ele procurava tanto reconhecer a ideologia infiltrada no conhecimento quanto discernir elementos importantes de conhecimento lutando para abrir caminho no próprio campo da ideologia.

Esse esforço se manifestou numa surpreendente quantidade de novos conceitos, originais, entre os quais se acham alguns que foram mencionados anteriormente: *imagem dialética, mônada, iluminação profana, apocatástase histórica, choque, tempo-de-agora, rememoração, aura, valor de exposição* etc. São, sem dúvida, conceitos polêmicos. Ganharam, contudo, muita força na medida em que, ao utilizá-los em seus ensaios de crítica literária, Benjamin obteve resultados reconhecidos como excelentes na produção de conhecimento e no desmascaramento da ideologia (lembremos aqui os estudos dedicados entre outros a Baudelaire, a Proust e a Kafka).

9. EM GRAMSCI

WALTER BENJAMIN MORREU EM 1940. Forçado a sair da Alemanha, exilou-se na França. Quando as tropas nazistas invadiram o país, Benjamin tentou escapar, mas foi preso pela polícia franquista ao entrar na Espanha e se suicidou. O destino de Antonio Gramsci não foi menos trágico: preso pela polícia de Mussolini, o fundador do Partido Comunista da Itália amargou uma década na prisão e só saiu dela para morrer, numa clínica, em 1937.

O pensador alemão e o pensador italiano, então, tiveram em comum o fato de terem sido vítimas da extrema direita, do nazi-fascismo. No que concerne à abordagem da questão da ideologia, entretanto, cada um deles seguiu um caminho, e as diferenças de pontos de vista são marcantes.

Gramsci desenvolveu uma interpretação bastante original da filosofia de Marx. Para ele, a perspectiva do pensador alemão era a de um "historicismo absoluto". No essencial, o pensamento de Marx nos desafia – sempre! – a pensar historicamente. E esse fio nos põe diante tanto de possibilidades magníficas quanto de dificuldades colossais.

Pesa sobre nós uma tradição negativa, que se fortaleceu muito ao longo dos séculos XVII e XVIII, segundo a qual o "senso comum" é depositário de tesouros de sabedoria. Gramsci admitia que o *senso comum* possuía um caroço de *bom senso,* a partir do qual poderia desenvolver o espírito crítico. Advertia, contudo, para o risco de uma superestimação do *senso comum,* cujos horizontes, afinal, são inevitavelmente muito limitados. O *senso comum* é, em si mesmo, "difuso e incoerente". A percepção da realidade, no âmbito desse campo visual estreito, não poderia deixar de ser – segundo o teórico italiano – drasticamente *empírica,* restrita à compreensão imediata, superficial.

Em sua origem, o termo *ideologia* compactuava, implicitamente, com uma valorização exagerada da força da percepção sensorial. Gramsci se referiu ao fato de que o primeiro conceito de ideologia foi elaborado por filósofos franceses vinculados a um "materialismo vulgar", teóricos que pretendiam decompor as ideias até chegarem aos "elementos originais" delas, quer dizer, até chegarem às *sensações,* das quais, supostamente, as ideias derivavam. Tratava-se, assim, de uma concepção *fisiológica* da ideologia (Gramsci, 1975, p. 453).

Marx e Engels, os "fundadores da filosofia da práxis", submeteram essa concepção a uma crítica vigorosa. Tornaram -se, filosoficamente, os representantes de um pensamento que implicava "uma clara superação" (*un netto superamento*) da ideologia (Gramsci, 1975, p. 1.491). No entanto, adotaram o termo, conferindo-lhe, naturalmente, um sentido pejorativo.

Para Marx e Engels, a ideologia fazia parte da *supraestrutura,* e como tal deveria ser criticamente analisada. As construções supraestruturais combinam elementos de conhecimento e expressões de pressões prejudiciais à universalidade do conhecimento. A ideologia, na acepção em que Marx e Engels usam a palavra, torna-se, na supraestrutura, um fator de equívocos, *un elemento di errare,* segundo Gramsci (1975, p. 868). E o principal equívoco, aquele que costuma se verificar com maior frequência, é o que consiste numa visão ideológica da ideologia e que resulta numa desqualificação dos fenômenos ideológicos.

O pensador italiano explicava:

> o processo desse erro pode ser facilmente reconstituído. 1) A ideologia é identificada como distinta da estrutura, e afirma-se que não são as ideologias que mudam a estrutura, mas, ao contrário, é a estrutura que muda as ideologias; 2) afirma-se que determinada solução política é 'ideológica', isto é, insuficiente para mudar a estrutura, quando acredita que poderia mudá-la; afirma-se, então, que ela é inútil, estúpida etc.; 3) passa-se, por fim, a afirmar que toda ideologia é 'pura' aparência, é inútil, estúpida etc. (Gramsci, 1975, p. 868)

Essa desqualificação ilimitada, generalizada, impede a perspectiva comprometida com a superação das distorções ideológicas (a perspectiva de Marx e Engels) de reconhecer concretamente as diferenças significativas que existem no interior do campo da ideologia. E dificulta enormemente ao crítico das limitações da ideologia reconhecer a complexidade dos elementos ideológicos presentes no seu próprio pensamento.

Gramsci propunha uma atenção especial para as diferenças internas da ideologia. Fixava-se, em especial, numa diferença que lhe parecia decisiva: "É preciso distinguir entre ideologias historicamente orgânicas, que são necessárias a uma certa estrutura, e ideologias arbitrárias, racionalizadas, desejadas" (Gramsci, 1975, p. 868).

As ideologias *arbitrárias* merecem ser submetidas a uma crítica que, de fato, as desqualifica. As ideologias "historicamente orgânicas", porém, constituem o campo no qual se realizam os avanços da ciência, as conquistas da *objetividade,* quer dizer, as vitórias da representação "daquela realidade que é reconhecida por todos os homens, que é independente de qualquer ponto de vista meramente particular" (Gramsci, 1975, p. 1.456).

A ciência é um conhecimento que se expande, que se aprofunda e se revê, se corrige, continuamente. Ela também é histórica, não pode pretender situar-se acima da história, não pode pretender escapar às marcas que o fluxo da história, a cada momento, imprime nas suas construções. Por isso, não é razoável tentar promover uma contraposição rígida entre ciência e ideologia. "Na realidade" – escreveu Gramsci – "a ciência também é uma supraestrutura, uma ideologia" (Gramsci, 1975, p. 1.457).

Há alguma diferença entre ciência e ideologia, entre filosofia e ideologia? Gramsci não consegue ser muito preciso na resposta a essa indagação. Ele diz que a ideologia se torna ciência quando assume a forma de "hipótese científica de caráter educativo energético" e é "verificada (criticada) pelo desenvolvimento real da história" (Gramsci, 1975, p. 507). E a filosofia? Uma distinção é sugerida quando o filósofo afirma: "O progresso é uma ideologia, o vir-a-ser é uma filosofia" (Gramsci, 1975, p. 1.335). Contudo, a maior preocupação do autor de *Cadernos do cárcere* é a de evitar que alguma construção cultural ou algum elemento da supraestrutura sejam destacados da ideologia e concebidos como independentes dela.

A própria *filosofia da práxis* (o marxismo) não pode se pretender imune às vicissitudes da ideologia. Na medida em que está comprometido com um projeto e uma ação de crescente mobilização das classes populares – cuja consciência se move no plano do *senso comum* –, compreende-se que o marxismo tenha acabado por se mostrar um tanto impregnado pelos critérios (frequentemente preconceituosos ou supersticiosos) determinados pela percepção das massas. O pensador italiano constatava: "A filosofia da práxis se tornou, ela também, 'preconceito' e 'superstição'" (Gramsci, 1975, p. 1.861).

Gramsci, convém ressalvar, não se assustava com essa constatação. Ele estava convencido de que nenhuma força inovadora consegue atuar com eficácia imediata e preservar sua coesão com completa coerência. De fato, a força inovadora "é sempre racionalidade e irracionalidade, arbítrio e necessidade. É 'vida', quer dizer, tem todas as fraquezas e forças da vida, tem todas as suas contradições e suas antíteses" (Gramsci, 1975, p. 1.326).

O que importa não é a ambição irrealista de se preservar contra toda e qualquer *contaminação* por parte das contradições sociais, e sim a firme disposição para uma luta permanente no sentido de superar os elementos *acríticos* da consciência, em ligação com o projeto de revolucionamento da sociedade.

Por seu "caráter tendencial de filosofia de massa": a filosofia da práxis só pode se desenvolver de modo polêmico, em confronto com os nostálgicos do passado ou com os aproveitadores da situação presente. É no conflito que ela se liberta, ou tenta se libertar, "de todo elemento ideológico unilateral e fanático" (Gramsci, 1975, p. 1.487).

De acordo com a concepção de Gramsci, por conseguinte, a ideologia tem elementos unilaterais e fanáticos, e tem igualmente elementos de conhecimento rigoroso e até mesmo de ciência. Nesse sentido, a ideologia pode chegar a se identificar com "todo o conjunto das supraestruturas" (Gramsci, 1975, p. 1.320).

Por um lado, pois, a perspectiva do pensador italiano atribui uma importância imensa à ideologia (especialmente às ideologias "historicamente orgânicas"); por outro lado, porém, o materialismo histórico não permite que se acredite ingenuamente no poder de as ideologias como tais revolucionarem a sociedade. Gramsci escreveu: "Para Marx as 'ideologias' não são meras ilusões e aparências; são uma realidade objetiva e atuante. Só não são a mola da história"(Gramsci, 1975, p. 436).

Segundo o teórico italiano, caberia aos revolucionários agir, atuar praticamente. No entanto, para uma atuação eficaz, eles precisariam superar as "ideologias parciais e falaciosas", por meio de um processo no qual deveriam se apoiar nas ciências e na filosofia, buscando o máximo de *objetividade* no conhecimento, e encaminhando então, na ação, a realização prática efetiva da "unificação cultural do gênero humano" (Gramsci, 1975, p. 1.048).

A busca da ampliação do quadro de referências e o esforço no sentido de alcançar maior universalidade no conhecimento conferem ao confronto supraestrutural das ideias uma característica muito diversa daquela que se encontra nas batalhas "militares". Na "guerra", o combatente procura atacar os pontos fracos do adversário. Na controvérsia ideológica, entretanto, quando se trata de alcançar uma compreensão mais ampla e mais profunda, cumpre enfrentar o desafio de enfrentar as objeções mais fortes dos interlocutores mais notáveis (*i piu eminenti*) na representação do ponto de vista oposto (Gramsci, 1975, p. 875).

Em outro fragmento de *Cadernos do cárcere* se pode ler uma advertência metodológica aparentada com a preocupação que se manifestou no trecho antes referido: "Na abordagem dos problemas histórico-críticos, não se deve conceber a discussão científica como um processo judicial, no qual existem um acusado e um promotor que, por obrigação funcional, deve demonstrar que o acusado é culpado e merece ser retirado de circulação" (Gramsci, 1975, p. 1.267).

A concepção de ideologia adotada por Gramsci está ligada a uma certa unificação das supraestruturas em torno dos valores históricos do conhecimento e da cultura. O pensador italiano é, sem dúvida, um materialista; seu materialismo, porém, tem uma feição peculiar: está permanentemente atento para a importância da criatividade do sujeito humano, para o poder inovador dos homens, tal como se expressa nas criações culturais.

Apesar das grandes diferenças, Gramsci tem em comum com Lukács (que ele nunca chegou a ler) um profundo apreço pela cultura como tal. Na análise do autor de *Cadernos do cárcere,* a ideologia conservadora dominante estaria se tornando cada vez mais cética em relação aos valores básicos da cultura, do conhecimento, da teoria em geral, por causa da crise da cultura burguesa, que vem perdendo sua capacidade de exercer uma verdadeira hegemonia sobre a sociedade. "A morte das velhas ideologias" – anotou Gramsci – "se verifica como ceticismo em relação a todas as teorias" (Gramsci, 1975, p. 312).

Difunde-se um estado de espírito pragmático, imediatista, utilitário, cínico, que tende a subestimar a riqueza do significado das criações culturais.

Generaliza-se uma crise de valores. Em resoluta oposição a essa tendência, o filósofo não hesitava em reivindicar a "honestidade científica" e a "lealdade intelectual" (Gramsci, 1975, p. 1.840 e 1.841).

As criações dos sujeitos humanos no nível supraestrutural não se deixam reduzir a explicações sociológicas (e Gramsci critica duramente a redução do marxismo a uma *sociologia,* que o russo Bukharin teria tentado fazer). Não se pode ignorar a autonomia – relativa, mas insuprimível – que se manifesta na criação cultural, nas opções ideológicas.

Gramsci exemplificava com um episódio extraído da história da Igreja:

> Na discussão entre Roma e Bizâncio sobre a proveniência do Espírito Santo, seria ridículo procurar na estrutura do Oriente europeu a afirmação de que o Espírito Santo provém somente do Pai e na estrutura do Ocidente a afirmação de que ele provém do Pai e do Filho. A existência e o conflito das duas igrejas dependem da estrutura de toda a história, mas no caso elas puseram questões que são princípio de distinção e de coesão interna para cada uma delas. Podia acontecer, contudo, que qualquer uma das duas igrejas tivesse afirmado o que a outra afirmou; o princípio de diferenciação e conflito continuaria a ser o mesmo. E é esse problema da distinção e do contraste que constitui o problema histórico e não a bandeira casual empunhada pelas partes. (Gramsci, 1975, p. 873)

As representações não se deixam reduzir às condições em que se encontravam seus criadores no momento em que as criaram. E também não devem ser consideradas imutáveis na forma que assumiram na cabeça das pessoas que as adotaram.

Por isso, Gramsci não abandonava, em momento algum, sua convicção de que as representações, as ideias, as formas da sensibilidade, os preconceitos, as superstições, mas também os sistemas filosóficos e as teorias científicas precisavam sempre ser pensados historicamente, do ângulo do "historicismo absoluto".

O sujeito humano existe intervindo no mundo, sendo constituído pelo movimento da história e, simultaneamente, constituindo esse movimento. Mesmo quando amplos setores da população de um país ficam reduzidos a uma situação de miséria material e espiritual, mergulhados nas formas mais empobrecidas e limitadas do *senso comum*, não se deve perder de vista o fato de que eles continuam a ser integrados por sujeitos humanos.

Lidando com sujeitos humanos, é impossível eliminar totalmente de modo irreversível a margem de opções que as pessoas são levadas a preservar e anseiam por ampliar. Em *Cadernos do cárcere* se lê a observação feita a respeito da situação intelectual do "homem do povo", que não sabe contra-argumentar em face de um "adversário ideologicamente superior", não consegue sustentar e desenvolver suas próprias razões, mas nem por isso adere ao ponto de vista do outro, porque se identifica solidariamente com o grupo a que pertence e se recorda de ter ouvido alguém desse grupo formular razões convincentes que iam numa direção diferente da que está sendo seguida pelo seu contraditor. "Não recorda os argumentos, concretamente, não poderia repeti-los, mas sabe que existem, porque já lhes ouviu a convincente exposição" (Gramsci, 1975, p. 1.391).

A história pressupõe, então, não só a ação dos líderes e a atuação dos de *cima*, mas também a ineliminável possibilidade da intervenção ativa e consciente dos de *baixo*. Fortalecer essa intervenção era a meta, o ideal do pensador italiano. Sua perspectiva revolucionária o incitava a tentar contribuir para a criação de organizações capazes de atuar num sentido político-pedagógico, capazes de ajudar a população a tornar mais críticas suas maiores atividades já existentes. Sua intenção era a de mobilizar o maior número possível de pessoas para a realização de um programa que resultasse em aumento da liberdade e em diminuição da coerção na sociedade.

10. EM BAKHTIN

O russo Mikhail Bakhtin tinha em comum com o italiano Gramsci o fato de as trajetórias de ambos terem sido marcadas pela Revolução Russa, que levou os bolcheviques ao poder em 1917. Gramsci, socialista radical, inconformado com a atuação aguadamente *reformista* do Partido Socialista Italiano, saudou com entusiasmo a vitória dos leninistas. Bakhtin, intelectual inconformista, concluiu que era preciso aproveitar a "comoção revolucionária" para promover um aprofundamento decisivo na crítica desmistificadora que as sociedades burguesas estavam merecendo.

Além disso – apesar das muitas, enormes diferenças – o italiano e o russo também tinham em comum a compreensão de que os de *baixo* tinham suas próprias convicções, sua própria cultura, que não deveria ser considerada *anulada* pela cultura dos de *cima*. Só que Bakhtin ia além de Gramsci, em sua valorização da cultura popular. Enquanto o autor de *Cadernos do cárcere* apontava no horizonte ideológico da compreensão da realidade por parte do homem do povo os limites que precisavam ser historicamente superados para ele se elevar ao nível do bom senso e do pensamento crítico, o autor de *Problemas da poética de Dostoievski* sublinhava o vigor dos elementos críticos que a seu ver já existiam na cultura popular.

Com sua enfática revalorização estética do riso, com seus conceitos de "realismo grotesco" e de "carnavalização", Bakhtin preconiza um amplo resgate dos critérios e da sensibilidade das camadas populares, através do questionamento da tradição constituída pelas normas impostas pelas classes dominantes.

Desde os tempos remotos da Antiguidade clássica, o riso ficou relegado aos gêneros artísticos tidos como *inferiores* pelos cânones estéticos consagrados pela ideologia dominante. De certo modo, o riso oferecia resistência às solenes mentiras oficiais e à respeitabilidade burocrática, insistindo em quebrar o monopólio do discurso *elegante* e *refinado* dos representantes do poder. Escrevia Bakhtin:

> O riso tem o poder notável de aproximar o objeto, introduzindo-o numa zona de contato direto, onde a gente pode tocá-lo, revirá-lo, pô-lo pelo avesso, examiná-lo de cima para baixo, destruir aquilo que o envolve, observá-lo por dentro, interrogá-lo, dissecá-lo, pô-lo a nu, desmascará-lo, analisá-lo e fazer experiências com ele, em completa liberdade. (Bakhtin, 1978, p. 458)

Um dos livros mais conhecidos de Bakhtin está dedicado a Rabelais e à cultura popular na Idade Média e no Renascimento. O ensaísta russo sublinha a excepcionalidade daquele momento histórico, de profunda crise, no qual um escritor de gênio pôde mergulhar, com desenvoltura maior do que em qualquer outra ocasião, no universo das camadas populares e trazer desse mergulho elementos que lhe permitiram escrever uma obra originalíssima.

Bakhtin admirava no riso de Rabelais não só a irreverência incontrolável, mas também a perspectiva adotada pelo autor francês na sua solidariedade com os de *baixo:* o sentido sempre presente da *dimensão comunitária* da vida humana, a enfática valorização do corpo, a firme recusa do ascetismo. Segundo Bakhtin, enquanto os aristocratas encomendavam bustos de grandes personalidades (indivíduos isolados) aos seus escultores, a cultura popular (assumida por Rabelais) se comprazia com a representação do "baixo corpo", onde "tudo se destrói e renasce", onde se consuma pela urina e pelas fezes a eliminação do que está morto, porém se celebra a criação da nova vida pela cópula e pelo parto. Seria, então, no "baixo corpo" que o ser humano poderia reconhecer o movimento que ultrapassa as fronteiras da individualidade, a força da sua dinâmica como existência inacabada, como criatura em constante movimento e transformação.

O riso da cultura popular emergia em íntima ligação com essa alegria corpórea, com essa materialidade dinâmica, na qual os indivíduos se misturam e se confundem, recriando a comunidade. Sua expressão mais espontânea se acha no Carnaval.

A *carnavalização* da vida – de acordo com Bakhtin – cria momentaneamente uma situação que elimina a separação entre os atores e o público, entre os participantes e os espectadores. Promove-se uma festa que envolve todo mundo, revoga as leis, suprime as hierarquias, supera os medos e permite aos homens readquirir o senso de uma felicidade mais completa, ainda que limitada no tempo (Bakhtin, 1970).

Esse clima de euforia, de embriaguez utópica, tem sido sempre encarado com apreensão pelos detentores do poder e zeladores da ordem. Não é por acaso que eles têm se empenhado constantemente em *organizar* o Carnaval, conferindo-lhe alguma *respeitabilidade* e impondo-lhe limites. *Limpando-o* de suas características plebeias mais anárquicas.

Além de sua radical exaltação do riso plebeu, Bakhtin se empenhou no resgate de outra fonte da qual, a seu ver, irrompia a crítica desmistificadora: a narrativa literária "polifônica".

Examinando os romances de Dostoievski, Bakhtin sublinhou o uso pelo escritor de diferentes estilos e linguagens. Em vez de impor, monologicamente, suas ideias aos seus personagens, o romancista os *solta* na ação, deixa-os realizar seus próprios movimentos, respeita os discursos específicos de cada um deles. Ainda que seu ponto de vista fosse ideologicamente marcado pelo conservadorismo, Dostoievski não forçava seus personagens a adotá-lo e os punha em pé de igualdade uns com os outros, por meio da polifonia (que se tornava, assim, uma "luta contra a coisificação do homem") (Bakhtin, 1981, p. 53).

Por que a polifonia, na obra, podia corrigir a unilateralidade ideológica do ponto de vista do autor? Para Bakhtin, essa possibilidade decorria das próprias características da linguagem.

Segundo o pensador russo, a linguagem é, por sua própria natureza, dialógica. A teoria da linguagem elaborada por Bakhtin é a base da sua concepção do homem e da sua atitude em face da questão da ideologia.

A linguagem, a seu ver, é sempre social: é só nela que o sujeito pode tomar consciência de si mesmo e nela o sujeito depende necessariamente do outro. Quando falo, me dirijo ao outro e me apoio num caminho já percorrido, em coisas que já foram ditas e que me permitem acreditar que o outro poderá me responder a novos enunciados. "A palavra quer ser ouvida, compreendida, respondida, e quer, por sua vez, responder à resposta, e assim *ad infinitum*"(Bakhtin, 1992, p. 357).

Esse movimento infindável que caracteriza a linguagem marca, de maneira indelével, os signos de que ela se serve e a ideologia que nela se expressa. Bakhtin concebia a ideologia e a linguagem como realidades interligadas. No livro intitulado *Marxismo e filosofia da linguagem* e publicado em 1929 com o nome de Volochínov, como autor, está desenvolvida a reflexão de Bakhtin sobre o tema.

Nesse livro, se pode ler: "Tudo que é ideológico é um signo. Sem signo não existe ideologia" (Bakhtin, 1986, p. 31). "O domínio do ideológico coincide com o domínio dos signos: são mutuamente correspondentes" (Bakhtin, 1992, p. 32).

Os signos comportam sempre a ambivalência: o signo reflete e refrata uma realidade, quer dizer, pode apreendê-la com fidelidade ou pode distorcê-la.

Existem diferenças essenciais no domínio dos signos (e, por extensão, no domínio do ideológico). Há signos específicos que se criam no âmbito da representação, outros estão presentes na esfera da expressão religiosa, outros aparecem na argumentação lógica, nas prescrições jurídicas, nas fórmulas científicas etc.

Por diferentes que sejam, entretanto, os signos têm em comum o fato de só poderem se constituir como sistema a partir de alguma forma de organização social. O social, portanto, precede o individual. A própria complexidade do mundo interior dos indivíduos depende da complexidade da organização social no interior da qual eles existem.

A consciência individual se forma a partir da supraestrutura social: não tem sentido atribuir-lhe uma *essência* psicológica e considerá-la matriz do meio em que surge. "A consciência individual não é o arquiteto dessa superestrutura ideológica, mas apenas um inquilino do edifício social dos signos ideológicos" (Bakhtin, 1992, p. 36). O edifício social dos signos ideológicos existe em constante mudança e a questão da ideologia, para Bakhtin, consiste em saber "como o signo reflete e refrata a realidade em transformação" (Bakhtin, 1992, p. 41).

Bakhtin admite que nem todos os signos podem ser substituídos por palavras, porém sustenta que a palavra está inexoravelmente presente em qualquer ato de compreensão e interpretação dos signos. O caminho por onde a investigação da ideologia pode avançar é, então, o caminho proporcionado pelo estudo de todos os tipos de atos de fala. É no que os sujeitos falam (ou então nos silêncios sintomáticos, isto é, no que os sujeitos calam no interior do discurso que estão fazendo) que se processa a criação ininterrupta da ideologia.

A fala dos homens comuns, no dia a dia, é a matriz da linguagem. Ela vai promovendo pequenas alterações que depois passam a se expressar nas construções ideológicas teoricamente mais fundamentadas. Os sistemas ideológicos se cristalizam a partir da ideologia do cotidiano e passam a exercer sobre ela uma influência que não deve ser subestimada. No entanto, de acordo com Bakhtin, o movimento dos signos ideológicos desses dois níveis é um movimento de mão dupla: eles mantêm uns com os outros um "elo orgânico vivo" (Bakhtin, 1992, p. 119).

Os signos ideológicos são vivos, dinâmicos, existem se modificando. Por um lado, eles podem ser usados, em princípio, por toda a sociedade (a linguagem, por exemplo); por outro lado, eles ficam marcados pelo uso que deles fazem diferentes grupos, diversas classes sociais, que têm interesses básicos distintos. Daí a ambiguidade dos signos ideológicos, que tanto podem *refletir* quanto *refratar* a realidade. "Todo signo ideológico vivo tem, como Jano, duas faces. Toda crítica viva pode tornar-se elogio, toda verdade viva não pode deixar de parecer para alguns a maior das mentiras" (Bakhtin, 1992, p. 47).

A *dialética interna* do signo ideológico não é evidente. Para poder funcionar ideologicamente, o signo evita que a aparência e a essência coincidam. Nas situações em que se verifica uma *comoção revolucionária* ou em períodos de grave *crise social,* como na França de Rabelais ou na Rússia de Dostoievski, torna-se possível levar a *dialética interna* do signo ideológico ao ponto de uma completa explicitação. E a uma autossuperação.

Como se daria, para Bakhtin, a redução da refração da ideologia e o fortalecimento da sua capacidade de refletir com fidelidade a realidade? No essencial, esse objetivo pode ser alcançado por dois movimentos. Primeiro: a liberação das energias contidas na cultura dos de *baixo,* ligadas aos valores comunitários, que o povo nunca abandona e que permitem a crítica desmistificadora às distorções ideológicas promovidas pelo individualismo, típico da burguesia. E segundo: a *polifonia,* da qual já falamos.

Bakhtin, ao longo de sua vida (ele sobreviveu aos *expurgos* stalinistas e só morreu em 1975), empenhou-se cada vez mais a fundo na fundamentação da sua ideia de que a polifonia está na própria essência da linguagem, concebida como um movimento incessante, de mão dupla, que depende do reconhecimento da condição de sujeito falante de uns pelos outros, por meio de um fluxo permanente de perguntas e respostas.

> O próprio locutor é, como tal, um respondente, pois não é o primeiro locutor, que rompe pela primeira vez o eterno silêncio de um mundo mudo, e pressupõe não só a existência do sistema da língua que utiliza, mas também a existência dos enunciados anteriores, que emanaram dele mesmo ou do outro, e aos quais o seu próprio enunciado está vinculado por algum tipo de relação. (Bakhtin, 1992, p. 291)

A polifonia, para Bakhtin, relativizava as distorções ideológicas favorecidas pelo discurso monológico, pela linguagem dogmática, sacralizada, comprometida com a pretensão da autoridade.

11. EM ALTHUSSER

A DECOMPOSIÇÃO DA DOUTRINA OFICIAL adotada pelo Partido Comunista da União Soviética e exportada para os partidos comunistas do mundo inteiro começou a se tornar evidente nos anos de 1950, quando Stalin morreu e seus "crimes" foram denunciados por Nikita Kruschev, o novo dirigente, no XX Congresso do PC da URSS. Antes das mudanças ocorridas nos anos de 1950, o *sistema* constituído na União Soviética apresentava, evidentemente, problemas graves, que haviam sido apontados no Ocidente não só por intelectuais liberais e conservadores, mas também por críticos de esquerda, até mesmo marxistas. Na trilha aberta por Trotsky, em especial, foram formulados alguns juízos muito lúcidos sobre as consequências previsivelmente desastrosas das opções feitas por Stalin e seus seguidores.

No entanto, a União Soviética ainda era vista pela maioria da esquerda, em todo o mundo, como uma experiência inovadora, cujas falhas poderiam ser corrigidas e cujas deficiências e/ou deformações viriam a ser superadas. E a doutrina *marxista-leninista*, como era patrocinada pelos dirigentes da URSS, ainda tinha ampla credibilidade em muitos círculos e movimentos revolucionários.

Foi no início da segunda metade do século XX que se ampliou o espaço para uma leitura menos preconceituosa de textos que até então vinham sendo considerados mais ou menos *heterodoxos,* de acordo com os cânones do *marxismo-leninismo.* Começou a redescoberta de Walter Benjamin, por meio de uma seleção de ensaios em dois volumes, editados por Gretel e Theodor Adorno. Começou também a descoberta de Gramsci, por meio da difusão das cartas e de *Cadernos do cárcere.* Começou a crescer a influência de Adorno e a aumentar o eco das ideias de Marcuse. E, um pouco mais tarde, viria, ainda, a redescoberta de Bakhtin.

Sintomaticamente, é nos anos de 1950 que se manifesta, também, um forte movimento teórico de inspiração conservadora para o qual a época das crenças políticas apaixonadas, capazes de mobilizar amplas massas da população, tinha passado; e os novos tempos exigiam análises sóbrias, modestas, desenvolvidas por espíritos que renunciavam às veleidades revolucionárias e deixavam de alimentar a ambição insensata de transformar a própria estrutura da sociedade. Essa convicção se expressou, com vigor e alguma competência, em escritos de Raymond Aron e de Seymour Martin Lipset. Talvez a sua expressão mais famosa tenha sido o livro de Daniel Bell intitulado *O fim da ideologia.*

Nesse exato momento, quando as bases abaladas do *marxismo--leninismo* passavam a ser alvo de ataques conservadores inteligentes e passavam a ser questionadas com maior desenvoltura no próprio campo do pensamento da esquerda, o filósofo Louis Althusser, militante do PC francês, começou a elaborar uma obra que tinha a originalidade de, ao mesmo tempo, reassumir "o marxismo-leninismo" e, retornando a Marx, submetê-lo a uma releitura que se distinguia claramente da interpretação feita pela doutrina oficial, característica das concepções teóricas do PC da União Soviética.

Althusser tomou como ponto de partida de sua reflexão sobre a questão da ideologia o próprio princípio do materialismo histórico: toda sociedade só existe porque consome, e só há consumo onde há produção. Toda sociedade, portanto, se organiza em função de um determinado modo de produzir os bens materiais de que necessita e também em função da necessidade de reproduzir seu modo de produção e as condições materiais da produção em geral.

Entre as condições materiais da produção que precisam ser reproduzidas se acha a força de trabalho. Para que a força de trabalho se reproduza, ela precisa receber meios materiais (o salário) e formação de competência (educação). Nas sociedades capitalistas, essa formação não se dá mais no local de trabalho e sim, cada vez mais, fora da produção, por meio do sistema escolar e, subsidiariamente, por meio das igrejas, das Forças Armadas e de outras instituições.

É na reprodução da formação da força de trabalho, então, que se misturam conhecimentos técnicos, informações científicas, saberes práticos e também normas adequadas à submissão e critérios destinados a promover uma adaptação à ordem vigente. Quer dizer: promove-se a aceitação da ideologia dominante.

A metáfora usada por Marx para dar conta da dependência da supraestrutura em relação à base (que Althusser também chama de infraestrutura) é aceita pelo filósofo francês, que, no entanto, ressalva: ela é apenas uma metáfora e, como tal, tem somente caráter descritivo. Para superar os limites da mera descritividade, o autor de *Posições 2* (Althusser, 1983) propõe que a relação base/supraestrutura seja abordada a partir do ponto de vista do processo material da reprodução.

As necessidades práticas da reprodução, nas condições das sociedades classistas, exigem que exista um aparelho (repressivo) do Estado – compreendendo o governo, a administração, o exército, a polícia, os tribunais, as prisões etc. – e uma pluralidade de *aparelhos ideológicos de Estado* (AIE): igrejas, escolas, partidos, empresas, famílias etc. Enquanto na ação do aparelho (repressivo) do Estado predomina a repressão, na ação dos AIE a repressão é secundária (às vezes bastante atenuada ou até mesmo simbólica) e o que prevalece é a ideologia.

Em sua função, a ideologia corresponde a uma necessidade que vem de muito longe. Ela é, então, onipresente, trans-histórica; nesse sentido, é eterna (como o inconsciente é eterno, segundo Freud). Althusser se considera, mesmo, autorizado a "propor uma teoria da ideologia em geral, no mesmo sentido em que Freud apresentou uma teoria do inconsciente em geral" (Althusser, 1983, p. 79).

Jacques Rancière, simpático à perspectiva althusseriana, caracteriza o conceito de ideologia adotado por Althusser da seguinte maneira:

> A especificidade da teoria althusseriana pode se resumir em duas teses fundamentais: 1) em todas as sociedades – divididas ou não em classes – a ideologia tem uma função primária comum, de assegurar a coesão do todo social, regulamentando a relação dos indivíduos com suas tarefas; 2) a ideologia é o contrário da ciência. (1974, p. 224)

Althusser, ao propor a sua teoria da ideologia em geral, insistiu no fato de que o que os homens *representam* para si mesmos na ideologia nunca é o mundo tal como ele efetivamente existe, e sim a marca nele da intervenção humana:

> Não são as suas condições reais de existência, seu mundo real, que os 'homens' 'se representam' na ideologia. O que é nela representado é, antes de mais nada, a sua relação com as suas condições reais de existência. É essa relação que está no centro de toda representação ideológica. (Rancière,1974, p. 81)

A representação ideológica da relação dos homens com a realidade sofre distorções que derivam de uma compreensão deficiente por parte dos indivíduos da materialidade da relação deles com o real. O filósofo francês reagiu contra essa subestimação da materialidade e defendeu a tese de que as ideologias deveriam ser sempre pensadas a partir dos aparelhos que as viabilizam e a partir das práticas que as concretizam. "Uma ideologia" – advertia Althusser – "existe sempre em um aparelho e em sua prática ou práticas. Esta existência é material" (Rancière, 1974, p. 83).

Os *sujeitos* humanos só existem materialmente: "Suas ideias são seus atos materiais inseridos em práticas materiais, reguladas por rituais materiais, eles mesmos definidos pelo aparelho ideológico material de onde provêm as ideias do dito sujeito" (Rancière, 1974, p. 86).

A própria condição de sujeito, segundo o autor de *Posições 2*, resulta de um processo ideológico que dificulta aos indivíduos concretos reconhecer plenamente a força da materialidade da relação deles com o real. O sujeito se sente capaz de, como sujeito, representar fielmente a realidade e a representa, de fato, ideologicamente; e é a ideologia que *constitui* o sujeito: "Toda ideologia tem por função (é o que a define) 'constituir' indivíduos concretos em sujeitos. É nesse jogo de dupla constituição que se localiza o funcionamento de toda ideologia [...]" (Rancière, 1974, p. 87).

A existência dos *sujeitos* parece evidente, mas essa *evidência* é, exatamente, um efeito da ideologia. À ciência cabe superar esse efeito: "Todo discurso científico é, por definição, um discurso *sem* sujeito" (Rancière, 1974, p. 88).

Para assegurar – em última instância – a reprodução das condições de produção, a ideologia mantém em funcionamento um mecanismo pelo qual os indivíduos se reconhecem uns aos outros como *sujeitos,* mas, ao mesmo tempo, como esse reconhecimento se verifica num quadro de aguda desigualdade, a condição de "sujeito" do indivíduo submetido se torna um elemento de aceitação da sua submissão às "ordens" que lhe são dadas.

Os aparelhos ideológicos de Estado (AIE), que constituem a base material essencial da ideologia, desempenham uma função decisiva no processo de reprodução das condições de produção. Essa reprodução resulta dos esforços e iniciativas da classe dominante, empenhada em preservar seus privilégios, em manter seu poder e em continuar explorando o trabalho da classe dominada. Os AIE, então, representam a forma como a ideologia da classe dominante deve necessariamente se realizar. Contudo – advertia Althusser – "as ideologias não 'nascem' dos AIE, mas das classes sociais em luta; de suas condições de existência, de suas práticas, de suas experiências de luta etc." (Rancière, 1974, p. 101).

E com essa advertência o combativo filósofo francês procurava deixar claro que sua oposição à valorização ideológica da subjetividade não significava absolutamente nenhum abandono da disposição para a luta, característica da sua militância comunista.

12. EM GOLDMANN

Lucien Goldmann, contemporâneo de Althusser, nasceu em Bucareste, na Romênia, em 1913. Durante a Segunda Guerra Mundial, viveu na Suíça, onde teve ocasião de trabalhar com Jean Piaget, cujas ideias lhe deixaram marcas indeléveis no pensamento.

Radicado na França, Goldmann publicou vários estudos, entre os quais *Comunidade humana e universo em Kant* (1948), *Ciências humanas e filosofia* (1952), O *Deus oculto* (1956), *Pesquisas dialéticas* (1959), *Para uma sociologia do romance* (1964) e *Marxismo e ciências humanas* (1970).

Além de Piaget, outro autor que exerceu poderosa influência sobre Goldmann foi Lukács. O ensaísta romeno veio a ser no Ocidente um dos principais divulgadores de conceitos formulados em *A alma e as formas,* na *Teoria do romance* e, sobretudo, em *História e consciência de classe,* livros do filósofo húngaro.

Goldmann foi, essencialmente, um sociólogo. Para realizar seus estudos no âmbito da sociologia da cultura, ele desenvolveu um método que chamou de "estruturalismo genético", segundo o qual as criações culturais, mesmo sendo criações individuais, seriam tanto mais significativas quanto melhor correspondessem ao máximo de lucidez de que seria capaz, em dado momento, em determinadas circunstâncias, um grupo social específico.

O *estruturalismo genético,* segundo Goldmann, possibilita a conquista de um ponto de vista metaindividual ou transindividual, comprometido com a superação da divisão da sociedade em classes. O pensamento dialético, hoje, seria um "estruturalismo genético generalizado" (Goldmann, 1984, p. 39).

O *estruturalismo genético* é uma resposta à situação criada pelo capitalismo, que unificou progressivamente a sociedade, integrando-a à economia de mercado, forçando todos os grupos, todos os setores, a se voltarem para a economia. Nesse processo de unificação, tal como foi imposto pelo capitalismo, foi sendo suprimida a autonomia das mediações culturais e foram sendo impostas formas provenientes da esfera econômica a todos os níveis da atividade humana (o que produziu o aumento da *reificação* ou *coisificação,* isto é, da tendência a transformar movimentos humanos em movimentos de *coisas*).

Goldmann procura extrair as consequências desse quadro apresentado pelo capitalismo contemporâneo no plano da criação cultural. Para o exame da gênese da estrutura significativa da criação cultural, diz ele, importa menos a intenção do seu autor como indivíduo do que a correspondência entre o aproveitamento das possibilidades de compreensão da realidade na estrutura coerente da obra e o "máximo de consciência possível" da classe social em que estão necessariamente ancoradas a sensibilidade e a inteligência do produtor cultural.

Nas ações humanas, tudo tende a se ligar a tudo. Os homens, então, precisam de uma certa visão de conjunto – da *totalidade* – para se darem conta da estrutura da ação deles. Essa totalidade, contudo, é sempre historicamente condicionada. No plano abstrato, a compreensão mais abrangente da totalidade poderia vir a ser proporcionada pelo horizonte da humanidade, quer dizer, da *comunidade humana* em geral. Nas atuais condições, criadas pelo capitalismo, entretanto, a totalidade só pode se expressar na forma inacabada mas coerente de uma *visão do mundo* correspondente ao *máximo de consciência possível* de uma classe social.

Para Goldmann, as grandes obras literárias, as criações artísticas e as construções teóricas não são *reflexos* da realidade social, objetiva, e sim elementos que desempenham ativamente um papel decisivo na configuração da consciência dos sujeitos que fazem a história. Em lugar da teoria do conhecimento concebido como reflexo da realidade, Goldmann prefere adotar a perspectiva de uma teoria do conhecimento baseada na realização de um movimento no qual se verifica a "identidade parcial do sujeito e do objeto".

Nas criações culturais mais notáveis, essa identidade parcial do sujeito e do objeto se manifesta numa *homologia estrutural,* que une as grandes obras ao *máximo de consciência possível* de uma classe social capaz de influir com vigor na história.

Goldmann se dispôs a analisar tal homologia no vínculo da perspectiva de Kant com o horizonte da burguesia alemã do século XVIII e no vínculo da perspectiva da "visão trágica do mundo", elaborada por Pascal, e a "nobreza togada" existente na França do século XVII.

Existiria, igualmente, uma homologia nas relações entre o legado de Marx, assumido pelo *estruturalismo genético,* e as aspirações socialistas do movimento operário. Com base em sua confiança no proletariado, Goldmann divergia de Adorno e Horkheimer, criticando-os porque, ao dispensarem um contrapeso positivo para a "dialética negativa" que propunham, refugiavam-se numa *torre de marfim* e escorregavam para uma postura moralista. Para o sociólogo romeno, era preciso, mesmo sem garantias quanto ao futuro, apostar na capacidade dos indivíduos de construir uma verdadeira *comunidade humana.* Goldmann retomou de Blaise Pascal, pensador do século XVII, essa ideia de uma *aposta apoiada na razão.* Quem aposta no socialismo corre o risco de perder, mas tem bons motivos para lutar pela superação do capitalismo.

Nos últimos anos da sua vida, sem renunciar à sua aposta, Goldmann admitiu que importantes modificações no perfil da classe operária estavam a exigir algumas reformulações no programa dos socialistas; e passou a se interessar mais pelas ideias ligadas a propostas de reformas voltadas para a instauração de instituições autogestionárias.

No que concerne especificamente ao conceito de ideologia, Goldmann distingue entre a distorção de conhecimentos que não chegam a se articular de maneira coerente, e acabam exercendo efeitos confusionistas e mistificadores, de um lado, e, de outro, a ideologia que aparece em conhecimentos que se elevam ao plano de uma legítima *visão do mundo*, ao plano do *máximo de consciência possível* de uma classe social influente, isto é, a um plano no qual os conhecimentos se tornam válidos.

Enquanto nas experiências individuais a consciência frequentemente faz misturas ecléticas e incoerentes, e nos pequenos grupos a consciência costuma ser muito diretamente comandada por poderosos interesses materiais imediatos, o *máximo de consciência possível* – viabilizado pela perspectiva de uma classe – transforma a ideologia em autêntico conhecimento.

13. EM HABERMAS

O ALEMÃO JÜRGEN HABERMAS, TAL COMO Goldmann e diferentemente de Althusser, nunca militou no Partido Comunista. Nascido em Düsseldorf, em 1929, Habermas é 11 anos mais moço que Althusser, 16 anos mais moço que Lucien Goldmann, 26 anos mais moço que Adorno, 31 mais moço que Marcuse, 34 mais moço que Horkheimer, 37 que Benjamin, 38 que Gramsci e 44 que Lukács.

Já no início da sua trajetória intelectual se defrontou com um quadro histórico sensivelmente diverso daqueles que se impuseram aos teóricos que o precederam. Após a infância transcorrida sob o regime nazista, fez sua opção de esquerda na parte ocidental da Alemanha e essa opção excluía a adesão ao sistema imposto coercitivamente pelas tropas da União Soviética à parte oriental da Alemanha. Seu caminho o levou, muito naturalmente, ao *marxismo* independente da *Escola de Frankfurt,* que foi o ponto de partida da elaboração da sua obra.

Desde os anos de 1960, contudo, Habermas passou a desenvolver uma reflexão original sobre a dicotomia trabalho & interação, com significativas consequências em sua abordagem da questão da ideologia.

Para o autor de *A técnica e a ciência como "ideologia",* o trabalho, analisado com perspicácia por Marx, é uma atividade essencial para a sobrevivência do gênero humano: é uma atividade instrumental, que obedece a regras técnicas, fundadas sobre um saber empírico. Desenvolve-se no âmbito da relação sujeito/objeto. A interação, entretanto, é uma atividade de comunicação entre sujeitos, mediatizada por símbolos.

Ao longo dos anos de 1970, 1980 e 1990, Habermas aprofundou sua concepção dessa relação dicotômica entre trabalho e interação, insistindo na importância da "razão comunicativa", ligada à linguagem e ao fato de que os sujeitos falantes têm um interesse essencial coincidente: uns querem entender os outros e querem ser entendidos pelos outros. A "razão comunicativa" se distingue, assim, da "razão instrumental", ligada ao trabalho.

Apoiada na importância prática da *razão instrumental,* a burguesia, como classe dominante, no modo de produção capitalista, criou condições que dispensavam na prática os velhos procedimentos de legitimação do poder estatal, abandonando antigos padrões religiosos, culturais, e recorrendo a "razões" pragmáticas, "científicas", para justificar um sistema que aparentemente se justificava por si mesmo, nas condições "liberais" da centralidade do mercado e do recuo do Estado.

Foi nesse período, segundo Habermas, que surgiu o conceito de ideologia em sentido restrito, que veio a ser teorizado por Marx com inegável sucesso.

Posteriormente, porém, novas formas de intervenção do Estado vieram a se tornar necessárias para assegurar o equilíbrio econômico numa situação na qual a ciência e a técnica passaram a ser a principal força produtiva. A pesquisa passou a depender do Estado e das grandes corporações. E, com a institucionalização do progresso técnico e científico – escreveu Habermas – "apaga-se da consciência dos homens o dualismo do trabalho e da interação" (Habermas, 1973a, p. 44). "A evolução do sistema social *parece* ser determinada pela lógica do progresso científico e técnico" (Habermas, 1973a, p. 45).

A intervenção do Estado se apresenta como resultante de uma demanda da sociedade. O discurso tecnocrático se apresenta como constatação óbvia de uma lógica evidente. As massas se deixam despolitizar, as pesssoas se autocoisificam voluntariamente. A ideologia não precisa se impor de cima para baixo, porque funciona como se estivesse implícita na consciência da população despolitizada.

Nessas condições, "não é mais possível aplicar diretamente duas categorias fundamentais da teoria marxista, isto é, o conceito de luta de classes e o conceito de ideologia" (Habermas, 1973a, p. 49).

Os antagonismos de classe não são suprimidos, porém são mantidos *latentes,* quer dizer, não tendem a *explodir.* O sistema neutraliza a oposição das massas por meio de compensações gratificantes e inviabiliza a canalização das revoltas e protestos de grupos em um processo revolucionário de transformação global da sociedade.

Cria-se uma nova forma de legitimação diferente da forma da antiga ideologia, em sentido restrito: é uma forma de legitimação que dispensa o recurso à ilusão de proporcionar a todos uma ilusão romântica de satisfação de seus desejos e interesses. Sua função continua sendo a de – como a antiga ideologia – impedir que sejam efetivamente questionados os fundamentos da sociedade. No entanto, os meios de que se serve são outros: com um discurso franco e sóbrio, ela mobiliza a técnica e a ciência para atender às necessidades dos seres humanos *como indivíduos privados* (induzindo-os, paralelamente, a um comportamento puramente adaptativo) e os convoca a se acumpliciarem – por omissão, em geral, porém às vezes fazendo pequenos sacrifícios – com a direção da política econômica que está sendo adotada.

Com esse predomínio da consciência tecnocrática, segundo o autor de *A técnica e a ciência como "ideologia"*, temos uma forma de legitimação do existente que "é mais irresistível e vai muito mais longe do que as ideologias do tipo antigo" (Habermas, 1973a, p. 55). De certo modo, ela é ideologia, mas de fato já não é mais apenas ideologia. Por isso, no título do livro, a palavra *ideologia* aparece entre aspas.

Como podemos alcançar uma compreensão crítica do núcleo ideológico dessa consciência tecnocrática que se tornou hegemônica? Habermas sustenta que esse núcleo consiste na "eliminação da diferença entre a prática e a técnica" (Habermas, 1973a, p. 58). Todas as formas de prática – inclusive as ações morais e as que se realizam na esfera da ação comunicativa – tendem a ser reduzidas a *técnicas*. A ciência deixa de ter virtudes éticas e educativas e se *tecniciza*. Passa a ser uma ciência que não se dispõe mais a refletir criticamente sobre si mesma.

O aprofundamento da reflexão crítica sobre tais fenômenos, de acordo com Habermas, o obriga a ir resolutamente além de Marx. Em sua concepção de práxis, Marx englobou interação e trabalho; e, baseado nessa combinação confusa, tendeu a reduzir a complexidade da reflexão à dinâmica da produção. Em outro livro de sua autoria publicado nessa mesma ocasião – *Conhecimento e interesse,* 1968 –, Habermas formula sua crítica em termos incisivos: "Marx concebe a reflexão de acordo com o modelo da produção" (Habermas, 1973b, p. 61).

Ao misturar e confundir aspectos diferentes das atividades humanas, Marx deixa de nos proporcionar, segundo Habermas, uma aparelhagem conceitual verdadeiramente adequada para enfrentar eficientemente o desafio com que nos defrontamos na atualidade. Marx teria superestimado o desenvolvimento das forças produtivas, atribuindo-lhe um potencial libertador em todas as circunstâncias.

Habermas insiste na tese de que, nas circunstâncias atuais precisamos nos tornar mais precavidos. A seu ver, o desenvolvimento e a democracia não caminham necessariamente juntos.

"Marx não previu que entre o controle científico exercido sobre as condições materiais de existência e a formação da vontade democrática, em todos os níveis, poderia se criar um hiato" (Habermas , 1973a, p. 90).

Para trazer uma contribuição mais efetiva ao fortalecimento da "razão comunicativa" e impor limites à expansão "imperialista" da "razão instrumental", Habermas se sentiu obrigado a forjar conceitos novos, completando e corrigindo não só a ótica de Marx, mas também a de seus mestres Adorno e Horkheimer.

Entre os novos conceitos, Habermas propôs o de "mundo da vida". Em sua história, os seres humanos têm precisado organizar as atividades produtivas que lhes asseguram a sobrevivência, e também têm precisado organizar a sociedade, as instituições e os conhecimentos. Essa organização constitui o *sistema*. O *mundo da vida* é a realidade inesgotável das vivências humanas, uma realidade que não cabe no *sistema*.

A *razão instrumental* se desenvolve em função das necessidades do *sistema*, porém somente a *razão comunicativa* pode se abrir para a inesgotabilidade do *mundo da vida*.

No entanto, a *ideologia* embutida na consciência tecnocrática dominante conseguiu promover um *esgotamento* das *energias utópicas*, e o *sistema* consegue *legitimar* formas constrangedoramente antidemocráticas de desigualdade e de dominação.

Na origem desse fenômeno, segundo Habermas, está o paradigma da "filosofia do sujeito", um modo de pensar que desde Hegel se apoia numa enfática valorização da subjetividade como princípio ("o Absoluto é sujeito").

Essa "subjetividade subjugante" reaparece em Marx, modicada e articulada com a concepção materialista da história: o sujeito conhece os objetos ao fabricá-los, ao dominá-los. Apoiando-se nesse conceito, Marx pode fazer uma análise lúcida, que continua válida, da patologia do trabalho alienado. Não lhe foi possível, contudo, superar os limites da filosofia do sujeito e do paradigma da produção. Por isso, seu projeto de emancipação se mostrou insuficiente.

"A perspectiva da emancipação", para Habermas, "não resulta, de modo nenhum, do paradigma da produção, mas sim do paradigma do agir orientado no sentido do entendimento mútuo" (Habermas, 1990, p. 87). "O paradigma do conhecimento de objetos tem de ser substituído pelo paradigma da compreensão mútua entre sujeitos capazes de falar e agir" (Habermas, 1990, p. 276). Se a reflexão insistir em tomar como seu ponto de partida a subjetividade, e não a intersubjetividade, a interação linguisticamente mediada, então ela, a reflexão, não conseguirá contribuir para a efetiva emancipação dos seres humanos, no âmbito do *mundo da vida*.

A pretensão de dominar o *mundo da vida*, quer no plano da ação, quer no plano do conhecimento, só pode resultar num fracasso. "O mundo da vida só pode ser compreendido a tergo" (Habermas, 1990, p. 279).

Nas atuais circunstâncias, a *ideologia* constituída pelo predomínio da consciência tecnocrática facilita a invasão constante e violenta da esfera da comunicação entre sujeitos por motivações ligadas exclusivamente à *razão instrumental*. Com isso, ela vem não só causando graves danos à institucionalização dos avanços das liberdades e sérios prejuízos ao encaminhamento das aspirações à *igualdade,* como também vem acarretando profundas destruições na própria esfera da linguagem. Habermas se caracteriza, politicamente, como um *reformista radical*. Ele sustenta a ideia de que o pensamento crítico precisa se ligar ao inconformismo, orientando-o no sentido da busca de uma situação de comunicação (intersubjetividade) "isenta de dominação", como seria a "situação ideal de fala", na qual os falantes, sem se cercearem uns aos outros, poderiam assegurar condições livres de expressão para todos, porque cada um teria interesse em ser mais bem compreendido e em compreender melhor os demais.

Sua perspectiva está voltada para a criação de condições nas quais o *outro*, o *diferente*, possa ser efetivamente integrado à dinâmica da sociedade moderna e possa ser reconhecido como autor de um discurso competente, quer dizer, como falante capaz de argumentar numa situação de paridade com os demais falantes.

Embora esse programa aponte na direção de um estado de coisas ideal, situado no horizonte, ele se apoia numa característica estrutural da linguagem, na medida em que a linguagem traz com ela, implícita, uma racionalidade que demanda a compreensão recíproca dos interlocutores. Mesmo quando um sujeito falante insulta, ameaça, ordena algo com rispidez, ele se empenha em ser entendido pelo outro.

Com base nessa característica estrutural da linguagem e no ideal de uma futura sociedade "isenta de dominação", o programa de Habermas também poderia, segundo ele, inspirar ações a serem empreendidas desde agora, nas circunstâncias atuais. Cabe, entretanto, a pergunta: qual seria o alcance, qual seria a eficácia transformadora dessas ações?

Um questionamento que se tem feito reiteradamente à concepção de Habermas é este: como seria possível promover uma comunicação entre sujeitos falantes com igual poder de argumentação, com igual direito de participação na produção e circulação de ideias, isto é, em condições de simetria, numa realidade social na qual reina a desigualdade e prevalece a assimetria? Outra crítica que lhe tem sido feita é a de que ele pressupõe, um tanto forçadamente, em sua concepção da linguagem, a irrelevância da ação estratégica (imposição de determinados comportamentos às pessoas) em comparação com a ação comunicativa (com sua pretensão à verdade e à justiça).

Habermas tem persistido no esforço de intervir com suas ideias nos conflitos histórico-políticos, defendendo a fecundidade da concepção dos direitos humanos e sustentando uma perspectiva universalista. Sua posição filosófica, entretanto, tem sofrido algumas alterações. Nos anos de 1960, ele distinguia três modelos de ciência: o das ciências da natureza, o das ciências sociais e o das ciências crítico-emancipatórias (sobretudo a psicanálise e a teoria crítica). A partir dos anos de 1970, entretanto, ele reformula a tese dos três modelos, substituindo o terceiro pelo da "ciência social reconstrutiva", que se apoia na "ética do discurso", capaz de neutralizar os efeitos deformadores mais graves da ideologia.

Habermas tem sido frequentemente criticado por pessoas que lhe atribuem certa *ingenuidade* na adoção do conceito de "situação ideal de fala". Respondendo a esses críticos, em entrevista ao jornal francês *Libération* (30/6/1988), ele assegurou que, como descendente da tradição hegeliano-marxista, preservava a crítica das ideologias, adotando-a como modelo de uma "hermenêutica da suspeita".

14. ...E NO BRASIL

No âmbito da cultura brasileira, diversos autores têm refletido sobre a questão da ideologia. Logo no início deste volume, tivemos ocasião de lembrar o excelente estudo de Michael Löwy, *As aventuras de Karl Marx contra o barão de Münchhausen*. Mas há outros trabalhos que merecem ser lembrados, sobre o tema da ideologia.

Maurício Tragtenberg, por exemplo, o abordou no livro *Burocracia e ideologia,* que retoma as ideias expostas na sua tese de doutoramento, defendida na Universidade de São Paulo (USP) em 1973. Tragtenberg procurou analisar, sobretudo, a Teoria Geral da Administração como ideologia, observando que ela se liga às determinações reais enquanto técnica (pela mediação do trabalho) e, ao mesmo tempo, ambiguamente, se afasta dessas determinações e reflete a realidade de maneira deformada, compondo um universo que é organizado mas... falseado.

Examinando algumas características comuns aos Estados capitalistas e à União Soviética, Tragtenberg vê em ambos a expansão de uma ideologia baseada na racionalização, na produtividade e na eficiência, uma ideologia que está "vinculada à utilização de *modelos* substituindo a formulação de teorias" (Tragtenberg, 1992, p. 218). Para Tragtenberg, esses *modelos* traduzem em linguagem técnica não o poder da razão, mas a razão – econômica ou política – do poder.

Outros dois autores brasileiros em cujos escritos se encontram reflexões e observações significativas sobre a questão da ideologia são Roberto Schwarz e Sergio Paulo Rouanet.

Roberto Schwarz

Roberto Schwarz reconhece explicitamente sua dívida não só em relação a Marx mas também em relação a Adorno, Lukács e Walter Benjamin, por diversas que sejam as orientações desses autores. O autor de *Ao vencedor as batatas* e de *Um mestre na periferia do capitalismo* se apoiou no conceito marxista de ideologia para uma abordagem muito original da obra de Machado de Assis.

Roberto Schwarz observa que, por força das condições históricas, a ideologia dominante nas nações politicamente independentes da América se comprometia – inevitavelmente – com a ideologia dominante nos países europeus. Como a nossa economia nos punha em situação de dependência perante a Europa – que era, então, a força hegemônica no mercado mundial –, o modelo ideológico europeu não podia deixar de prevalecer.

Ao mesmo tempo, contudo, conforme a análise desenvolvida pelo crítico brasileiro, a nossa situação era diferente. Na Europa, a ascensão da burguesia ao poder, a superação do legado do absolutismo, o desencadeamento da industrialização, a formação da classe operária, tudo isso abriu espaço para a difusão das ideias do liberalismo; já no Brasil, as ideias liberais eram adotadas como modelo teórico-político por membros de uma elite que convivia, no cotidiano, com as práticas típicas de uma sociedade escravista. O modelo, que já tinha seus aspectos problemáticos nos países que se originara, tornava-se aqui muitíssimo mais problemático. Sua óbvia inexequibilidade esvaziava o discurso que o adotava. Como escreveu Schwarz:

"As ideias liberais não se podiam praticar, sendo ao mesmo tempo indescartáveis" (Schwarz, 1977, p. 12).

Na história das sociedades europeias, a ideologia hegemônica refletia os limites dos horizontes burgueses, distorcia a realidade, porém a acompanhava em seu movimento e dava conta de algumas das suas *verdades*. No nosso país, a expressão cultural da reprodução da ordem socioeconômica se servia das ideias adotadas na Europa, mas lhes impingia novas distorções, caracterizando-as como "ideias fora do lugar", transformando-as em "ideologias de segundo grau".

"De ideologia que havia sido – isto é, engano involuntário bem fundado nas aparências –, o liberalismo passa, na falta de outro termo, a penhor intencional de uma variedade de prestígios com que nada tem a ver" (Schwarz, 1977, p. 17).

Roberto Schwarz se defronta com a questão: por que – e como – a figuração literária, nas grandes obras de Machado de Assis, consegue romper o círculo vicioso da ideologia de *segundo grau,* que reproduz e deforma, ideologicamente, a ideologia proveniente da matriz europeia? E sustenta que o ceticismo do grande escritor lhe permitiu enxergar e representar exatamente aqueles aspectos da realidade que a ideologia camuflava melhor.

Sem veemência, sem panfletarismo, Machado percebeu e revelou características dos seres humanos formados na sociedade brasileira do Segundo Império: num tom que não era de denúncia, mas de melancólica ironia, pôs a nu hipocrisias, mistificações, tolices, ambiguidades, amesquinhamentos, perversidades ocultas e ostensivas, traços de caráter ligados à estrutura social elitista, excludente, comprometida com privilégios deploráveis e com a exploração do trabalho escravo.

Em sua fina análise de *Memórias póstumas de Brás Cubas,* o autor de *Um mestre na periferia do capitalismo* chama a atenção para o capricho, a ostensiva volubilidade do personagem narrador, e reflete sobre as consequências da opção de Machado de Assis ao fazer da trajetória e do discurso de Brás Cubas o princípio da composição do romance.

Roberto Schwarz observa que, apesar da "genialidade analítica e construtiva" da obra, o papel de chave universal desempenhado pela fala exclusiva e soberanamente maliciosa do protagonista torna-se desproporcional quando comparado à relativa desimportância que resulta em certa indecisão de contornos nos outros personagens, às vezes reduzidos a títeres. E isso acarretaria momentos de alguma monotonia.

Defrontando-se com essa aparente falha, Roberto Schwarz recorda a "boa teoria de Adorno", segundo a qual quanto mais elevado for o nível qualitativo de uma criação literária mais significativas são as fraquezas artísticas, não como tropeços do artista, mas como expressões de impossibilidades socialmente objetivas.

No caso das *Memórias póstumas,* a indicação metodológica de Adorno leva o crítico brasileiro a reconhecer na abstratividade filosofante universalista, na metafísica conformista, em um certo recorte esteticista do real, as *limitações ideológicas inevitáveis* que lhe eram impostas por condições históricas, sociais e culturais objetivas. Ao mesmo tempo, Roberto não deixa de assinalar que, até quando está pagando tributo a essas limitações "venenosas", Machado consegue produzir "contravenenos" que conferem à sua obra uma notável agudeza crítica (Schwarz, 1990, p. 166).

Sergio Paulo Rouanet

Sergio Paulo Rouanet tem uma perspectiva diferente da de Roberto Schwarz, embora os dois tenham numerosos valores essenciais em comum. Rouanet se considera um representante do amplo movimento do Iluminismo, que a seu ver passa pela Ilustração europeia no século XVIII, mas tem raízes anteriores (no humanismo renascentista) e prossegue ao longo dos séculos XIX e XX.

O Iluminismo, como Rouanet o caracteriza, mobiliza os seres humanos universalmente contra o mito e a superstição; questiona todos os dogmas, submete as tradições ao crivo da razão e critica "todas as ideologias" (Rouanet, 1993, p. 33). O Iluminismo se opõe às tendências irracionalistas, relativistas e "historistas" que se manifestam com vigor na vida cultural contemporânea, e resiste com firmeza à onda que promove a regressão do esforço do conhecimento à percepção da realidade como algo vago, homogêneo, indiferenciado.

A postura dos iluministas leva-os a se insurgirem contra a tutela exercida por qualquer autoridade, em defesa da autonomia do sujeito, isto é, em defesa da liberdade de todos os indivíduos concretos procurarem conhecer por conta própria, servindo-se da razão de que são capazes. O lema do Iluminismo se encontra formulado em Kant: "Ousa conhecer!" (*Sapere aude*).

A razão iluminista – adverte o filósofo brasileiro – não pode alimentar nenhum delírio de grandeza, não pode aspirar a uma soberania absoluta, não pode pretender ignorar seus condicionamentos materiais e psíquicos, não pode ser narcísica: precisa ser crítica e autocrítica, reconhecendo a cada passo seus limites. Caso se feche à irracionalidade, a razão pagará caro pela arrogância: "Por desconhecer o irracional que a cerca, torna-se presa dele" (Rouanet, 1987, p. 13).

Quem assume essa postura, ainda que não explicite a filiação, é iluminista. Nesse sentido, Rouanet se declara convencido de que não só os liberais mais avançados e os socialistas mais democráticos como também Freud e Foucault eram, todos, iluministas.

Essa concepção abrangente do espírito das Luzes se articula com a abordagem por Rouanet da questão da ideologia. Imbuído do valente propósito de resolvê-la, o autor de *A razão cativa* se debruça sobre o conceito de ideologia elaborado por Marx e procura estudar-lhe o movimento.

A seu ver, a teoria da ideologia em Marx teve uma primeira fase ainda marcadamente influenciada por Hegel: nela a falsa consciência é vista como o não saber do sujeito a respeito das estruturas de um mundo alienado. Numa segunda fase, ela é o não saber do sujeito a respeito da base material da sociedade. A terceira fase é aquela em que o não saber se refere a um problema que não está na consciência, e sim na própria forma da realidade, que engendra necessariamente o fetichismo da mercadoria. Por fim, na quarta e última fase, o não saber é o correlato subjetivo de uma instância objetiva, e decorre da produção de seres humanos materiais, materialmente organizados (Althusser teria tocado nessa característica quando escreveu sobre os "aparelhos ideológicos de Estado").

Muitas observações de Rouanet sobre o conceito de ideologia são, sem dúvida, muito pertinentes e agudas. Uma delas, por exemplo, adverte para o acumpliciamento existente entre a distorção ideológica e as fantasias de onipotência da teoria que confia excessivamente em suas abstrações: "É parte integrante da ideologia ignorar seu enraizamento na prática, ignorar que só nela os enigmas que ela tematiza podem encontrar uma solução" (Rouanet, 1985, p. 86).

A análise da dinâmica do conceito de ideologia a partir de Marx, entretanto, é uma esquematização polêmica, que pode ter desdobramentos problemáticos. O rico elenco de citações que o ensaísta brasileiro aproveita para sustentar sua interpretação nem sempre lhe traz uma clara corroboração.

Rouanet escreve: "A categoria do fetichismo modifica a noção de falsa consciência" (Rouanet, 1985, p. 101). Cumpre observar, contudo que já na época d'*A Ideologia alemã* a concepção de ideologia no pensamento de Marx não podia ser reduzida à *falsa consciência*. No capítulo dedicado à questão da ideologia no pensamento de Marx, neste volume, foi feito um esforço no sentido de esclarecer este ponto: o processo histórico-real da ideologia é *maior* que a falsa consciência. Marx, desde cedo, via a dimensão subjetiva em concreta articulação com os movimentos da realidade objetiva. Declarava, enfaticamente: "A consciência nunca pode ser uma coisa diferente do ser consciente".

A categoria do fetichismo expressa, com certeza, uma mudança na perspectiva de Marx, ligada à compreensão do modo de produção capitalista e à formulação da teoria da mais-valia. Vale sempre a pena tentar examinar e reexaminar todas as consequências desse tipo de mudança nas modificações conceituais dos filósofos.

Tudo leva a crer, porém, que a conclusão de Rouanet exagerou o efeito da modificação na ótica de Marx, ao considerar o fetichismo um conceito que, de algum modo, cancelava a preocupação do filósofo alemão com a subjetividade. De fato, Rouanet chega a afirmar: "A consciência não tem sequer o consolo de fornecer o palco em que a ideologia representa a sua comédia. Ela se limita a assistir à comédia encenada na própria superfície da realidade" (Rouanet, 1985, p. 104).

Essa formulação, contrapondo a importância da dinâmica objetiva do funcionamento da sociedade capitalista a uma suposta perda de importância do drama da construção (e distorção) do conhecimento no âmbito da consciência, promove um esvaziamento da participação da subjetividade como tal no processo da ideologia.

A esfera da subjetividade é o plano em que os homens fazem suas escolhas, tomam suas iniciativas, elaboram projetos, assumem riscos, interrompem a continuidade e criam as rupturas na história. É o plano em que os homens podem se tornar tão profundamente críticos a ponto de poderem se tornar efetivamente autocríticos.

A *desdramatização* da esfera da subjetividade tende a acarretar, como consequência, uma certa impossibilidade, para a razão iluminista, de evitar a arrogância, a autossuficiência, reconhecendo a cada passo seus limites e cultivando a crítica e a autocrítica. Se a consciência dos iluministas contemporâneos não se reconhecer, em momento algum, como palco de dramas ideológicos, ela já estará infiltrada pela ideologia que a leva a negar-se a si mesma em sua dimensão efetivamente subjetiva e ficará atrelada a uma objetividade que inviabilizará a tarefa que Rouanet lhe atribui: a de criticar "todas as ideologias".

Além de Maurício Tragtenberg, de Roberto Schwarz e de Sergio Paulo Rouanet, não podemos deixar de registrar a contribuição trazida à reflexão brasileira sobre a questão da ideologia por Marilena Chaui.

Marilena Chaui

Marilena é, provavelmente, quem tem dedicado entre nós maior atenção à questão de que nos ocupamos. Ela é filósofa, autora de um pequeno livro introdutório que teve grande sucesso e também autora de diversos ensaios que abordam o tema, refletem sobre o conceito e o aplicam ao exame de problemas da cultura brasileira.

Marilena se mostra permanentemente atenta para o fato de que, na concepção de Marx, a ideologia está ligada à divisão social do trabalho, à luta de classes, à separação entre o trabalho intelectual e o trabalho material. Na sociedade dividida em classes antagônicas, o trabalho intelectual tende a se conceber, distanciado do trabalho material, como uma atividade inteiramente autônoma, que produz ideias abstratamente universais, necessariamente válidas para todos os grupos e para todos os indivíduos.

Essas ideias não se deixam reduzir a meras mistificações armadas por pessoas pérfidas: nelas, embora distorcidos, se encontram elementos de conhecimento. O principal problema com tais ideias está no fato de que elas já surgem comprometidas com a função de evitar que os indivíduos aprofundem a compreensão das condições históricas em que elas foram elaboradas. A ideologia sustenta a filósofa – "nunca pode explicitar sua própria origem" (Chaui, 1981, p. 114).

A ideologia nasce combinando tarefas de construção do conhecimento com a missão de dissimular as tensões e divisões que marcam a sociedade em que ela se desenvolve. Por isso, a ideologia promove uma inversão que consiste em "tomar o resultado de um processo como se fosse seu começo, tomar os efeitos pelas causas, as consequências pelas premissas, o determinado pelo determinante" (Chaui, 1981, p. 104).

Em um dos seus ensaios mais instigantes, "O discurso competente", Marilena escreveu que a ideologia é o modo como as pessoas representam para si mesmas a aparência do processo dos acontecimentos sociais, políticos e econômicos, e insistiu na constatação de que a aparência não é sinônimo de ilusão e falsidade.

A distorção ideológica não decorre do fato de a ideologia ser uma aparência, e sim do fato de ela estar mobilizada para "neutralizar a história, abolir as diferenças, ocultar as contradições e desarmar toda tentativa de interrogação" (Chaui, 1980, p. 5).

O trabalho da investigação, a laboriosa averiguação das mediações e a aventura do saber são escamoteados para que a dimensão histórica constituinte da práxis humana não seja reconhecida em toda a sua – perturbadora – extensão. "A ideologia teme tudo quanto possa ser instituinte ou fundador, e só pode incorporá-lo quando perdeu a força inaugural e tornou-se algo já instituído" (Chaui, 1980, p. 5).

Em outro ensaio, intitulado "Crítica e ideologia", Marilena diverge de Althusser, considerando ilusória a contraposição feita pelo filósofo francês entre ciência e ideologia, de tal maneira que a ideologia seria o discurso lacunar e a ciência seria o discurso pleno, capaz de preencher as lacunas. Para a filósofa paulista, a ideologia nunca poderia preencher suas lacunas (que são elementos essenciais da sua impossibilidade de ir até as últimas consequências naquilo que tem a dizer) e não cabe à ciência empenhar-se em preencher tais lacunas, porque com isso a ciência entraria no jogo da ideologia, que separa sujeito e objeto de modo a combiná-los de tal maneira que o sujeito fica atrelado a uma objetividade precon-cebida. Se nos dispuséssemos a preencher as lacunas da ideologia, afirma Marilena, "cairíamos também no engodo da objetividade", pois passaríamos a crer que dispomos de um discurso objetivo, em contraste com o discurso ideológico "não objetivo". E "quando a ciência tem a última palavra, ela se torna o lugar privilegiado da ideologia no mundo contemporâneo" (Chaui, 1980, p. 32).

No livro *Conformismo e resistência*, de 1986, a filósofa voltou ao tema da ideologia, caracterizando-a como "produção da uni-versalidade imaginária e da unidade ilusória numa sociedade que pressupõe, põe e repõe as divisões internas das classes" (Chaui, 1986, p. 21).

Nesse texto, Marilena Chaui concorda com o teórico inglês Raymond Williams na ideia de que o conceito de hegemonia, criado por Gramsci, "ultrapassa o conceito de ideologia". Por quê? Porque "envolve todo o processo social vivo percebendo-o como práxis, isto é, as representações, as normas e os valores são práticas sociais e se organizam como e por meio de práticas sociais dominantes e determinadas" (Chaui, 1986, p. 21). A hegemonia, "por ser mais do que ideologia, tem capacidade para controlar e produzir mudanças sociais" (Chaui, 1986, p. 22).

Tenho a impressão de que na perspectiva de Marilena podem ser discernidos dois movimentos diferentes.

Primeiro, temos o movimento derivado da convicção de que a crítica da ideologia não pode ser viabilizada por um discurso pretensamente científico, objetivo e não ideológico, e precisa ser promovida, ao contrário, por um discurso que "se elabora no interior do próprio discurso ideológico como um contradiscurso". Precisa, por conseguinte, ser realizada por um discurso crítico que não se pressupõe como *pleno*.

O segundo é o movimento que decorre da convicção de que o conceito gramsciano de hegemonia é mais amplo que o de ideologia, já que, remetendo-se à práxis, controla e produz mudanças sociais, ao passo que a ideologia se limita à esfera da consciência.

Parece-me que esse segundo movimento não corresponde inteiramente à força do primeiro.

Se não, vejamos. Tanto a ideologia quanto a hegemonia se inserem no espaço de um outro conceito ainda mais amplo e que pode ser considerado o conceito fundamental da filosofia de Marx: a práxis.

Na sua atividade, o sujeito humano responde a situações concretas que o limitam, que o condicionam, mas faz suas escolhas, toma suas decisões, assume os riscos de suas iniciativas. Para isso, precisa de motivações e de reflexões: sua consciência exige a teoria. A ideologia é o fenômeno que, nas sociedades dilaceradas pela divisão social do trabalho, interfere decisivamente no momento *teórico* da práxis.

Então, a ideologia se limita, de fato, à esfera da consciência. Nessa esfera que a limita, entretanto, ela não deixa de incidir sobre as mudanças sociais, práticas, dificultando-as, desvirtuando-as, impedindo-as, ou mesmo incitando à realização delas (na forma da *modernização conservadora,* por exemplo).

E a hegemonia? A hegemonia é uma mobilização de forças, um conjunto de ações, a afirmação da supremacia de um grupo social na direção moral e intelectual da sociedade, por meio da aceitação eficaz por parte da maioria (o *consenso*).

É claro que esse conjunto de ações necessárias à construção do *consenso* liga a prática à teoria e depende dessa ligação entre as duas. E não há dúvida de que essa concepção da hegemonia vem se mostrando extremamente fecunda para as reflexões, as análises e os esforços políticos dos marxistas, exatamente porque os tem levado a pensar concretamente problemas e possibilidades que enriquecem a compreensão da história para aqueles que se dispõem a fazê-la. A preocupação com a construção da hegemonia ajuda os marxistas tanto no plano teórico quanto no plano prático, na medida em que exige a conexão de ambos.

Contudo, não devemos esquecer que a ação é sempre ação; e a teoria da qual ela precisa é sempre teoria. A vigorosa conexão que as estimula mutuamente não as descaracteriza na especificidade de cada uma delas; não cancela as diferenças que existem em suas respectivas dimensões específicas.

A teoria de que necessita a ação não pode alimentar a presunção de chegar à prática na forma de um discurso *pleno,* pretensamente científico, objetivo, não ideológico (como adverte Marilena Chaui). Isso vale também, com certeza, para a teoria que se liga às ações de construção da hegemonia.

Em seu ineliminável momento teórico, portanto, a realização da hegemonia depende do encaminhamento dado à questão ideológica. E essa dependência justifica a minha convicção de que o conceito de ideologia, afinal, é mais abrangente do que o conceito de hegemonia.

PARTE II

15. IDEOLOGIA E LINGUAGEM

Um dos campos de observação mais ricos para o observador dos fenômenos ideológicos é, com certeza, o da linguagem.

Na nossa vida cotidiana, não temos tempo para nos debruçar com a devida atenção sobre os termos que utilizamos e não nos damos conta do fato de que eles *dizem* muito mais do que costumamos supor.

As palavras, as inflexões, o modo de construir as frases, cada uma dessas coisas tem sua própria história. Tanto em sua gênese quanto em seu emprego, os termos da linguagem põem a nu os *valores* das sociedades que os criaram e os mantêm vivos.

É na linguagem que esses *valores* expõem suas pretensões à universalidade e suas limitações particulares. É na linguagem que se revelam os movimentos da busca do conhecimento, das aspirações generosas, mas também os movimentos dos medos, dos desejos subterrâneos, dos preconceitos, das ambiguidades.

Não são necessárias as formas mais abstratas da teoria e as construções filosóficas para enxergarmos – empiricamente – manifestações de distorções ideológicas na linguagem. Alguns exemplos podem ilustrar com clareza essas manifestações. Recordemos alguns casos, um tanto aleatoriamente.

J. P. Machado, em seu *Dicionário etimológico*, lembra que os portugueses do século XVI, mobilizados no ímpeto da expansão colonial, consideravam insensatos aqueles que se revoltavam contra a dominação que lhes era imposta. Quando os habitantes das ilhas Molucas se rebelaram, em 1570, e mataram muitos colonizadores portugueses a pauladas, a consternação em Lisboa foi imensa. Foi então que os lusitanos passaram a usar uma palavra que designava os ilhéus como sinônimo de *loucos*: os *malucos,* termo derivado de Molucas. Em sua insegurança, os seres humanos têm encarado com aguda desconfiança os representantes de outras culturas. Os diferentes idiomas indicam, em algumas das suas expressões, a profundidade e a extensão do temor às diferenças. As palavras *estrangeiro* e *estranho,* em português, têm a mesma raiz. Os gregos chamavam de *bárbaros* aqueles que não falavam grego.

Na Roma antiga, os habitantes das cidades viam com maus olhos os homens do campo, considerados rudes, grosseiros; as casas situadas fora do perímetro urbano eram chamadas de *vilas* e com base neste termo surgiram *vilão* e *vilania.*

O povo sempre foi olhado com desprezo e com receio pelos de *cima.* As palavras que a elite usava para designá-la deixam transparecer a avaliação negativa: em latim, povo era *vulgus,* termo do qual deriva o adjetivo *vulgar.* Juntos, os homens do povo constituíam uma *turba* e a partir dessa palavra se formou o verbo *perturbar* e o substantivo *turbulência.* O próprio número dos elementos populares os tornava assustadores: o termo *multi* (muitos), que deu *multidão,* deu também *tumulto.*

Quando se deixavam ensinar (*docere*) e aprendiam as normas de conduta que lhes eram recomendadas pelos detentores do poder, os homens do povo eram elogiados, eram considerados *dóceis.* Quando, no entanto, insistiam em seguir preceitos próprios e divergiam dos princípios constituídos, eram comparados aos arados que saíam dos sulcos marcados pela charrua, quer dizer, eram acusados de *delirare*.

Se, por acaso, pediam algo (pedir em latim era *rogare*), os pobres eram tolerados, desde que se expressassem com humildade. Se, porém, ousavam reivindicar algo (em latim, reivindicar era *arrogare*), passavam a ser vistos como *arrogantes*.

Mas, justamente porque a linguagem possui uma ambivalência inelimínável – fruto da contradição entre o real inesgotável, infinito, e a necessidade de dizê-la adequadamente em termos finitos –, as palavras utilizadas por todos acolhem não só a marca dos critérios impostos pelos opressores como também, algumas vezes, a marca da resistência dos oprimidos.

A corte, ambiente do rei, deu origem tanto a *cortesia* (modo refinado de conduta exemplar) como a *cortesã* (mulher prostituída integrada à corte), e esta última palavra indica a condenação desse tipo de mulher por parte da opinião plebeia.

Outro exemplo: os termos *lucro* e *logro*, sintomaticamente, têm a mesma origem: a palavra *lucrum*, em latim. O parentesco sugere uma visão crítica por parte da massa dos consumidores, uma condenação implícita da conduta daqueles que se empenhavam em enriquecer desrespeitando direitos alheios.

Também em relação à esfera do Estado, pode-se notar a influência de uma atitude crítica por parte dos súditos em face da autoridade, refletindo-se no conteúdo significativo assumido por algumas palavras. O termo *ladrão*, por exemplo, deriva de *lateranus*, que era em latim a designação dos soldados que caminhavam *ao lado* do magistrado, zelando pela preservação da ordem e aproveitando para roubar os circunstantes.

O *Chamber's etymological dictionary*, edição de 1936, traz igualmente uma informação digna de nota: a palavra inglesa *danger* (perigo) derivou de um velho termo francês – *dangier* – e se referia ao direito absoluto do senhor feudal sobre o corpo de seus servos e de suas servas. É, sem dúvida, um caso no qual o sentido que prevaleceu reflete a percepção que os dominados tinham da situação: o que era a invocação de um direito para o detentor do poder era, claramente, um *perigo* para os subalternos.

Por mais interessantes que sejam as observações que podem ser feitas empiricamente, contudo, e por mais sugestivas que sejam algumas etimologias, a relação da questão da ideologia com a linguagem exige do observador um esforço teórico no sentido de desenvolver uma reflexão sobre a presença do ideológico na própria estruturação da linguagem, no sistema de funcionamento da linguagem.

Três dos pensadores abordados nas páginas precedentes deste livro desenvolveram importantes considerações teóricas sobre o nexo da ideologia com a linguagem, em geral: Walter Benjamin, Mikhail Bakhtin e Jürgen Habermas. Vamos nos deter um momento nas ideias desses três autores.

Benjamin atribuía uma significação decisiva à linguagem. Ele chegou a escrever que não há nada no mundo "que não participe, de algum modo, da língua" (Benjamin, GS, II, 1, p. 140). Por um lado, a realidade se expressa na língua, naquilo que podemos dizer sobre o real; por outro lado, o real só existe para nós na medida em que o conhecemos e conseguimos, ainda que canhestramente, dizê-lo.

Benjamin cita um antigo comentador da cabala, Abraham Abulafia, para sustentar sua convicção de que a redenção dos seres humanos depende do resgate das experiências que a humanidade viveu na sua origem, sobretudo da mais marcante de todas as experiências, que foi a da gênese da linguagem (cf. "No princípio era o Verbo").

A teoria benjaminiana da linguagem tem uma dimensão inequivocamente teológica. Para o pensador alemão existia a linguagem das coisas e a linguagem dos homens; a primeira era divina e a segunda a complementava. "A criação de Deus se completa" – escrevia ele – "no momento em que as coisas ganham o nome delas, dado pelo ser humano" (Benjamin, GS, II, 1, p. 144).

Enquanto permanece fiel ao espírito da linguagem das coisas, o ser humano as nomeia e participa de uma "revelação" delas, sem se comprometer com o uso predominantemente *comunicativo* das palavras. Benjamin se referia a isso quando falava na "linguagem adâmica", quer dizer, a linguagem de Adão ao dar nome às coisas.

Num dado momento, porém, o poder nomeador cedia lugar à expansão da função de comunicação. E o ser humano, segundo Benjamin, cometia "o pecado original do espírito linguístico" (Benjamin, GS, II, 1, p. 153).

Essas ideias foram desenvolvidas em 1916, num ensaio intitulado "Sobre a linguagem em geral e sobre a linguagem humana". Estão subjacentes ao ensaio "A tarefa do tradutor", de 1921. Jamais foram renegadas pelo ensaísta em suas obras posteriores. A partir da aproximação de Benjamin ao marxismo, entretanto, suas formulações foram submetidas a algumas complementações *corretivas,* a alguns reajustes.

Nos anos de 1930, a discussão a respeito da degradação da linguagem passou a girar menos em torno do pecado original do que ao redor da ascensão da burguesia ao poder e da organização da sociedade capitalista.

Benjamin passou a examinar características históricas que anteriormente deixava um tanto de lado. Dedicou maior atenção às diferenças internas que apareciam no próprio campo da comunicação. Em nenhum momento, contudo, abriu mão de sua convicção de que havia algo de essencial na dimensão nomeadora da linguagem, no poder que se manifesta na invenção dos nomes. Para ele, as linguagens *primitivas, sensoriais,* dispunham de um *tesouro* ao qual nós, atualmente, neste nosso mundo burguês, não chegamos a ter acesso.

De fato, de acordo com a análise benjaminiana, servimo-nos hoje de um instrumental conceitual refinado, de termos técnicos precisos e construções teóricas imponentes, mas não conseguimos deixar de nos estapear com dificuldades praticamente intransponíveis: ora nos sentimos perdidos na estratosfera rarefeita da abstratividade, ora desabamos e caímos no mais crasso empirismo.

Em 1935, exilado em Paris, Benjamin escreveu o ensaio "Problemas de sociologia da linguagem", manifestando uma aguda preocupação com os mecanismos teóricos e políticos que obscureciam a marca da luta de classes na linguagem. Com a generalização da produção para o mercado e com a avassaladora transformação tendencial de todas as coisas em mercadorias, a linguagem estava se impregnando cada vez mais de um utilitarismo e de um imediatismo quase irresistíveis: as frases nasciam para ter *serventia* imediata e as palavras constituíam meros instrumentos para promover o entendimento entre as pessoas num plano estritamente *funcional*. Deste modo, a "linguagem adâmica" estava sendo destruída pela lógica da propriedade privada e, especialmente, pelo fetichismo da mercadoria.

O capitalismo vive da quantificação. Para ele, todos os valores têm que se traduzir em preços, têm que ser medidos e ter mensurabilidade. Os valores intrinsecamente qualitativos carecem de um espaço próprio bem definido na dinâmica da sociedade. A ideologia dominante, impossibilitada de resolver esse problema de maneira convincente, prefere calá-lo e evitar que ele apareça. A linguagem, porém, é, por sua própria natureza, o nível da nossa existência onde *falamos* das nossas experiências, dos nossos problemas.

A linguagem, então, não poderia permanecer imune à *pressão* deformadora dessa ideologia, mas também não poderia deixar de reagir contra ela, em defesa de um valor intrinsecamente qualitativo – e incomensurável – que lhe é inerente: a busca permanente da expressão da dimensão *constituinte* da práxis humana (e não apenas da expressão do saber *constituído*).

Benjamin sustenta que na organização da sociedade burguesa a linguagem foi sendo forçada a se afastar de uma certa *magia* que tinha nas suas origens. As inovações terminológicas, sob o controle de critérios comunicativo-utilitários, foram sendo relegadas aos campos específicos das tecnologias, dos conhecimentos especializados e das atividades pragmáticas. E o uso mais livremente criativo das palavras ligadas aos sentimentos vividos e às tensões da subjetividade ficou mais ou menos relegado à espontaneidade das crianças ou à audácia da expressão dos poetas, dos artistas.

Mikhail Bakhtin tinha uma perspectiva diferente da de Benjamin. Para o crítico russo, a linguagem estava sempre sendo criada, tinha uma existência dinâmica, transformava-se continuamente, e o povo – a multidão dos falantes – desempenhava um papel absolutamente essencial nesse processo de criação permanente.

Bakhtin não ignorava a existência de pressões ideológicas conservadoras provocando distorções na linguagem. Sua avaliação dos estragos, contudo, é menos dramática que a do ensaísta alemão. As forças vivas dos sujeitos que reagem contra a *coisificação* da linguagem, a seu ver, não se concentram nas crianças e nos poetas, já que se encontram amplamente enraizadas na fala das camadas populares.

O fato de confiar nas energias das amplas camadas populares, considerando-as aptas para reagir contra a *coisificação* da linguagem, criava para Bakhtin facilidades maiores que as de Benjamin para acreditar nas possibilidades de mobilização democrática e de ação emancipadora por parte das massas. Contudo, essa mesma confiança trazia com ela um risco, sobre o qual Gramsci já havia feito uma incisiva advertência: o risco de superestimação da capacidade de resistência do povo contra as distorções ideológicas (e, paralelamente, o risco de subestimação do poder deformador que a ideologia dominante conservadora exerce sobre os de *baixo*).

Bakhtin resgatou elementos *plebeus* que costumavam ser sistematicamente desqualificados pelos analistas que estudavam a cultura popular. E os resgatou também no âmbito da linguagem. Os palavrões, por exemplo, são reconhecidos e apreciados por ele como contribuições "à criação de uma atmosfera de liberdade" (Bakhtin, 1970, p. 26).

Enquanto intelectuais tão importantes como Voltaire, La Bruyère e George Sand manifestavam repulsa ante o que lhes parecia grosseiro e vulgar na obra de Rabelais, Bakhtin sublinhou nos escritos do autor de *Gargantua* e *Pantagruel* o vigor da saudável transgressão, a quebra positiva de tabus linguísticos e o fecundo aproveitamento da riqueza e da heterogeneidade do vocabulário da "praça pública".

Em sua reavaliação das extraordinárias potencialidades da cultura popular, Bakhtin promoveu, igualmente, significativa revalorização do riso, da comicidade. O riso – observou – nunca se deixa absorver inteiramente pelo discurso "oficial". O riso desempenha papel decisivo ao impedir que as expressões ideológicas sérias se estratifiquem, se sedimentem e *congelem,* quer dizer, evita que o *sério* se imponha com prepotência e desrespeite sem contestação o permanente inacabamento da realidade, tal como esse inacabamento se manifesta na vida cotidiana.

Em seu entusiasmo pela vitalidade da cultura popular e pela importância da comicidade, Bakhtin chega, em alguns momentos, a sustentar uma concepção do riso marcada por certa unilateralidade. Não que o crítico russo ignore ou negue a ambivalência do riso: ele escreveu, com todas as letras, que o riso era ambivalente, porque simultaneamente negava e afirmava, isto é, era ao mesmo tempo explosão de alegria e sarcasmo ou deboche. No entanto, esse reconhecimento da ambivalência, na perspectiva de Bakhtin, permanecia parcial, insuficiente, porque acabava por ceder à pressão do entusiasmo, que atribuía ao riso um caráter muito acentuadamente representativo das virtudes das massas populares.

Bakhtin chega a escrever que "a violência não conhece o riso" (Bakhtin, 1992, p. 374). Comparando o riso com a irritação, a cólera e a indignação, acusa-as de unilaterais, de separar e excluir aqueles contra os quais elas se dirigem, ao passo que o riso une. E conclui com esta afirmação surpreendente: "O riso só pode unir, não pode separar" (Bakhtin, 1992, p. 374).

Essa dificuldade evidente de admitir que determinadas formas de riso são compatíveis com a violência e também provocam separações entre seres humanos talvez resulte da convicção bakhtiniana de que por trás do riso está um sujeito – o povo – que é quem de fato vence a luta contra a *coisificação* da linguagem.

O alemão Jürgen Habermas teria algumas objeções a essa convicção. Não por alguma ojeriza aristocrática ao povo, mas por força de uma firme convicção defendida por ele no plano da teoria do conhecimento.

Habermas se opõe com firmeza à tendência de tipo *positivista* que insiste na pretensão de lidar com sujeitos humanos como se fossem "coisas", analisando-os com perfeita *objetividade.* No entanto, o que ele contrapõe a essa tendência não é uma concepção baseada em sujeitos individuais ou em subjetividades coletivas. A seu ver, o sujeito – seja ele o líder carismático, o *herói,* a classe ou o *povo* – não é um bom fundamento epistemológico para uma teoria que pretende entender o movimento da realidade social. Se partirmos do sujeito, não conseguiremos superar certo subjetivismo.

Para Habermas, então, a base capaz de nos proporcionar a possibilidade de compreender com alguma objetividade (não coisificada) a nossa realidade, isto é, a realidade social, é – ele sublinha – a *intersubjetivida*de.

Nós, sujeitos, nos *constituímos* na interação. A dinâmica das relações que mantemos uns com os outros precede a dinâmica das nossas subjetividades individuais. E a chave que nos abre a possibilidade de compreender a inserção da dinâmica das subjetividades na dinâmica da intersubjetividade (da interação) é a linguagem.

No processo de *desvelamento* da realidade (que os gregos chamavam *alethéa*), a linguagem deve ser reconhecida como o meio simbólico essencial pelo qual o real pode ser conhecido. É na linguagem que podemos efetivamente tomar consciência do nosso ser e do ser do mundo.

Habermas está atento para o fato de que a linguagem constitui o contexto objetivo que permite a compreensão das ações sociais, mas o constitui sempre em conexão com o trabalho e o exercício do poder, quer dizer, a dominação de seres humanos uns pelos outros.

Em sua polêmica contra as pretensões da hermenêutica, Habermas acusa Gadamer de subestimar a importância das distorções que ocorrem no plano da linguagem ordinária, da comunicação cotidiana, da "linguagem perturbada", o que traria como consequência certo menosprezo pela psicanálise e pela crítica das ideologias.

Para Habermas, é inaceitável o pressuposto idealista de que "a consciência linguisticamente articulada determina o ser material da práxis vital" (Habermas, 1987, p. 23). Em sua materialidade, a práxis incide sobre a consciência dos falantes e interfere decisivamente na fala deles.

Tanto a psicanálise quanto a crítica das ideologias (de inspiração marxista) abordam situações nas quais os falantes, no uso da linguagem corrente, dizem coisas que não correspondem a suas intenções. E a hermenêutica de Gadamer não se mostra preparada para aproveitar o que tais situações podem revelar.

O próprio Habermas, contudo, enverta por um caminho que não lhe deixa muito espaço para o aproveitamento das contribuições propiciadas pelas fontes que a hermenêutica é acusada de desprezar. Quando procura esclarecer como se daria o avanço da humanidade em direção à "situação ideal de fala" e à sociedade "isenta de dominação", ele é levado a atribuir um poder decisivo à dinâmica interna da linguagem, que de algum modo parece superar, por si mesma, as eventuais complicações apontadas pela psicanálise e pela crítica marxista das ideologias.

Nas observações feitas pelos três pensadores – Benjamin, Bakhtin e Habermas – podem ser, sem dúvida, encontrados elementos preciosos para uma reflexão sobre as relações entre a questão da ideologia e a linguagem.

Nos três se manifesta uma percepção agudamente dialética da infinitude do real, da irredutibilidade do real ao saber e da consequente impossibilidade de se eliminar da linguagem a ambiguidade, que decorre de uma permanente abertura para a inesgotabilidade do campo daquilo que em princípio pode ser dito.

Por que as ambiguidades da linguagem são inelimináveis? Os linguistas se empenham, incansavelmente, em formular com precisão as leis que regem os fenômenos linguísticos. Os gramáticos se esforçam para definir as regras e delimitar o espaço das exceções. Mais cedo ou mais tarde, entretanto, acabam sendo forçados a reconhecer que a vida da linguagem, na sua riqueza aparentemente caótica, desborda de todas as explicações e ultrapassa as fronteiras das áreas científicas em que se pretende analisá-la.

Como o movimento da realidade é infinito, o movimento do discurso sobre ela jamais poderá construir uma ordem *acabada,* uma totalidade *fechada,* um sistema *definitivo,* completamente feito em si mesmo (etimologicamente: *per feito*).

Na linguagem reconhecemos a realidade constituída, mas nos defrontamos ao mesmo tempo com a realidade que ainda não foi criada e que nós mesmos estamos inventando.

De fato, a linguagem nos ensina tanto a aproveitar o patrimônio adquirido quanto a reconhecer e apreciar o charme do inacabado, a magia da inovação, o encanto do imprevisível, a sedução da passagem do impossível ao possível.

Essa, aliás, é uma das razões pelas quais a linguagem exerce um antigo fascínio sobre os seres humanos. Ela não é só o meio pelo qual nos comunicamos e nos expressamos; é também, decisivamente, um elemento constitutivo do que somos. Uma revelação – sempre surpreendente – de como somos e como podemos nos tornar.

A linguagem é um pré-requisito para que uma comunidade tome consciência da sua identidade; e é um pré-requisito para que cada indivíduo tome consciência de si, de sua personalidade (tanto da sua singularidade quanto da sua universalidade, quer dizer, daquilo que nele pode ser compreendido pelos outros).

Compreende-se, então, que a reflexão filosófica sobre a linguagem tenha atraído tantos filósofos importantes, desde Sócrates e Platão até Benjamin, Bakhtin e Habermas.

É na linguagem, certamente, que se acham as chaves para a compreensão de alguns dos aspectos mais significativos da questão da ideologia. Benjamin nos chamou a atenção para alguns deles. Bakhtin iluminou outros. E Habermas, com sua teoria da "razão comunicativa", nos ajuda a refletir mais profundamente sobre o papel do trabalho e o papel da linguagem na *humanização* do ser humano.

No entanto, não podemos ignorar o fato de que a linguagem, embora seja uma esfera absolutamente essencial do modo de existir característico do ser humano, aponta, inevitavelmente, para uma realidade que a abrange, que a envolve, que a inclui, que é maior do que ela. A fala pressupõe os seres falantes, o discurso pressupõe criaturas que discorrem sobre algo, e a realidade dos seres materiais existentes, vivos, contraditórios, precede a possibilidade da linguagem.

A própria linguagem nos põe diretamente diante da contradição mais evidente: a dela mesma. Sua capacidade infinita de se desenvolver é acompanhada de uma curiosa capacidade de dizer seus limites.

Isso fica claro no famoso *paradoxo da linguagem*, aquele pelo qual ela nos remete implacavelmente a uma realidade que vai além de seus domínios.

O paradoxo se apresenta na frase "estou mentindo". Se ela for verdadeira, isto é, se eu estiver efetivamente mentindo, estarei dizendo a verdade (então a afirmação de que "estou mentindo" será falsa porque verdadeira). Se, contudo, a frase for falsa, então, por confessar sua falsidade, estarei dizendo a verdade (e, portanto, a afirmação será verdadeira porque falsa).

O *paradoxo da linguagem* nos ajuda a perceber, então, que a questão da ideologia não pode ser efetivamente resolvida no âmbito exclusivo da linguagem.

16. OBJEÇÕES À IDEOLOGIA

Ricoeur

Embora seja utilizado por diversos autores não marxistas, o conceito de ideologia que prevalece hoje nas abordagens dos problemas da relação entre a construção do conhecimento e as condições sociais em que o conhecimento é construído ainda é, certamente, o conceito marxista.

E ainda podemos acrescentar: a importância assumida pelo conceito marxista de ideologia pode ser reconhecida mesmo por meio de alguns dos questionamentos que determinados autores lhe fazem.

Uma das críticas mais interessantes feitas ao conceito marxista de ideologia, por exemplo, foi desenvolvida por Paul Ricoeur, em seu livro *Interpretação e ideologias* (Ricoeur, 1990). Apoiado numa proposta de decodificação hermenêutica do universo dos signos, Ricoeur examinou a poderosa marca que o marxismo imprimiu à concepção da ideologia e observou que, nas coisas práticas e políticas, o grau de verdade a que os seres humanos podem aspirar não parece ser compatível com uma rígida contraposição do científico ao ideológico e depende, antes, da "procura de uma relação intimamente dialética entre ciência e ideologia" (Ricoeur, 1990, p. 66).

A ideologia padece sempre de limitações e unilateralidades em sua compreensão da realidade. "Toda ideologia é simplificadora e esquemática" (Ricoeur, 1990, p. 69). Epistemologicamente, a ideologia está próxima daquilo que os gregos caracterizavam como *opinião* (*doxa*), uma posição baseada, na melhor das hipóteses, num critério de probabilidade ou numa conveniência argumentativa. "É por isso que ela se exprime preferencialmente por meio de máximas, de *slogans,* de fórmulas lapidares" (Ricoeur, 1990, p. 69).

Embora seja uma "instância não crítica" e tenha um estatuto "não reflexivo" e "não transparente", a ideologia corresponde a importantes necessidades práticas dos diferentes grupos sociais. Ricoeur chamou a atenção para o fato de que a ideologia, para esses grupos, funciona não só como reflexo da realidade (tal como eles a percebem), mas também como justificação e projeto. Ela é, ao mesmo tempo, "interpretação do real e obturação do possível" (Ricoeur, 1990, p. 71).

Certas tomadas de consciência só podem se verificar por meio de um código ideológico. Nenhum indivíduo e nenhum grupo podem desenvolver uma reflexão *total* e tematizar tudo como objeto de pensamento. A ideologia, então, desempenha um papel essencial na integração, na constituição de cada grupo, atendendo à sua demanda por uma representação simbólica própria.

Cada grupo, contudo, como a sociedade como um todo, tem também suas tensões internas, suas contradições. E na hora da tomada de decisões não pode deixar de aparecer o fenômeno da dominação, o exercício da autoridade. A ideologia, então, não pode deixar de assumir também, ao lado da sua função integradora, a dimensão da dissimulação, o caráter de distorção.

O que Marx fez, segundo Ricoeur, foi vincular essa dimensão do fenômeno ideológico a uma situação prática real, na qual a organização da produção material está baseada numa *inversão* imposta aos produtores (sujeitos comandados pelas exigências do mundo dos objetos-mercadorias), e isso acarreta uma *inversão* estrutural ao sistema da produção espiritual (à produção de conhecimentos e representações).

A pergunta que Ricoeur faz é a seguinte: "Existe um lugar não ideológico, de onde seja possível falar cientificamente da ideologia?" (Ricoeur, 1990, p. 75). A resposta é: não. Outra pergunta, então, é formulada: o que podemos fazer da oposição entre ciência e ideologia? Devemos pura e simplesmente renunciar a ela? Mas, ainda neste caso, a resposta de Ricoeur acaba sendo negativa.

Apoiando-se em Mannheim, o autor de *Interpretação e ideologias* se declara convencido de que as ciências humanas não podem ser inteiramente separadas da ideologia. Divergindo dele, no entanto, Ricoeur rejeita a ideia de uma "visão total" ou de uma "compreensão do todo" como fundamento de uma genuína superação científica das limitações ideológicas.

Na medida em que *pertencemos,* em geral, cada um de nós, a uma cultura particular, a uma determinada história, a uma classe social, a ideologia assume inevitavelmente uma função mediadora nas nossas representações da realidade e constitui uma espécie de pré-compreensão. Contudo, na própria dinâmica do aprofundamento dessa pré-compreensão, o sujeito cria um certo *distanciamento* em relação ao seu objeto e, afinal, em relação a si *mesmo*. Surge, assim, a possibilidade de uma crítica da ideologia. E, mais adiante, a possibilidade de que essa crítica venha a se organizar como um saber.

Esse saber – acrescenta Ricoeur – nunca pode se tornar total: "Sua *não completude* se funda hermeneuticamente na condição original e intransponível" (Ricoeur, 1990, p. 93) pela qual ele permanece preso pelo próprio processo do "distanciamento" ao *pertencimento* existente no ponto de partida.

Sobre o bom uso do saber que viabiliza a crítica das ideologias, escreve Ricoeur:

> O saber está sempre em via de se arrebatar à ideologia, mas a ideologia sempre é aquilo que permanece a grelha, o código de interpretação, mediante o qual não somos intelectuais sem amarras e sem pontos de apoio, mas continuamos sendo transportados por aquilo que Hegel chamava de 'a substância ética [*Sittlichkeit*]'. (Ricoeur, 1990, p. 94)

Impõe-se o reconhecimento da pertinência das preocupações de Ricoeur. Sua perspectiva procura dar conta da insuperável ilusão ideológica que consiste em supor que o conhecimento científico elimina a distorção ideológica (não é isso que se constata na história das ciências) e, simultaneamente, procura dar conta da necessidade de se conferir uma boa fundamentação científica à crítica da ideologia, transformando-a num verdadeiro *saber*.

Não se pode deixar de reconhecer, igualmente, a procedência das suas observações sobre a *incompletude* do nosso conhecimento, ligada à inesgotabilidade do real, à sua irredutibilidade ao saber. E é inegável o interesse de sua abordagem das tensas relações entre a singularidade de indivíduos "pertencentes" a condicionamentos particulares e a universalidade almejada que insiste em nos escapar.

A divergência essencial que se manifesta no confronto do ponto de vista fenomenológico de Ricoeur com o ponto de vista dialético é aquela que gira em torno da *totalização*. Do ângulo de Marx, o sujeito da práxis sempre *totaliza:* para poder transformar o mundo e transformar-se a si mesmo, o sujeito intervém como força constituinte na ordem constituída; e a sua atividade depende de escolhas, opções, que exigem dele a cada passo uma avaliação global – ainda que provisória – da situação com que se defronta.

Ricoeur tem boas razões para desconfiar da "visão total" ou da pretensão de compreender "o todo". De fato, é nessa pretensão que os pensadores dialéticos mais facilmente cedem à tentação de pressupor um saber escandalosamente maior do que aquele que efetivamente lhes é acessível. No entanto, a saudável desconfiança em face dos procedimentos totalizantes não é suficiente para nos convencer a descartá-los.

Como recriar toda a fecundidade crítica do conceito de práxis, no caso de abandonarmos a totalização, esse elemento fundamental da própria estrutura da atividade pela qual os sujeitos se afirmam – se realizam – no mundo?

O conceito de ideologia, como Marx o propôs, apresenta em sua operacionalização numerosos e complexos problemas, conforme este livro tem procurado mostrar. No entanto, ele tem a característica – fundamental – de não se deixar desvincular jamais de uma exigência de busca da ação transformadora eficiente, capaz de se aprofundar e de questionar revolucionariamente a própria estrutura da sociedade, o *todo*. O desafio que a perspectiva de Marx enfrenta é o de – como disse Walter Benjamin – romper a "tirania do sempre igual". É o de evitar que se repita uma história opaca feita pelos opressores vitoriosos e criar condições para que se passe a fazer uma história radicalmente nova, que corresponda às aspirações libertárias dos oprimidos.

Renunciando ao esforço da totalização (que em última análise devem saber que é sempre frustrante), os continuadores da luta travada por Marx não estariam aceitando implícita ou explicitamente uma redução amesquinhadora do anseio revolucionário a um programa de reivindicações setoriais e pequenas reformas?

É claro que a visão do todo – que, por sua própria natureza, é inevitavelmente precária – pode sempre ensejar ilusões e jamais poderá assegurar, por si mesma, a desejada transformação radical. Mas, do ângulo de Marx, as consequências da renúncia pura e simples à totalização devem ser consideradas ainda mais graves do que os equívocos dogmáticos dos que acreditam ter alcançado o conhecimento do todo.

Se, em face de um mundo que se apresenta como um conjunto caótico ao nosso olhar, concluímos que só podemos apreendê-lo

180 • A QUESTÃO DA IDEOLOGIA

fragmentariamente, então estamos, de algum modo, nos acumpliciando com a fragmentariedade do real, tal como ela foi instaurada pela ação dos detentores do poder na história das gerações que nos precederam. Resignação – quer a gente reconheça isso ou se recuse a admiti-lo – é conivência. Se declaro que não há maneira de promover modificações substantivas na situação existente, estou contribuindo para legitimar a referida situação e correspondendo aos interesses básicos daqueles que se beneficiam dela.

Outras objeções ao conceito de ideologia aparecem formuladas por diversos teóricos. A título exemplificativo, vamos nos deter um momento nas posições assumidas por dois pensadores muito influentes: o sociólogo Pierre Bourdieu e o filósofo Michel Foucault, ambos franceses.

Bourdieu

O sociólogo Pierre Bourdieu, pensador francês muito combativo, assume com grande desenvoltura – tanto na teoria quanto na prática – posições resolutamente de esquerda. Seu inconformismo é extremamente vigoroso, sua rebeldia é radical.

Bourdieu diz que se espanta com o fato de que a ordem do mundo, tal como está constituída, se perpetue com tanta facilidade; e se surpreende com o fato de que essa ordem não dê ensejo a "um número maior de transgressões ou subversões, delitos e 'loucuras'"(Bourdieu, 1999, p. 7).

Em seu ensaio *A dominação masculina,* o sociólogo francês caracteriza a imposição de uma visão androcêntrica à sociedade como "uma forma de violência simbólica, violência suave, insensível, invisível a suas próprias vítimas", que no caso são as mulheres (Bourdieu, 1999, p. 7). Essa violência simbólica não precisa recorrer a discursos que tenham o objetivo de legitimá-la, pois consegue prevalecer graças à impressão generalizada de que ela é *normal.* "Salvo uma revolta subversiva que conduza à inversão das categorias de percepção e de avaliação, o dominado tende a assumir a respeito de si mesmo o ponto de vista dominante" (Bourdieu, 1999, p. 144).

Como lidar com essa violência simbólica? Bourdieu adverte que não tem sentido atribuir um papel importante a "fatores que decorrem da ordem da representação mais ou menos consciente e intencional" (Bourdieu, 1999, p. 18). E logo explicita, entre parênteses: "('ideologia', 'discurso' etc.)".

O sociólogo não gosta do conceito de ideologia, tal como Marx o elaborou. Prefere trabalhar com outro conceito, de sua própria criação, que ele chama de *doxa* (cujo sentido não é idêntico ao do termo usado pelos antigos gregos). O conceito marxista é considerado por Bourdieu tributário da filosofia cartesiana, já que se impõe a obrigação de adotar como referência representações *verdadeiras,* para com base nelas criticar representações *falsas.* Promove uma "vigorosa clivagem entre o cientista e os outros".

O cientista, então, com base nessa concepção, desqualifica o outro, em termos típicos da arrogância de quem se sente – aristocraticamente – de posse de um vultoso "capital cultural". A desqualificação do ponto de vista *ideológico* do outro leva a uma superestimação da capacidade da consciência, leva a uma subestimação da transmissão pela materialidade dos corpos dos efeitos ideológicos.

O conceito de *doxa* evita que as atividades concretas dos homens, reconhecidas em sua provisoriedade, apareçam como mais do que efetivamente são; evita que elas sejam apresentadas sempre como consequências de opções conscientes, decisões tomadas por sujeitos. Numa entrevista concedida a Terry Eagleton, Bourdieu diz: "O mundo social não funciona em termos de consciência; ele funciona em termos de práticas, mecanismos e assim por diante" (*in:* Zizek, 1996, p. 268).

Os marxistas poderiam retrucar que essas práticas, esses mecanismos, essas atividades nas quais o papel da consciência se torna secundário são *atividades de um sujeito humano empobrecido, situadas aquém da práxis.*

É a atividade consciente, do sujeito que toma iniciativas, faz escolhas e tem o poder de agir de forma surpreendente, que constitui a ação histórica transformadora, a práxis pela qual o homem se cria a si mesmo. Posta de lado a função decisiva da consciência, a práxis deixa de se distinguir das atividades mecânicas, repetitivas.

Bourdieu parte de uma aguda percepção crítica do equívoco de uma perspectiva voluntarista, que privilegia os fatores subjetivos nas ações históricas, porém se inclina de tal modo na direção oposta que chega a reduzir os fatores subjetivos a elementos meramente complementares dos movimentos objetivos da sociedade.

Foucault

Michel Foucault é outra expressão vigorosa da esquerda não marxista. Sua proposta é a de uma "insurreição" nos saberes, considerados – todos – provisórios. Para empreender essa "insurreição", o filósofo francês se serve de uma "arqueologia do saber", destinada a ajudá-lo no estudo de uma "genealogia do poder".

Nas nossas sociedades, ele constata a existência de uma "mecânica polimorfa" que impõe subordinações e cerceamentos múltiplos e sutis, criando uma multidão de "sujeitos sujeitados". E, em suas observações sobre a "microfísica do poder", ele aponta exemplos de "sujeições": "a da criança ao adulto, da prole aos pais, do ignorante ao erudito, do aprendiz ao mestre, da família à administração pública".

Foucault critica no marxismo uma concepção de poder centralizada no que ele chama de "finalidade econômica", concepção segundo a qual o poder, no essencial, corresponde à demanda do crescimento das forças produtivas e às pressões das relações de produção. Para o autor de *Em defesa da sociedade,* essa visão é estreita, porque, de fato, o poder circula "como uma coisa que só funciona em cadeia", em interligação, em rede (Foucault, 1999).

Os indivíduos não se defrontam com o poder: são frutos dele. O poder – adverte o filósofo – transita pelo corpo dos indivíduos e os forma. Não se pode deduzi-lo a partir de um centro e pretender caracterizá-lo no movimento de sua irradiação.

Segundo Foucault, o conceito de ideologia elaborado por Marx se fixa em determinadas formas de poder, no âmbito do exercício da soberania, na esfera estatal, deixando de lado modalidades de coerção que contribuem para fazer da política a "continuação da guerra por outros meios".

O autor da *Microfísica do poder* faz uma série de restrições ao conceito marxista de ideologia:

> A noção de ideologia me parece dificilmente utilizável por três razões. A primeira é que, queira-se ou não, ela está sempre em oposição virtual a alguma coisa que seria a verdade. Ora, creio que o problema não é de se fazer a partilha entre o que num discurso releva da cientificidade e da verdade e o que relevaria de outra coisa; mas de ver historicamente como se produzem efeitos de verdade no interior de discursos que não são em si nem verdadeiros nem falsos. Segundo inconveniente: refere-se necessariamente a alguma coisa como o sujeito. Enfim, a ideologia está em posição secundária com relação a alguma coisa que deve funcionar para ela como infraestrutura ou determinação econômica, material etc. (Foucault, 1979, p. 7)

Haveria muito que dizer sobre essas restrições. Antes de mais nada, pode-se considerar que, embora tenha manifestado acentuada má vontade em relação ao conceito, Foucault deu importante contribuição à abordagem pioneira de fontes de distorções ideológicas que ainda não foram suficientemente analisadas. Sua obra nos ajuda a pensar as contradições que se manifestam no exercício dos poderes que existem fora da esfera estatal e nos alerta para a necessidade de aprofundarmos o exame das distorções ideológicas provocadas por essas contradições.

É possível que a repulsa à ideia de uma *infraestrutura* (termo que não se encontra em Marx) ou de uma *determinação econômica, material,* seja uma repulsa derivada não da leitura de Marx, mas da leitura de alguns marxistas. Marx, ao contrário do que supunha seu genro, o bravo Paul Lafargue, não era um teórico do *determinismo econômico.* E o fato de ele reconhecer o condicionamento da construção do conhecimento em ligação com a ação dos homens, e entender que essa construção é condicionada pela base material da organização da sociedade, não significa que ele ignorava o momento essencial de liberdade nas aventuras & desventuras do conhecimento (e de suas distorções).

Foucault é levado a ver na concepção marxista de ideologia uma "posição secundária" em relação a algo como uma "infraestrutura" porque rejeita a ideia de *sujeito. Descartado o sujeito, perde sentido a ideia de práxis e se torna perfeitamente dispensável a noção de ideologia.*

Sem dúvida, não é casual que a dicotomia sujeito/objeto venha sendo questionada nos últimos tempos por diversos filósofos, entre os quais se inclui o inquieto Foucault. Como também não é casual que o conceito de *verdade* venha sendo considerado insatisfatório por vários pensadores contemporâneos. Conceitos de enorme abrangência, como esses, estão sujeitos a um desgaste permanente (que pode se acelerar) e precisam ser reexaminados com novos olhares críticos.

Em que medida a corrosão ainda está sob controle e os conceitos podem ser revitalizados e a partir de que ponto eles precisam ser postos efetivamente de lado são questões para as quais não há respostas prévias fornecidas por nenhuma doutrina. O que podemos assegurar é o que nos ensina o poeta Baudelaire: *On ne détruit réellement que ce qu'on remplace* [só se destrói realmente o que se substitui]. E até agora não se inventou nada que tenha substituído com vantagem a ideia de *verdade* e a dicotomia sujeito/objeto.

A palavra *sujeito,* em sua origem latina, designava o sujeito *sujeitado.* Esse sentido ainda aparece no francês *sujet* (súdito) e no inglês *subject* (assunto, objeto de um trabalho). Já no século XIV, entretanto, *subjectus* é um termo empregado em contraposição a *objectus*. Nos séculos mais recentes, *sujeito* dá conta, cada vez mais, daquele que pratica a ação, o agente de uma intervenção na realidade. Esse sujeito, sem dúvida, é amplamente "construído" (como insiste Foucault). No entanto, ele também é, perturbadoramente, agente de sua própria construção. Ele nos põe diante de uma questão para a qual não temos uma resposta cabal e definitiva: de onde vem o seu poder – limitado, porém real – de criar-se a si mesmo, fazendo suas próprias escolhas?

Foucault paga o preço do seu pioneirismo e descarta cedo demais a questão da ideologia. Enterra a *verdade* e tenta substituí-la pelo *efeito de verdade,* sem que se perceba exatamente qual é o proveito extraído da mudança. Arquiva o *sujeito* e nem por isso consegue avançar na compreensão da história.

Sua análise das formas não estatais do exercício do poder contém observações argutas, extremamente instigantes, mas faz aparecer um problema cuja complexidade e importância política não devem ser subestimadas: como as forças transformadoras comprometidas com a democratização da sociedade poderão combater, além dos focos de resistência à mudança situados no âmbito do Estado, essas múltiplas modalidades de exercício do poder que são encontráveis difusamente por toda parte?

Como Foucault enfrenta essa questão? Ao propor uma nova postura política sem concretizá-la, sem encaminhá-la de forma programática, sem inseri-la numa ação coletiva organizada, limitando-a, portanto, à incitação à rebeldia, o filósofo corre o risco de dar ensejo a que seu pensamento seja – *ideologicamente* – utilizado para, em vez de multiplicar os ataques ao conservadorismo autoritário, desviar energias dos combatentes que travam a guerra da política na esfera estatal, enfraquecendo-os em seus combates, sem lhes oferecer em contrapartida a participação em batalhas imediatamente tão importantes.

A assimilação do conceito de ideologia, em sua dimensão problematizadora, talvez pudesse contribuir para levar Foucault a cotejar suas ideias com o uso político delas, incitando-o a redimensionar as formulações teóricas feitas a partir de suas ousadas descobertas e a enfrentar o desafio de colaborar para ações que, sem deixar de ser rebeldes, possam resultar em modificações politicamente revolucionárias.

17. IDEOLOGIA E PÓS-MODERNISMO

Apesar das reiteradas críticas que têm sido feitas às concepções que são construídas com base na linguagem, atribuindo-lhe uma função que vai além de seus limites, tais concepções reaparecem sempre, com sintomática persistência.

Nas circunstâncias atuais, que se constituíram no final do século XX, o fenômeno assumiu formas bastante diversificadas. Com o desenvolvimento da informática, um número crescente de indivíduos está passando a se comunicar com os outros por meio de computadores e se servindo de uma nova linguagem. São pessoas que *navegam* na internet, abrem *janelas* e fazem *links*.

Essas pessoas compõem textos que estão em contínua produção, vivem em autossuperação, sofrem constantes mudanças e são intrinsecamente multilineares: os chamados *hipertextos*.

A *hipertextualidade* e a *cibercultura* contribuíram para que novas questões se apresentassem no caminho da filosofia da linguagem.

No âmbito do chamado *pós-modernismo,* voltou a ser pensada a centralidade da linguagem. E dessa vez em ligação explícita com uma recusa dos temas da filosofia da história de inspiração marxista.

Os filósofos ditos *pós-modernos* se mostram absolutamente convencidos de que, hoje, seria completamente absurda a disposição de um pensador que adotasse a definição de verdade dada por santo

Tomás de Aquino: *adaequatio rei ac intellectus,* a adequação entre as coisas e a inteligência. Mas o *pós-modernismo* não se limita a rejeitar a ontologia de santo Tomás: ele repele a perspectiva ontológica em geral. Especialmente a ontologia da história.

De fato, generalizou-se acentuada desconfiança em programas teóricos tidos como presunçosos e esquemas conceituais considerados prepotentes. Muitos exigem que toda construção teórica seja submetida à mediação de aplicações práticas a objetivos contingentes, em operações capazes de flexibilizá-la e conferir-lhe dimensões modestas.

A perspectiva dos *modernos* – representantes da cultura e do pensamento mais avançados que se desenvolveram a partir, sobretudo, do século XIX – era uma perspectiva comprometida com o reconhecimento da *mobilidade* essencial, que abrangia tudo, porém ainda podia ser dominada por quem lhe apreendesse o *sentido.*

Os *pós-modernos* se dispõem a abandonar as *ilusões* alimentadas pelos *modernos.*

Os temas dos autores *pós-modernos* abrangem desde a exacerbação da autonomia dos indivíduos até a insensatez ou a vocação *totalitária* das utopias, passando pelo elogio do "pensamento fraco" (o *pensiero debole,* de Gianni Vattimo), pela declaração de "guerra à totalidade" e pela decretação do fim das "grandes narrativas", duas expressões famosas de Jean-François Lyotard.

Entre as "grandes narrativas" cuja extinção Lyotard anuncia estão a redenção cristã, o progresso iluminista, a unidade romântica, o racismo nazista, o equilíbrio keynesiano e – com ênfase especial – o socialismo clássico.

Jean Baudrillard sustenta que a *revolução* discutida pelos *modernos,* pretendida pelos socialistas clássicos, já aconteceu em toda parte, porém não ocorreu do modo como era esperada. O mercado, com sua dinâmica, prevaleceu com tanta eficiência que o proletariado se dissolveu; e, com ele, a luta de classes.

Estabeleceu-se enorme confusão, que se expressa por meio de uma caótica diversidade de tendências no espaço cultural. Somos levados a aceitar todas essas tendências com indiferença: "É porque suscitam em nós uma indiferença profunda, que podemos aceitá-las simultaneamente" (Baudrillard, 1990, p. 22). Acolhemos tudo: "De fato, nada mais provoca em nós aversão" (Baudrillard, 1990, p. 81).

Outros temas amplamente examinados pelos *pós-modernos* são o aumento vertiginoso da velocidade na vida cotidiana das pessoas e a importância das coisas contingentes e efêmeras. Mas uma atenção destacada, mesmo quando permanece implícita, é dedicada à falência da União Soviética e à gravidade dos problemas que se manifestaram nas experiências socialistas, em geral.

Reagindo ao colapso do Estado originalmente criado por Lenin, os campeões da *pós-modernidade* preconizam *desconstruções, desregulamentações* e *privatizações*. E repelem todo e qualquer discurso feito em nome ou em prol da coletividade.

Não há nenhum sujeito coletivo cuja ação, hoje, possa conferir algum sentido à história. Krishan Kumar descreve com eloquência o panorama, tal qual os *pós-modernos* o veem: "Não há, ou pelo menos não há mais, nenhuma força controladora e orientadora que dê à sociedade forma e significado – nem na economia, como argumentaram os marxistas, nem no corpo político, como pensaram os liberais, nem mesmo, como insistiram os conservadores, na história e na tradição" (Kumar, 1997, p. 113).

E Jean Baudrillard (1998), já citado anteriormente, em seu livro *O paroxista indiferente,* sustenta que a história sofreu um curto-circuito, por excesso de visibilidade. "As mentalidades, a vida cotidiana, a sexualidade, tudo foi historicizado. É então mais por excesso do que por rarefação que se perdeu o conceito e o sentido da história". Concluindo: "É porque tudo se tornou história que não é possível mais acreditar nela".

O mesmo Baudrillard extrai uma consequência que envolve diretamente o tema deste livro: a questão da ideologia. Para Baudrillard, a história não se refere mais a coisa alguma. Tudo é simulação, tudo é totalmente instantâneo. Vivemos cercados de objetos que são cópias de originais que se perderam ou então nunca existiram (os *simulacros*). Desfazem-se as fronteiras entre o virtual e o real. O real não se distingue mais do imaginário.

O que existe à nossa volta são signos e imagens. E – o que é mais importante – esses signos e imagens não têm sequer o poder de ser infiéis à realidade.

A questão da ideologia, então, tende a ser descartada como uma falsa questão.

Uma exceção entre os autores considerados *pós-modernos* no que refere ao reconhecimento da importância da questão da ideologia é Michel Maffesoli, em cujo livro *Lógica da dominação* pode-se encontrar uma abordagem do tema.

Maffesoli caracteriza a ideologia em termos que nem sempre são claros; fala em "conjunto complexo", em "conjunto de interações", em "dualidade", em "duplicidade", em ambivalência" da ideologia, afirmando que ela "pode ser o local de cristalização, de condensação das energias de revolta", porém, ao mesmo tempo, em decorrência da abstratividade que lhe é inerente, a ideologia ameaça essa condensação das energias de revolta (Maffesoli, 1978, p. 93 e 94).

Com espírito polêmico, Maffesoli investe contra os que pretendem "decifrar" a ideologia com uma "coerência absoluta", desconsiderando o dinamismo do vir-a-ser. A ideologia, segundo ele, pede uma "mobilidade de abordagem" que "só é possível na medida em que não se está aterrorizado pelo modelo científico e constrangedor do conceito" (Maffesoli, 1978, p. 83).

Embora cite Marx com frequência e em geral simpaticamente, Maffesoli deixa claro que considera superada a perspectiva do filósofo alemão. O *pós-modernismo*, em geral, vem-se apresentando como um desafio à linha de pensamento desenvolvida a partir de Marx. Por isso, convém tentar verificar como os representantes dessa linha têm enfrentado o repto.

Diversos marxistas reagiram à *provocação pós-moderna*. Entre eles, o inglês Terry Eagleton e o estadunidense Fredric Jameson. Vale a pena dizer algo sobre ambos. E vale a pena verificar como cada um deles assume – e interpreta a seu modo – o conceito de ideologia.

Comecemos por Jameson. Ele tem sólida formação filosófica e rica experiência no campo da crítica de artes. Foi aluno de Eric Auerbach e conhece bem as ideias estéticas de Lukács, Ernst Bloch, Theodor Adorno, Walter Benjamin, Marcuse e Sartre (Jameson, 1985).

Além disso, desenvolveu estudos sobre o formalismo russo e o estruturalismo francês (Jameson, 1972), analisou elementos fascistizantes na obra de Wyndham Lewis (Jameson, 1979) e refletiu sobre as relações entre a narrativa literária e a política (sem pretender propor uma estética política ou revolucionária) em *O inconsciente político*, 1981.

O historiador inglês Perry Anderson afirma que, a partir dos anos de 1970, Jameson se tornou "o maior crítico literário marxista do mundo" (1999, p. 580).

Nos anos de 1990, Jameson lançou um livro sobre Adorno (Jameson, 1996a) e tem publicado ensaios de grande repercussão sobre problemas estéticos no teatro (um livro sobre Brecht), na literatura, na pintura, na arquitetura e no cinema. Esses ensaios, em sua maioria, estão ligados às ideias mais originais e mais polêmicas do ensaísta estadunidense, a respeito da *pós-modernidade* (cf. Jameson, 1996; 1993; 1994).

Jameson examina a relação entre o capitalismo tardio e a cultura pós-moderna. Apoiado em observações feitas pelo belga Ernest Mandel, o pensador estadunidense sustenta que o *pós-modernismo* é a expressão historicamente necessária do terceiro período do capitalismo maduro: o primeiro estaria ligado aos motores a vapor; o segundo, aos motores elétricos e/ou a explosão; e o terceiro, aos motores eletrônicos e/ou nucleares.

Convencido do caráter necessário da expressão cultural pós-moderna em geral, Jameson sustenta que seria uma ingenuidade moralista pretender recusá-la em bloco. Dispõe-se, então, a debruçar-se sobre ela, atento aos matizes das suas contradições, disposto a identificar e tentar assimilar os "momentos de verdade" porventura misturados com evidentes "momentos de falsidade".

É nesse ponto que Jameson fornece elementos decisivos para que nós compreendamos seu conceito de ideologia, o conceito que lhe serve para esclarecer seu modo de abordar a expressão cultural do *pós-modernismo*.

Na cultura, segundo o ensaísta, coexistem sempre a marca do horizonte particular limitado de determinada classe social e a marca da expressão utópica de uma solidariedade coletiva, que, mesmo prejudicada, subsiste e aponta para a necessidade humana do conhecimento.

Por isso, a crítica marxista da cultura, além de desmistificar as distorções ideológicas, "também deve buscar, através e além dessa demonstração da função instrumental de um dado objeto cultural, projetar seu poder simultaneamente utópico como a afirmação simbólica de uma forma de classe específica e histórica da unidade coletiva"(Jameson, 1992, p. 301).

Toda efetiva apreensão de um produto cultural pressupõe interpretação, uma *hermenêutica*, como diz Jameson. E ele identifica uma "hermenêutica negativa" na crítica das distorções ideológicas e uma "hermenêutica positiva" no resgate do conhecimento novo que está sendo construído na cultura.

O lema de Jameson é *historicizar sempre!* O pensamento dialético – aquele que a seu ver é capaz de promover essa historicização – depende de modos de pensar cotidianos que precisam ser cotejados, completados, corrigidos, superados. Mas, justamente porque depende da diversidade desses modos de pensar cotidianos, o pensamento dialético "pode assumir uma grande variedade de formas diferentes e aparentemente contraditórias" (Jameson, 1985, p. 237).

A busca do "poder utópico" das construções culturais, a preocupação com a "hermenêutica positiva" e a predisposição para a aceitação da enorme diversidade – e contraditoriedade – das formas do pensamento dialético permitem ao crítico uma notável desenvoltura. Porém as mesmas categorias que ajudam a evitar a estreiteza sectária e estimulam a generosidade da inteligência podem contribuir para que o crítico escorregue em certa facilidade eclética e peque por excesso de indulgência em face das distorções ideológicas. A grande variedade de formas diferentes e aparentemente contraditórias pode contribuir para o enriquecimento do pensamento dialético, mas também pode resultar na sua diluição, na perda da sua densidade.

Mesmo um grande dialético está sujeito a escorregar em deficiências dialéticas. Em seu livro *O método Brecht,* por exemplo, o crítico estadunidense, ao sustentar a conexão da arte com a ação didática, invoca a experiência das civilizações clássicas anteriores ao capitalismo: "Nenhuma das grandes civilizações pré-capitalistas clássicas jamais duvidou de que a sua arte tivesse alguma vocação didática fundamental" (Jameson, 1999, p. 16). Por mais justa que possa ser considerada, a observação não pode ser feita com o objetivo de excluir a possibilidade de que com o capitalismo tenha surgido uma situação *nova.* O fato de que algo tenha ocorrido sempre no passado não significa que nunca possa vir a ocorrer no futuro (e poderia estar acontecendo no presente). Talvez se possa pensar que a autonomização dos indivíduos os esteja levando a enveredar por caminhos inéditos, nos quais possa estar sendo abandonada a *vocação didática* da arte.

No fundamental, Jameson se mostra um espírito muito agudo e empenhado em compreender o novo. O desafio que a crítica dialética enfrenta em face da cultura *pós-moderna* consiste em simultaneamente dar conta da força com que essa cultura expressa a realidade contemporânea e apontar seus limites e suas distorções, historicizando-a. É no esforço da historicização que Jameson tenta combinar as duas hermenêuticas mencionadas, ainda que o faça correndo o risco de tropeços dialéticos e do ecletismo.

Entre as características da subjetividade *pós-moderna*, segundo Jameson, está o predomínio do espaço sobre o tempo. Isso acarreta acentuado enfraquecimento do senso histórico, a diluição do passado e o estreitamento das esperanças relativas ao futuro.

Desacreditadas as utopias que investem no futuro, e com o passado transformado em matéria fragmentada para bricolagem, o presente absorve todo o interesse real e se reduz à instantaneidade. Diluem-se as fronteiras entre o *clássico,* o *tradicional,* de um lado, e o *popular,* de outro. Multiplicam-se os estilos e todos são, em princípio, legitimados: o *expressionismo abstrato,* a *pop art,* o *minimalismo,* o *conceitualismo,* os *happenings,* as *instalações.*

Aos olhos da *pós-modernidade* a distinção entre a *grande arte,* as *obras-primas* e o *kitsch* ou o *brega* era um sintoma do elitismo da estética do modernismo. O modernismo alimentava a pretensão de compreender os processos históricos como totalidades, movimentos globais cujo sentido podia ser apreendido. O modernismo preconizava critérios excludentes para a caracterização do que era bom (e devia durar) e o que era ruim (e era efêmero). O *pós-modernismo* repele essa pretensão e recusa a estreiteza desses critérios; rebela-se contra as elites que os impunham e se abre amplamente para as lições do mercado.

É difícil fazer um balanço da crítica historicizadora feita por Jameson ao *pós-modernismo*. Afinal, ela envolve muitas observações e análises de diversas expressões culturais nos mais distintos campos, do cinema à arquitetura, passando pela filosofia e pela literatura. E é uma obra em andamento, que continua sendo desenvolvida.

Em todo caso, alguns leitores mais desconfiados têm apontado nos ensaios de Jameson elementos suspeitos de conciliação com aspectos de distorções ideológicas; um certo predomínio da hermenêutica positiva sobre a negativa.

O outro crítico marxista do *pós-modernismo* que escolhemos para comentar é o inglês Terry Eagleton.

Eagleton é professor da Universidade de Oxford e escreveu numerosos livros, entre os quais *Teoria da literatura, A ideologia da estética, Walter Benjamin, William Shakespeare, Marxismo e crítica literária, Ideologia* e *As ilusões do pós-modernismo*.

Tal como Jameson, Eagleton reconhece que, embora devam ser submetidas a uma crítica de princípios, as tendências *pós-modernas* não devem ser consideradas apenas meros equívocos teóricos, mas precisam ser entendidas também como expressões necessárias de uma nova situação. O *pós-modernismo,* a seu ver, é entre outras coisas "a ideologia de uma época histórica específica do Ocidente" (Eagleton, 1993).

O *pós-modernismo* não só expressa a realidade social atual, extremamente fragmentada, como também manifesta às vezes insatisfação em face dela, trazendo advertências e observações esparsas agudas que ajudam a compreendê-la.

No entanto, os *pós-modernos,* apesar dos elementos de rebeldia que aparecem em algumas de suas obras, tendem a uma maneira de enxergar a realidade que resulta na aceitação da fragmentariedade, num esvaziamento da história. Como não há mais nenhum sujeito coletivo capaz de empreender um processo de transformação da sociedade como um todo (uma *totalização*), o que se pode esperar da ação dos homens, na ótica *pós-moderna,* é, na melhor das hipóteses, a realização de modestas reformas, de pequenos reajustes institucionais.

Mesmo as expressões de *esquerda* do *pós-modernismo,* então, resvalam para certo conservadorismo tendencial. Eagleton chega a afirmar que, "numa primeira aproximação", "muito do pós-modernismo é de oposição em termos políticos, mas cúmplice em termos econômicos".

Tal como Jameson, Eagleton se apoia no conceito de ideologia para criticar a cultura *pós-moderna.* O ensaísta inglês está consciente do fato de que "nem toda ideologia é erro e nem todo erro é ideologia" (Eagleton, 1997, p. 126). E sabe, também, que, "para terem êxito, as ideologias devem ser mais do que ilusões impostas" (Eagleton, 1997, p. 27). No entanto, sua compreensão do conceito de ideologia em Marx (que é o ponto de partida da sua própria concepção de ideologia) é confusa. A seu ver, Marx teria se equivocado porque oscilava entre a visão da "ideologia como ilusão" e a visão da "ideologia como armadura intelectual de uma classe social" (Eagleton, 1997, p. 87). Parece ter faltado a Eagleton um entendimento mais profundo da complexidade (e da riqueza) da questão da ideologia como Marx a propôs.

Marx não caracterizava a ideologia como mera *ilusão.* Nem a caracterizava como "armadura intelectual de uma classe social". N'*O 18 brumário,* ele deixou claro que a ideologia pequeno-burguesa dos deputados não derivava da condição de pequenos-burgueses (que possivelmente até nem era a condição deles); ela correspondia aos *limites do horizonte* dos políticos, que não conseguiam enxergar no plano político aquilo que os pequenos-burgueses não conseguiam enxergar na vida prática, na atividade econômica. Quer dizer: para Marx, a ideologia estava sobretudo no que *não era visto.* Como poderia ser *armadura intelectual?*

Embora tenha tomado distância em relação aos que chama de "marxistas de Neandertal" e tenha feito ressalvas quanto à complexidade da questão da ideologia, Eagleton talvez tenha sofrido alguns prejuízos em suas avaliações críticas de fenômenos ideológicos por não ter, afinal, compreendido toda a riqueza do conceito de ideologia elaborado por Marx.

Talvez essa falha tenha facilitado ao crítico inglês escorregar para algumas simplificações polêmicas de caráter jornalístico e não isentas de preconceitos. Como, por exemplo, quando debocha do interesse atual pelos temas da sexualidade e escreve: "Palestras intituladas 'Restituindo o ânus a Coriolanus' atrairiam hordas de acólitos excitados, pouco versados em burguesia mas muito em sodomia" (Eagleton, 1993, p. 13). Ou, ainda, como se vê na sua reação sarcástica ao atual interesse pelo corpo, quando Eagleton se permite amalgamar sarcasticamente a reflexão do filósofo Michel Foucault e os cursos de ginástica da atriz Jane Fonda: "O socialismo de Guevara cedeu lugar à somatologia de Foucault e Fonda" (Eagleton, 1993, p. 72).

18. IDEOLOGIA E HISTÓRIA

"HISTORICIZAR SEMPRE!" O LEMA DE Fredric Jameson tem, sem dúvida, algo de fascinante. Lembra Gramsci e a concepção do marxismo como "historicismo absoluto".

Enquanto não enxergamos a dimensão histórica de um ser, de um objeto, de um fenômeno, de um acontecimento, não podemos aprofundar, de fato, a compreensão que temos deles. É o movimento histórico que passa por todas as coisas e permanentemente as modifica que as torna concretas. Nesse sentido, tinha razão o velho Hegel, quando escreveu na *Ciência da lógica* que o conceito fundamental da ontologia dialética, aquele que nos permite apreender a dinâmica do ser e do não ser, é o conceito do *devir*, do *vir a ser*, do *tornar-se* (em alemão: *Werden*).

O real é processual. O que existe deixa de existir; o que não existe passa a existir. Se falta a consciência dessa processualidade, o sujeito isola o que está percebendo, desliga a parte do todo, perde de vista a conexão que integra o micro ao macro, a interdependência entre o imediato e a mediação, entre o singular e o universal.

Se o sujeito se abstrai do fluxo em que existe o objeto, em que se verifica o fenômeno, em que se dá o acontecimento, ele afinal se incapacita para conhecer aquilo com que se defronta. Falta-lhe a possibilidade de pensar a ligação entre o ser particular que está percebendo e o seu não ser, isto é, aquilo que ele já foi (e não é mais) ou aquilo que ele ainda não é (mas vai se tornar). Sua percepção não se aprofunda, sua representação se cristaliza, fica *engessada, coagulada*. E incorre no erro a que se referia já no século XIV o poeta Petrarca: vê pouco e pensa que está vendo muito... (*poco vedete, e parvi veder molto*).

A possibilidade de superar os limites das representações mais arbitrárias e distorcidas da realidade depende, então, da nossa capacidade de pensar historicamente, de "historicizar sempre", como quer Fredric Jameson. Contudo, para que essa historicização faça sentido, cumpre enfrentar algumas questões: o que é, para o sujeito, concretamente, a história? Como posso defini-la, como posso pretender dominá-la no plano do conhecimento, se o meu ponto de partida é justamente o reconhecimento de que toda a construção do meu conhecimento está nela, é dominada por ela?

Como o meu discurso sobre a história poderia chegar a uma conclusão positiva confiável, se o processo da história, que nunca cessa, abarca nele – transcendendo-o – qualquer discurso a seu respeito? Como um saber que se sabe finito e relativo poderia dar conta de um movimento reconhecido como absoluto e infinito?

Em face da complexidade dessas questões filosóficas, é compreensível que o pesquisador se volte para áreas do conhecimento nas quais a história está presente de modo a tornar-se objeto de uma teoria menos abstrata, mais próxima da empiria. A figura que imediatamente nos vem à mente, quando pretendemos ilustrar o tipo de trabalho realizado numa dessas áreas, é, certamente, a figura do historiador.

O historiador não se sente obrigado a filosofar sobre a história e seu conceito; no entanto, quando se debruça sobre algum processo histórico particular e se empenha em entender sua especificidade (fazendo o "inventário das diferenças", como propõe Paul Veyne), precisa comparar o processo singular com outros. E essa comparação, inevitavelmente, obriga-o a ir além do empírico, isto é, a teorizar.

Por força de sua própria atividade profissional, o historiador pensa a história, reflete sobre ela. Alguns historiadores, em especial, ainda que evitem sabiamente aventurar-se pelos caminhos das elocubrações filosóficas, proporcionam elementos preciosos de uma compreensão da história que pode enriquecer substancialmente o trabalho dos filósofos com os conceitos.

Entre os historiadores que, no século XX, mais se destacaram por suas contribuições teóricas ao aprofundamento ou à ampliação de conceitos relacionados à história estão numerosos pesquisadores que, cada um à sua maneira, combinaram originalidade e criatividade com um feliz reaproveitamento de ideias de Marx.

Embora, em grande número, historiadores mais diretamente comprometidos com o *marxismo-leninismo* tenham feito análises muito esquemáticas e prejudicadas pelo doutrinarismo, a obra de Marx tem atuado nos últimos cem anos como poderoso estímulo no trabalho de diversos historiadores importantes, marxistas ou não.

A adesão resoluta a uma perspectiva marxista não impediu que alguns historiadores, recorrendo aos conceitos de Marx, trabalhando com rigor, alcançassem resultados extremamente significativos em seus estudos. Mas o formato *ortodoxo* do *marxismo-leninismo* influiu no acirramento das cisões internas do pensamento socialista.

Na medida em que o *marxismo* se tornou a ideologia oficial de vários partidos e Estados, sua codificação numa *ortodoxia* atraía algumas pessoas, que viam nele um instrumento revolucionário capaz de ligar diretamente a teoria à prática, mas ao mesmo tempo afastava dele outras pessoas, possuídas por outro tipo de inquietação e bastante desconfiadas em relação à *segurança* teórica proporcionada por sistemas *ortodoxos*.

Entre esses historiadores mais ciosos da sua independência, contudo, as divergências que se manifestavam em relação a Marx vinham, com frequência, acompanhadas do franco reconhecimento de quanto deviam ao pensador alemão.

Lembremos, por exemplo, o caso dos historiadores franceses que costumam ser incluídos no movimento chamado *Escola dos Anais,* nome que se refere à revista *Annales d'Histoire Économique et Sociale,* criada por Marc Bloch e Lucien Febvre no final dos anos de 1920. Os *marxistas-leninistas* viam com acentuada suspeita o trabalho que se desenvolvia em torno da revista e fizeram críticas ásperas a Lucien Febvre.

No entanto, as pesquisas realizadas na esteira do movimento desencadeado pela *Escola dos Anais* mostraram que esse grupo de historiadores não se recusava a beber na *fonte Marx.*

Fernand Braudel, autor de um estudo bastante original intitulado *Civilização material e capitalismo,* diverge de Marx em vários pontos, mas no final do seu livro admitiu que o que ele fez acabou sendo "voltar à linguagem de Marx, ficar do seu lado, mesmo que se rejeitem imediatamente os seus termos exatos ou a ordem rigorosa que lhe parece fazer deslizar toda a sociedade de uma a outra das suas estruturas" (Braudel, 1970, p. 475).

Por meio de formulações sinuosas e nem sempre claras, Braudel, historiador brilhante, se dispunha a ser um aliado de Marx ("ficar do seu lado"), preservando porém suas prerrogativas de autonomia e seu direito de divergir, rejeitando a terminologia e "ordem rigorosa" do autor de *O capital.*

Mais recentemente, Georges Duby foi mais enfático na homenagem prestada à contribuição do pensamento de Marx: "Tudo que se fez de sério na escola histórica francesa parte de esquemas de análise que derivam muito diretamente das teorias marxistas" (Duby, 1978, p. 51).

Duby se declarou fortemente influenciado pelas teorias de Marx, embora fizesse a ressalva: "Não cheguei ao ponto de considerar o marxismo uma ciência". Fez questão de reconhecer sua dívida em relação ao conceito de ideologia elaborado por seu compatriota Althusser: "Althusser apaixonava-me ao designar a ideologia como uma ilusão inelutável no interior de toda formação social" (Duby, 1993, p. 79).

Duby aconselha os historiadores a não usar o conceito de ideologia com o tom pejorativo que costuma estar associado a ele. O historiador deve saber que uma parte das ideologias permanece sempre oculta, dissimulada: "As omissões formam um elemento fundamental do discurso ideológico". A pesquisa exige muita vigilância, porque a ideologia interfere no processo histórico e, se o pesquisador a perder de vista, se não captar seus "sinais esparsos", ficará impossibilitado de compreender o movimento examinado.

O quadro com que o historiador se defronta é inevitavelmente marcado pela diversidade das ideologias. No entanto, algumas características da distorção ideológica são mais frequentes do que outras. Duby se debruça sobre a relação da ideologia com a mudança e escreve: "As ideologias se apresentam como a interpretação de uma situação concreta. Inclinam-se, em consequência, a refletir as mudanças. Mas demoram a fazê-lo, pois são por natureza conservadoras" (Duby, 1976, p. 138). Há na distorção ideológica uma "reticência instintiva com relação às inovações". O reflexo ideológico das mudanças dissimula as tensões, é tranquilizador, está comprometido com projetos que procuram preservar a estabilidade e o equilíbrio. Duby sublinha: "A ideologia, sabemo-lo bem, não é reflexo do vivido, mas um projeto de agir sobre ele" (Duby, 1981, p. 21).

E aqui se verifica algo que merece a nossa atenção. O historiador não se prende ao conceito althusseriano que adotou e, em seu trabalho de pesquisador, é levado a enxergar a dimensão *projetiva* da ação dos *sujeitos* históricos, uma dimensão que não apareceria no âmbito de uma adesão integral à perspectiva de Althusser.

Por que, então, Duby se entusiasmou com o conceito althusseriano de ideologia?

Ao que tudo indica, Duby se entusiasmou pelo conceito de ideologia que encontrou em suas leituras no momento em que precisava de um conceito cuja amplitude lhe permitisse examinar o movimento histórico de fenômenos ideológicos complexos e sutis, sem precisar simplificá-los arbitrariamente. A mesma busca de um conceito de ideologia abrangente (e numa outra direção) pode ser percebida em outro historiador francês: Jacques Le Goff.

Le Goff fala em "ideologia do mundo moderno" e procura compreender alguns aspectos significativos da sua gênese na cultura medieval, na diferença existente entre o tempo da Igreja e o tempo dos mercadores (Le Goff, 1980, p. 45). Em sua concepção da ideologia, por conseguinte, cabem não só os interesses específicos de determinados grupos ou classes sociais, mas também as características gerais da percepção da realidade que marca toda uma época.

Vale a pena observar que, independentemente das fontes em que foram buscar suas respectivas concepções de ideologia (Duby em Althusser, Le Goff talvez mais em Gramsci), os dois *historiadores* contribuíram, cada um a seu modo, para importantes revisões da história da Idade Média. E trouxeram subsídios para a chamada "história das mentalidades coletivas".

A observação das expressões dos sentimentos e das fantasias dos grupos humanos, o exame dos fragmentos das manifestações de medos e esperanças, a análise das transformações inevitavelmente lentas dos sinais reveladores de formas peculiares da sensibilidade de camadas populares, tudo isso, na história das mentalidades, ampliava muito a esfera da crítica das ideologias, evitando que essa crítica se limitasse às construções teóricas elaboradas, aos discursos desenvolvidos e às formulações consistentes.

A *história das mentalidades coletivas,* entretanto, ao surgir e ao ocupar seu espaço, empenhou-se em marcar diferenças em relação à crítica das ideologias, tal qual os marxistas em geral a vinham fazendo, isto é, empenhou-se em não se deixar confundir com a crítica das ideologias que se restringia à desmistificação das teorias que encobriam pressupostos comprometidos com posições conservadoras.

Caso curioso é o de um marxista dedicado à história das mentalidades, autor de um livro intitulado precisamente *Ideologias e mentalidades:* Michel Vovelle. Ele percebe com clareza que a investigação das mentalidades constitui uma ampliação essencial da pesquisa histórica, na medida em que "integra o que não foi formulado", o que permanece profundamente "mergulhado no âmbito das motivações inconscientes", fragmentos de "ideologias mortas" nos quais podem estar lembranças que resistem, "tesouros de uma identidade preservada" (Vovelle, 1982, p. 13-14).

Vovelle, contudo, se mostra convencido de que o conceito de mentalidade é mais amplo, mais abrangente do que o conceito de ideologia. E, com sua referência aos fragmentos de ideologias mortas (material supostamente não ideológico), endossa uma visão estreita da ideologia, restringindo-a aos discursos articulados cujos pressupostos políticos possam ser desmascarados.

Falta-lhe a compreensão de que os fragmentos em que aparecem as pequenas modificações sintomáticas das sensibilidades coletivas também são matéria de conhecimento e expressões de possíveis distorções ideológicas. Por não compreender isso, Vovelle é levado a propor uma estranha combinação de mentalidade e ideologia, sustentando que caberia à ideologia complementar a "leitura" das transformações manifestadas pela mentalidade (Vovelle, 1982, p. 294).

Na realidade, ele realiza o mesmo movimento que impeliu Duby e Le Goff à busca de uma concepção mais ampla da ideologia, porém não consegue alcançar uma abrangência suficiente e por isso é levado a excluir do campo ideológico e entregar à esfera das *mentalidades* o que chama de "fragmentos de ideologias mortas".

Uma confirmação de que os historiadores ligados ao legado de Marx tendem a procurar – e utilizar – uma concepção abrangente de ideologia, enfrentando com frequência poderosos obstáculos, é proporcionada pelos historiadores marxistas ingleses.

Raymond Williams, por exemplo, se confessou insatisfeito com as três acepções usualmente assumidas pelo conceito de ideologia: a de sistema de crenças característico de um grupo ou classe social; a de sistema de ideias falsas (falsa consciência) contrapostas ao conhecimento científico ou verdadeiro; e a de processo geral de produção de significados e ideias.

Os três significados se revelam frágeis diante dos questionamentos possíveis. O terceiro tem sobre os outros dois a vantagem de apontar para a necessidade de uma compreensão do *todo,* do processo histórico como uma totalidade. Mas exatamente nisso ele revela sua limitação, porque a ideologia, por definição, se atém ao que acontece na esfera da consciência do pensamento, das representações, sem poder dar conta da materialidade dos movimentos e das ações humanas. Por isso, Raymond Williams foi levado a escrever: "É justamente nesse reconhecimento da globalidade do processo que o conceito de *hegemonia* vai além do conceito de *ideologia*" (Williams, 1977, p. 108 e 109).

O historiador britânico, convencido de que o conceito de ideologia se ressente de certa *abstratividade*, sugere que ele seja substituído pelo conceito – elaborado por Gramsci – de hegemonia, que em princípio seria mais adequado para uma compreensão da ligação concreta da consciência prática dos homens com as atividades socioeconômicas e com o exercício do poder político na história.

Em seu fecundo trabalho, Williams sem dúvida aproveitou bem o conceito de Gramsci para examinar situações nas quais alguns homens têm dominado outros, servindo-se de instrumentos culturais. É difícil entendermos, porém, por que ele assevera que o conceito de hegemonia vai além do de ideologia. Afinal, o encaminhamento efetivo da hegemonia (e da contra-hegemonia) depende de convicções e motivações ideológicas. A hegemonia, então, se insere de algum modo na questão da ideologia, tal como Marx a apresentou.

Outro historiador marxista inglês a se ocupar da questão da ideologia é Edward Palmer Thompson, autor de um estudo famoso, *A formação da classe operária inglesa.* Ele parte da firme convicção de que a teoria da consciência de classe, como foi desenvolvida pela maioria dos marxistas, acabou se cristalizando na forma de um modelo ideal, abstrato, que ignora a formação histórica peculiar, as condições culturais específicas de cada grupo, de cada movimento social, de cada proletariado, em lugares e épocas diferentes.

Quando um teórico representativo de uma doutrina ou um partido representativo de uma linha política definem o que é (o que deve ser) a *consciência de classe,* eles tratam o pensamento dos trabalhadores como um paciente estendido numa mesa de operações *revolucionárias* para sofrer alguns *ajustes.*

Esses marxistas aferrados a um ideal engessado de *consciência de classe*, de fato, não conseguem enxergar a verdadeira consciência de classe em toda a sua riqueza, porque não percebem que a classe não é uma *coisa,* e sim um conjunto dinâmico de relações humanas. Ao se defrontarem com fenômenos que não correspondem ao modelo ajustado, eles tenderão, inevitavelmente, a considerar tais fenômenos como manifestações de *primitivismo* ou de *irracionalidade.*

Mesmo que sua intenção não tenha sido essa, E. P. Thompson – com sua enérgica defesa de uma concepção ampla e diversificada da consciência de classe, reagindo contra a ideia de que existiria uma *verdadeira* consciência de classe corretamente identificada pelo partido ou pelo porta-voz da boa doutrina, praticamente imune a distorções ideológicas – contribuiu para alargar o campo da presença desafiadora da questão da ideologia. Contribuiu para que ela fosse reconhecida até mesmo na esfera da consciência de classe mais aguerrida e mais consequente do movimento operário empenhado em revolucionar o capitalismo.

O universo dos fenômenos ideológicos é sempre mais rico em diferenças internas do que os teóricos que o analisam supõem. Foi o que admitiram os historiadores que integravam o grupo constituído em torno da revista *Past & Present,* sob a liderança de Eric J. Hobsbawm, no livro *A invenção das tradições.*

O veterano Hobsbawm ficou bastante impressionado com a especificidade do que ele chamou de "tradições inventadas". Elas se distinguem das redes de convenções e rotinas estabelecidas com um sentido prático para atender a demandas de caráter *técnico* e para facilitar operações *funcionais.* Qual é a diferença? É que essas redes podem ser prontamente modificadas; quando a situação muda, elas não oferecem resistência significativa à mudança.

Mas as *tradições inventadas* se distinguem também dos costumes característicos das sociedades ditas *tradicionais.* Nessas sociedades, os costumes não são imutáveis (porque nada é imutável), porém resistem às modificações. O que é sintomático, entretanto, é o fato de que, na própria resistência, as sociedades *tradicionais* combinam a inércia conservadora com certa flexibilidade. E as *tradições inventadas,* não.

As *tradições inventadas* são fenômenos ideológicos peculiares: são práticas de natureza ritual ou simbólica que, por meio da repetição, tratam de inculcar nas pessoas determinados valores e normas de conduta, procurando *fixar* artificialmente a relação delas com um passado que é formalizado em função de algumas necessidades e conveniências presentes.

Os historiadores reunidos em torno da revista *Past & Present,* liderados por Hobsbawm, trouxeram, com a observação da *invenção das tradições,* subsídios muito significativos para o aprofundamento da reflexão sobre a vastidão e a complexidade interna do campo abrangido pela questão da ideologia. Chamaram a atenção, por exemplo, para as diferenças que existem entre os tempos históricos distintos de tradições enraizadas em costumes populares que se transformam com certa lentidão e o tempo utilitariamente acelerado de tradições *inventadas.* E apontaram algumas consequências histórico-políticas dessa diversidade.

Outra contribuição de não menor importância é aquela que é proporcionada pelo historiador italiano Carlo Ginzburg, com sua teoria do "paradigma indiciário", no livro *Mitos, emblemas e sinais.* Carlo Ginzburg resgata a descoberta feita por um perito italiano chamado Giovanni Morelli, que adotou um pseudônimo russo (Ivan Lermolieff), e desenvolveu um método original para verificar se um quadro atribuído a um pintor era falso ou autêntico: em vez de deixar que seu olhar se fixasse nas características estilísticas mais marcantes do artista (que também são as mais fáceis de ser imitadas pelos falsários), o perito deveria observar pormenores secundários, tidos como irrelevantes, como, por exemplo, o modo como o artista pintava unhas ou orelhas.

Segundo a análise de Ginzburg, a invenção de Morelli se inseria num modo de observar a realidade que já existia entre alguns camponeses e artesãos. Ginzburg fala de um paradigma que se concentra na percepção de signos que em geral possuem "a invonlutariedade dos sintomas". Esse paradigma indiciário pode ser usado para elaborar formas de controle social mais sutis, mas também "pode se converter num instrumento para dissolver as névoas da ideologia que, cada vez mais, obscurecem uma estrutura social como a do capitalismo maduro" (Ginzburg, 1987, p. 177).

Esse método foi muito apreciado por Freud. O criador da psicanálise percebeu que, na capacidade de não se deixar absorver pelo que é mostrado (o "conteúdo manifesto" dos sonhos, por exemplo) e no esforço permanente para enxergar o que não é mostrado (o "conteúdo latente" dos sonhos, por exemplo), existe a possibilidade de enxergar algo mais da inesgotável realidade do sujeito humano.

O interesse que a opção metodológica exposta no ensaio de Ginzburg sobre o *paradigma indiciário* apresenta para o estudo da questão da ideologia é imenso. O caminho trilhado pelo perito italiano encerra uma lição que a crítica das ideologias precisa saber assimilar: é o bom aproveitamento de pormenores aparentemente secundários (e em todo caso não reconhecidos como importantes para a compreensão racionalizada do *todo*) que pode evitar que a *totalização* conduza mais facilmente o sujeito a uma visão empobrecida – e estagnada – do conjunto dos fenômenos que observa. São os pormenores, quando nos deixamos surpreender por eles, que abrem a construção do nosso conhecimento para as revisões imprescindíveis ao reconhecimento da *infinitude* do real e à assimilação do *novo*.

19. IDEOLOGIA E PSICANÁLISE

A REFERÊNCIA AO "PARADIGMA INDICIÁRIO" e ao interesse de Freud pela sugestão que ele trazia no sentido da investigação do inconsciente torna explicitamente recomendável que se diga alguma coisa sobre ideologia e psicanálise.

Em seu último livro, *Moisés e o monoteísmo,* Sigmund Freud se perguntava o que levou o povo judeu a seguir Moisés. O que as pessoas viram nele e que as fez ficarem marcadas por sua liderança ao longo de milhares de anos?

Para tentar entender o que se passou na cabeça dos indivíduos, Freud levou em conta aquilo que caracterizou como uma "importante discrepância entre a atitude assumida por nosso órgão de pensamento e a disposição das coisas no mundo, as quais se imagina sejam apreendidas por intermédio de nosso pensamento" (Freud, 1996a, p. 121). Mas foi além e procurou a origem das motivações que influíam no pensamento, na representação da realidade e na conduta dos indivíduos, e que não decorriam imediatamente das deficiências intrínsecas da nossa capacidade de conhecer.

As limitações do "órgão de pensamento" se ligam nas pessoas segundo Freud, ao anseio que elas sentem em relação à figura paterna, fortemente representada por Moisés.

As massas populares, para o criador da psicanálise, anseiam pelo pai, isto é, por uma autoridade "que possa ser admirada, perante quem nos curvemos, por quem sejamos dirigidos e, talvez, até maltratados" (Freud, 1996a, p. 123).

Freud não apreciava as massas populares. Logo no primeiro capítulo de *O futuro de uma ilusão* se acha uma passagem na qual se lê que "as massas são preguiçosas e pouco inteligentes". Em *Psicologia das massas e análise do eu*, ele afirma que a multidão "é desprovida de senso crítico". E acrescenta: "O que a multidão exige dos seus heróis é a força, ou mesmo a violência".

Pode-se estranhar essas manifestações de elitismo, pode-se achar curiosa a afirmação da exigência de heróis fortes e violentos num contemporâneo do Mahatma Gandhi, porém não se deve atribuir a essas afirmações um alcance maior do que aquele que elas têm. Em outros trechos de seus escritos, Freud ressalva que os indivíduos massificados não devem ser considerados irreversivelmente perdidos para a reflexão crítica. Mudadas as condições em que vivem, pode ser que as pessoas se modifiquem, ainda que dentro de certos limites.

O criador da psicanálise leu com maior atenção o que escreveram alguns autores de direita do que as ideias expostas pelos autores de esquerda. Leu Schopenhauer e Nietzsche, leu também Gustave Le Bon, teóricos que invectivavam contra a igualdade e repeliam a democracia. Felizmente, contudo, ele tinha acentuada desconfiança em relação às construções teóricas abstratas da filosofia e – empiricamente – não abandonou o campo do compromisso com os valores democráticos.

Apesar de ter desenvolvido reflexões teóricas abstratas, *especulativas,* Freud, quando reconhecia a necessidade de filosofar, procurava pensar filosoficamente em função da sua atividade clínica e das observações que fazia, diretamente, no seu trabalho como médico.

Dedicou-se a observar coisas que os outros médicos, em geral, não observavam. Debruçava-se sobre os sonhos dos seus pacientes, anotava as piadas que lhe contavam, permanecia atento aos lapsos involuntários que apareciam na fala das pessoas.

Convenceu-se de que o papel da consciência na atividade psíquica vinha sendo muito exagerado. Decidiu, então, redimensioná-lo, confrontando a consciência com seus limites. No estudo *A interpretação dos sonhos,* de 1899, já pôde servir-se do seu mais famoso conceito: o *inconsciente.*

O inconsciente é tido como o conceito mais importante da psicanálise. Laplanche e Pontalis, no *Vocabulário da psicanálise* (Laplanche e Pontalis, 1986, p. 236) chegam a escrever: "Se fosse preciso concentrar numa palavra a descoberta freudiana, essa palavra seria incontestavelmente inconsciente".

Existe vasta literatura dedicada ao tema. Carlos Plastino, em *A aventura freudiana* (1993), faz cuidadosa e convincente análise da gênese do conceito e aponta uma das suas consequências mais significativas: "A psicanálise, tendo demonstrado a existência de processos inconscientes, tornou crível a existência de outras manifestações desse inconsciente" (Plastino, 1993, p. 149).

Com o conceito de inconsciente, foi preciso rever o que era considerado sabido. Era necessário cultivar suspeitas mais radicais em relação ao significado dos conhecimentos e representações que nós, seres humanos, construímos e consideramos confiáveis.

Tal como Freud o observava, o inconsciente se ligava a dois sistemas distintos: um deles – o pré-consciente – podia chegar a se expressar no plano da consciência; no outro, no inconsciente propriamente dito, os conteúdos jamais poderiam chegar à consciência (e são, portanto, conteúdos de avaliação sempre problemática).

Por trás de uma razão pretensamente universal poderia estar sempre um desejo pessoal, um interesse particular, que a consciência da própria pessoa não estaria percebendo claramente. No fundo do discurso mais sincero, na escolha mais *desinteressada* de valores estéticos, éticos ou políticos, poderia estar embutida e disfarçada uma exigência irracional.

Freud se debruçou sobre esse tipo de exigência irracional. Durante a Primeira Guerra Mundial, ele escreveu um ensaio intitulado "Considerações atuais sobre a guerra e sobre a morte" (Freud, 1996c) no qual afirmou: "A parte mais íntima, mais profunda, do ser humano se compõe de inclinações de natureza elementar, inclinações idênticas em todos e ligadas à busca de satisfação para certas necessidades primitivas".

Buscar satisfação para essas necessidades significa enfrentar muitas vezes dificuldades consideráveis, porque elas nunca se expressam de maneira clara e direta. Além disso, quando insatisfeitas, criam situações complicadíssimas.

A atividade psíquica é constantemente pressionada pelas "pulsões": pulsão sexual, agressiva, de autoconservação, de dominação, de vida, de morte etc. Essas *pulsões,* segundo Freud, derivam de excitações corporais e não podem se tornar conscientes; só podem se fazer *representar.* Quando levam o organismo a atingir o alvo que lhe prescrevem, podem lhe proporcionar prazer. Em certas condições, contudo, a satisfação de uma *pulsão* pode entrar em conflito com outras exigências e proporcionar desprazer, sofrimento. Daí o *recalcamento.*

Na *Interpretação dos sonhos,* Freud (1996) explica que o "conteúdo manifesto", tal como ele é lembrado espontaneamente e relatado pelo sujeito, é uma deformação do "conteúdo latente" dos sonhos, que expressa desejos perturbadores, capazes de criar situações dolorosas. A deformação é uma espécie de *defesa* contra o desejo veiculado pelo sonho. "O sonho", então, "é a realização (disfarçada) de um desejo (reprimido)".

As representações do inconsciente, tais como as concebe a psicanálise, são *encenações,* nas quais sinais obscuros estão submetidos à severa vigilância da *censura.*

A partir do início dos anos de 1920, Freud adota um ponto de vista um tanto diferente e modifica alguns de seus conceitos (é a chamada "segunda tópica" na trajetória do pensamento freudiano): ele passa a falar em três instâncias, que seriam o *eu*, o *isso* e o *supereu* (também designados entre nós, com frequência, como o ego, o id e o superego). E sustenta que caberia ao *eu* impor limites aos ímpetos do *isso*, empenhando-se em fortalecer o "princípio de realidade" na relação com o "princípio do prazer".

Para o nosso objetivo no presente trabalho, isto é, para tentarmos refletir sobre a questão da ideologia, tanto na *primeira tópica* quanto na segunda, o grande interesse mais imediatamente perceptível na perspectiva de Freud está no fato de que conceitos como o inconsciente e o *isso* acrescentam uma nova dimensão à ideia da inesgotabilidade do real, à ideia da irredutibilidade do real ao saber. Além dessa contribuição à nossa reflexão, Freud aponta para fatores *internos* de distorções da representação da realidade, propondo, portanto, implicitamente, uma ampliação do campo das causas do *enviesamento ideológico*.

O sujeito, de acordo com o ponto de vista de Freud, era incitado a admitir que, dentro como fora dele, por mais que seu conhecimento conseguisse avançar, jamais teria qualquer garantia de que chegaria a conhecer o que deveria ser considerado essencial no campo do não sabido. Mas ainda havia mais: o sujeito era convocado a reconhecer que da esfera do não conhecido viriam, certamente, golpes que o obrigariam a repensar, redimensionar e eventualmente abandonar coisas que ele supunha saber.

Na medida em que chamava a atenção para a infinitude da investigação da subjetividade humana, insistindo no fato de que jamais a conheceríamos completamente (assim como jamais conheceremos toda a realidade objetiva do cosmo), Freud contribuía decisivamente para o esforço no sentido de evitar que a ciência fechasse os olhos para suas próprias contradições, ignorasse seus próprios limites e se entregasse a delírios de grandeza, a fantasias de onipotência.

Por um lado o criador da psicanálise precisava ter convicções arraigadas, sinceras, sólidas, vigorosas, para poder sustentar com firmeza suas observações pioneiras e a fecundidade de suas teorias; precisava lutar por elas, defendê-las contra críticas conservadoras, preconceituosas. Por outro lado, sabia dos riscos de um engessamento doutrinário, reconhecia a necessidade de completar a crítica com a autocrítica e se empenhava em cultivar uma imprescindível modéstia metodológica capaz de diminuir o risco de resvalar para o dogmatismo.

Para conseguir segurar as duas extremidades da corrente, Freud necessitou de uma aguda sensibilidade dialética. E essa sensibilidade se manifestou com muita força na sua obra.

Podemos constatá-la, por exemplo, no livro O *futuro de uma ilusão*. A partir do capítulo 4, o autor passa a dar a palavra a um interlocutor imaginário, que acompanha sua argumentação com desconfiança e formula objeções. Evidentemente o personagem fictício não deixa de ser o próprio Freud e poderia ser usado para, por meio de questionamentos superficiais ou tolos, fortalecer por um contraste ardiloso o ponto de vista do criador da psicanálise. O que se pode verificar, porém, é que não se trata da encenação de uma farsa ordinária, posta a serviço de um pensamento monológico, fechado e impermeável. É, sem dúvida, um artifício literário, mas seu resultado é convincente porque se percebe que ele permite a Freud explicitar o movimento pelo qual seu pensamento passa pelas contradições, incorpora possíveis réplicas inteligentes, absorve dúvidas, reconhece seus limites e dribla a tentação da prepotência.

Freud estava atento para o fato de que, ao criticar as ilusões, podia estar ele mesmo se iludindo. E se consolava com a ideia de que permanecia disponível para reformular suas convicções, se a experiência exigisse a mudança de perspectiva. Escrevia: "Minhas ilusões não são, como as religiosas, incapazes de correção" (Freud, 1997b).

Essa postura implicava um esforço intelectual penoso no sentido de não acreditar muito em si mesmo e na humanidade em geral. Implicava, portanto, certo ceticismo profundamente entranhado na alma, o que constitui uma característica que tinham em comum – surpreendentemente – duas personalidades diferentíssimas e que jamais se encontraram: Freud e Machado de Assis.

Do ceticismo de Machado de Assis já dissemos alguma coisa no capítulo dedicado à questão da ideologia no pensamento brasileiro (na parte que se refere a Roberto Schwarz). Sobre o ceticismo de Freud, o que se deve dizer, antes de mais nada, é que ele se liga ao empenho que leva o investigador a se debruçar sobre o *desamparo* da condição humana.

Os seres humanos têm enorme dificuldade de assumir esse desamparo. Em seu livro *O mal-estar na civilização*, Freud escreveu: "A vida, como a encontramos, é árdua demais para nós, proporciona-nos muitos sofrimentos, decepções e tarefas impossíveis. A fim de suportá-la, não podemos dispensar as medidas paliativas" (Freud, 1997, p. 22).

Sintomaticamente, o mesmo Freud que falou na primeira pessoa do plural – "nós" – no trecho transcrito, solidário com a necessidade que os homens sentem de "medidas paliativas", se dispunha a assumir pessoalmente, na primeira pessoa do singular, com amarga lucidez, o reconhecimento de toda a extensão do *desamparo* da condição humana.

Ele não negava a utilidade dos avanços tecnológicos, a importância dos novos recursos e medicamentos na luta contra as doenças. Chegava até a admitir que, com as conquistas da ciência, o homem se tornara quase um deus. Alertava, contudo: trata-se de um "deus de prótese" (Freud, 1997, p. 44).

De acordo com o criador da psicanálise, a situação em que se achava a humanidade, na sua época, era muito preocupante. A religião e a ética vinham se mostrando ineptas para o esforço de criação de um mundo mais livre e mais feliz. Mudanças práticas nas relações dos seres humanos com a propriedade ajudariam, de fato, mais do que quaisquer mandamentos éticos ou preceitos religiosos. Nisso os socialistas teriam razão. Essa razão, entretanto, de bem pouco lhes valia, segundo Freud. A seu ver, os socialistas haviam adotado uma concepção idealista, equivocada, da natureza humana; e cometiam um grave erro ao subestimar a agressividade, que muito antes da formação da propriedade privada já se encontrava na base das relações afetivas entre as pessoas.

O pensamento socialista era criticado porque restringia o reconhecimento da importância da sexualidade, das *pulsões,* dos impulsos libidinais, das marcas das experiências infantis e da agressividade. Freud reagia contra aquilo que ele considerava uma estreiteza empobrecedora no ponto de vista dos socialistas e, em sua *segunda tópica,* aprofundou sua análise das *pulsões.*

O poder das *pulsões* não deve ser subestimado: ele compõe o quadro da dura realidade em que vivemos. Freud teria pensado, contudo, que os seres humanos poderiam agir no sentido de apoiarem a *pulsão sexual,* em contraposição à *pulsão de morte.* Essa, pelo menos, é a avaliação feita pelo psicanalista Joel Birman no livro *Mal-estar na atualidade* (Birman, 1999, p. 131).

De acordo com Birman, esse poderia ser um caminho para que, administrando seu *desamparo* e esforçando-se para não recorrer a medidas paliativas ou a ilusões, o ser humano possa insistir em sua busca, sem *desalento.*

O período em que o criador da psicanálise se apoiava em sua *segunda tópica* foi o da consolidação do Estado soviético, sob a liderança de Lenin e em seguida de Stalin; foi também o da exacerbação do conflito entre a social-democracia e o movimento comunista. E foi ainda o da difusão em escala mundial da doutrina do *marxismo-leninismo*.

Em face do imediatismo utilitarista e do otimismo artificial que eram cultivados na ideologia dos militantes comunistas (Stalin transformava recuos estratégicos e até mesmo derrotas em *avanços*), a sobriedade da perspectiva freudiana passava facilmente a ser encarada como expressão de um espírito *derrotista, capitulacionista,* comprometido com uma postura de *passividade*. No entanto, a partir dos anos de 1950, a história passou a mostrar com clareza cada vez maior que a situação não era exatamente aquela que a retórica stalinista descrevia.

Sintomaticamente, é também a partir dos anos de 1950 que começa a crescer a influência de Jacques Lacan no meio psicanalítico. Lacan vive outro momento histórico. Ele desenvolve, no campo específico da psicanálise, uma abordagem bastante original da questão da ideologia, embora use com muita parcimônia esse termo.

Para o psicanalista francês, a ideologia, numa primeira observação, pode parecer um discurso no qual interesses particulares se disfarçam por trás da máscara de uma razão geral. Conforme a frase de Marx, os indivíduos não sabem o que estão fazendo, mas fazem-no. Enroladas pela ideologia, então, as pessoas poderiam crer de boa-fé nas motivações que proclamam e poderiam supor que suas argumentações são válidas.

O lacaniano Slavoj Zizek, num livro sugestivamente intitulado *Eles não sabem o que fazem,* acha que existe certa *ingenuidade* na concepção de Marx. Segundo ele, as pessoas, afinal, sabem o que estão fazendo: "Reconhecemos o interesse particular por trás da máscara ideológica, mas mesmo assim conservamos a máscara" (Zizek, 1990, p. 60). Comentando o "fetichismo da mercadoria" e a análise do dinheiro em Marx, Zizek escreve: "Os indivíduos que se servem do dinheiro sabem muito bem que ele nada tem de mágico" (Zizek, 1990, p. 61).

A perspectiva de Lacan não se contenta com uma "leitura sintomal" do texto ideológico. De acordo com Lacan, não se trata de *desconstruir* o texto ideológico, atribuindo-lhe um significado, um sentido, como sintoma.

O sintoma é pura e simplesmente uma mensagem cifrada, emitida numa falha do circuito da comunicação simbólica? Se fosse assim, seria difícil entendermos por que, mesmo depois de feita a interpretação, o sujeito não se dispõe a renunciar àquilo que se manifestou no sintoma.

Lacan sustenta que a interpretação do sintoma não atinge um núcleo de fantasia, onde o sujeito tem uma capacidade de *gozar* que não pode ser ignorada e impõe limites à interpretação. Em seu estilo peculiar, o psicanalista francês comenta esse *gozo* – que resiste à interpretação, como também à crítica das ideologias – brincando com a palavra que em francês significa gozo, prazer: *jouissance*. Ele cria, a partir dela, a palavra *jouis-sens*, que significaria algo como *goza-a-sentido*.

Lacan faz sempre o que ele chama de "brincadeiras glossolálicas", como, por exemplo, a designação da atitude que consiste em não querer enxergar o outro, enfiando a cabeça no chão e se enganando a si mesmo: com as palavras *autrui* (o outro), *autruche* (avestruz) e *tricherie* (fraude), ele compõe o termo *autruicherie* (Lacan, 1998).

A linguagem desconcertante de Lacan é coerente com sua convicção de que, se conseguimos chegar a pensar a ordem simbólica, é porque estamos desde o começo aprisionados nela, no nosso próprio ser.

Para Lacan, o sujeito não tem uma estrutura: ele faz parte da estrutura que o determina. Essa estrutura é constituída a partir da articulação das três instâncias da *segunda tópica* de Freud: em

Lacan, entretanto, as instâncias mudam: o *isso* [*es*] se torna o *real,* o *supereu* [*Überich*] se torna o *simbólico* e o *eu* [*Ich*] o *imaginário.* De fato, não se pode afirmar peremptoriamente que as instâncias freudianas se tornam aquilo que Lacan designa como o real, o simbólico e o imaginário. Há, no caso, substituição ou inovação?

Seja como for, a identidade e a alteridade se definem na ordem simbólica. O núcleo daquilo que o sujeito acredita ser, na perspectiva de filósofos como Descartes ou Kant, depende das formas de linguagem nas quais ele se diz.

Lacan, porém, não vê esse condicionamento, em si mesmo, como uma prisão. Os limites da nossa capacidade de escapar às armadilhas ideológicas (no caso, o psicanalista não emprega esse termo) são dados pelo grau de reconhecimento dos limites reais da estrutura do nosso movimento, pela nossa compreensão efetiva da ordem do simbólico. "A ordem do símbolo já não pode ser concebida como constituída pelo homem, mas como constituindo-o" (Lacan, 1998, p. 50).

O homem fala porque o símbolo o faz falante. Isso não quer dizer, entretanto, que a fala, inevitavelmente, o escraviza. A capitulação da liberdade, contudo, não pode ser evitada quando se concebe a linguagem como *código* ou *expressão natural.*

Com a linguagem, emerge a dimensão da verdade. A verdade, porém, não se deixa *coisificar:* ela nos põe sempre diante de algo novo. E nós não podemos nos contentar em abrir espaço para uma nova verdade, pois uma nova verdade exige de nós que nos mexamos e que assumamos "nosso lugar nela" (Lacan, 1998, p. 525).

Devemos nos reconhecer como "praticantes da função simbólica" (Lacan, 1998, p. 285): esse é o ponto de partida de uma compreensão de nós mesmos que possibilita uma resistência às pressões deformadoras da ideologia; é ele que nos permite nos compreendermos em nosso condicionamento, sem nos instalarmos numa posição de quem possui a verdade. Irônico, o psicanalista francês suspira: "Deus sabe o que acontece quando alguma coisa, por ser verdadeira, já não pode recair na dúvida" (Lacan, 1998, p. 622).

Podemos fazer, de fato, algo mais importante e menos prepotente do que falar em nome da verdade. E Lacan se empenha em nos dar um exemplo vivido de resistência à banalização ideológica (sem recorrer a esse adjetivo) da fala, repelindo o discurso que se desdobra em múltiplas explicações. Seu estilo se opõe à "insipidez da verdade que se explica" (Lacan, 1998, p. 272).

É pelos signos linguísticos que nos comunicamos, que nos conhecemos e somos o que somos. Mas o signo linguístico não liga uma coisa a um nome; o que ele une é um conceito (um *significado*) a uma imagem acústica (um *significante*).

Saussure, em sua concepção, punha o significado acima do significante. Lacan discorda dessa subordinação e sustenta, ao contrário, que o significante está acima do significado. Por quê? Porque o sujeito do inconsciente é representado pelo significante, e não pelo significado.

O significante tem a força que lhe dá seu vínculo ineliminável com a experiência sensível, imediata. É nele que a percepção pode sempre nos iludir, mas também é nele que podem ser corrigidos os abusos da abstração e a unilateralidade dos discursos feitos sob o compromisso do controle dos significados.

Por outro lado, a possibilidade de uma compreensão rigorosa e aprofundada da inesgotabilidade do simbólico no signficante depende do trabalho que os seres humanos realizam com o significado.

Nesse sentido, mais convincente do que a supremacia do significante, tal como a afirma Lacan, parece ser a perspectiva de Vygotsky, que recusa a separação entre o significante e o significado, reiterando a interdependência de ambos, sem hierarquizá--los. Vygotsky escreveu que, desvinculados da conexão com o pensamento, os sons deixam de trazer contribuições relevantes para a fala dos seres humanos. E acrescentou: "Do mesmo modo, o significado, dissociado dos sons da fala, só pode ser estudado como um ato puro do pensamento, transformando-se e desenvolvendo-se independentemente de seu veículo material" (Vygotsky, 1993, p. 3).

20. IDEOLOGIA E ARTE

QUALQUER QUE SEJA A NOSSA AVALIAÇÃO a respeito dos acertos e dos erros, da força e das fraquezas das teorias psicanalíticas, tais como foram elaboradas por Freud, Lacan e outros, não podemos deixar de reconhecer que elas contribuíram, vigorosamente, para sublinhar – com ênfase nova e em novas bases – as limitações de todas as concepções disponíveis de *racionalidade.*

A sede de conhecimento que experimentamos ao nos defrontar com a realidade inesgotável não pode depender exclusivamente desse instrumento precário que é a razão, por mais imprescindível que seja o nosso recurso ao pensamento racional.

"A razão, com frequência, nos engana" [em francês: *La raison souvent nous trompe*], dizia Rousseau. Na época em que o filósofo suíço fazia essa constatação, no auge do Iluminismo, as *luzes* da razão brilhavam com intensidade tão forte que não permitiam a observação dos limites da racionalidade e a apresentavam como o coroamento natural de todas as formas de apreensão da realidade.

Hoje, para nós, o quadro histórico-cultural é outro. Sabemos que apreendemos o mundo, também, e decisivamente, pela sensibilidade.

Precisamos das nossas intuições, da nossa percepção sensorial, das sensações, dos sentimentos, da imaginação. Não podemos dispensá-los, num movimento que – hegelianamente – nos elevaria ao *saber absoluto,* passando pela razão.

Nos casos em que se verifica alguma atrofia da capacidade de conhecer sensorialmente as coisas, o sujeito tende a se perder no excesso de abstrações, em construções prejudicadas por um *cerebralismo* inepto, propenso a promover o *engessamento* dos conceitos.

Essa acusação – a de se prestar a uma *cristalização* – pode ser feita tanto a construções elaboradas em nome da razão quanto a criações realizadas com base na sensibilidade. Cumpre reconhecer, entretanto, que nem o conhecimento construído pela razão, nem o conhecimento obtido pela percepção, estão inapelavelmente condenados a se estratificar em ideias ou imagens *coaguladas.*

Em seus *Manuscritos de 1844,* Marx já nos advertia que os nossos sentidos são históricos, estão sempre se modificando, aprendendo a ver, ouvir, cheirar, provar e vivenciar novas experiências; experimentando novas sensações de maneira nova. E, ao mudarem, os nossos sentidos não se deixam substituir jamais completamente pelo pensamento conceitual na apreensão do real.

Precisamos, portanto, das expressões do conhecimento sensível, especialmente daquelas que nos são proporcionadas pelas artes. Isso não quer dizer, certamente, que os caminhos da sensibilidade sejam refratários à abordagem científica e aos critérios da razão: significa apenas que eles jamais podem ser inteiramente abrangidos ou completamente devassados pelo discurso científico ou pelo discurso feito em nome da razão.

Ao longo de séculos, contudo, em vez de reconhecer essa complementaridade, os *racionalistas,* confrontados com a arte, têm às vezes reagido de modo preconceituoso; nem sempre têm reconhecido o desafio que a arte lhes apresenta, um desafio que exige ampliações, aprofundamentos e revisões permanentes da razão.

De fato, os representantes das perspectivas *racionalistas* tradicionais têm, com frequência, manifestado na história do pensamento, desde Platão, certa má vontade em relação à expressão artística. E a oposição a eles, por seu turno, tem muitas vezes escorregado para posições "irracionalistas", baseadas na convicção da superioridade intrínseca, permanente, da percepção sensível sobre a razão.

No entanto, uma observação efetivamente *racional* da arte – *racional* num sentido não tradicionalista – nos permite perceber duas coisas. A primeira é que *a sensibilidade também, com frequência, nos engana*, de modo que o que podemos fazer de melhor é tentar apreender a realidade por todos os meios, pela sensibilidade como também pela razão. Se tanto a sensibilidade quanto a razão podem nos enganar, a questão que devemos enfrentar é a de averiguar de que modo podemos aproveitar as contribuições da razão e da sensibilidade na crítica dos próprios enganos... da sensibilidade e da razão.

E a segunda coisa que se impõe ao nosso conhecimento *racional* é a constatação de que, na arte, como tomada de consciência do ser humano por ele mesmo, no plano da apreensão sensível do real, não bastam as sensações, os sentimentos e as paixões: tão imprescindível quanto esses ingredientes, tão essencial quanto eles, é a *forma*.

A arte depende da eficiência construtiva dos artistas na utilização dos elementos materiais das linguagens artísticas (a cor, o som, a imagem, a palavra) de que se servem na elaboração de suas obras; e essa eficiência construtiva depende do acerto – *espiritual* – na expressão formal.

A forma é exigente, impõe uma disciplina rigorosíssima, que separa a expressão artística bem-sucedida das construções canhestras, das inconsequências amadorísticas e dos equívocos estéticos (mesmo quando feitos com sinceridade e com paixão). Ernst Fischer observa, em *A necessidade da arte:* "A paixão, que *consome* o diletante, *serve* ao verdadeiro artista; o artista não é possuído pela besta-fera, mas doma-a" (Fischer, 1967, p. 14).

A questão da forma está presente em todas as batalhas vencidas pela criação artística. O autoconhecimento que a arte proporciona ao ser humano (e que não pode ser substituído pelo conhecimento científico), em todas as formas de expressão estética, em toda a extraordinária diversidade empírica das obras de arte, está condicionado à disciplina da forma, que desempenha no âmbito da arte papel tão decisivo quanto o da razão no âmbito da ciência.

Existe alguma característica comum ao combate travado pelos artistas em todos os campos nos quais eles lutam, tão diversamente, pela conquista da forma adequada? Existe uma característica geral que nos permita distinguir filosoficamente a experiência do conhecimento artístico da experiência do conhecimento científico?

György Lukács, na sua *Estética,* sustenta que sim. Segundo o filósofo húngaro, o conhecimento científico avança na medida em que é *desantropomorfizador,* isto é, na medida em que, atendendo à exigência de seu trabalho, o sujeito consegue reconhecer e respeitar, ainda que seja apenas setorialmente, toda a força própria da dinâmica da realidade objetiva. O conhecimento artístico, entretanto, por sua própria natureza, é *antropomórfico*, quer dizer, lida com uma matéria da qual a dimensão subjetiva é ineliminável e na qual essa dimensão aparece sempre e de maneira imediata.

A arte, mais do que figurar, transfigura a realidade. Na criação artística, o sujeito engendra algo que não existia antes dele. Foi por não ter reconhecido isso que o crítico marxista russo Plekhanov incorreu no equívoco metodológico já comentado no capítulo dedicado à questão da ideologia nos marxistas do início do século XX.

É na medida em que são *inventadas* que as obras de arte revelam (desvelam) uma dimensão das nossas vivências que nós ainda não conhecíamos suficientemente.

A ciência busca o rigor por meio da boa demarcação das áreas que investiga com o máximo de objetividade. A arte, ao nos colocar em contato direto com a extrema diversidade da condição humana, nos permite conhecer melhor a nós mesmos, no que somos e no que poderíamos ser.

Do ângulo do sujeito humano que olha para si mesmo, os objetos que a arte lhe mostra o remetem à descoberta da sua subjetividade (ou da subjetividade dos outros sujeitos no meio dos quais existimos). Com uma única e inexorável exigência: o acerto formal que possibilitará ao *conteúdo* da criação artística ter algum significado importante para um horizonte mais amplo que o do indivíduo isolado, fetichizado.

O *"conteúdo" de uma obra de arte só pode ter densidade significativa se ela lhe for conferida pela forma*. Qual poderia ser o interesse para nós do *conteúdo* de uma obra fracassada? Se o artista não for bem-sucedido no plano formal, o *conteúdo* se banalizará e seu efeito será o de uma explicitação inócua de aspectos temáticos mais ou menos óbvios ou irrelevantes.

As formas da arte não são inimigas das formas dos objetos e seres existentes na natureza, porém não se prendem às formas *naturais*. As formas, na arte, nascem de necessidades humanas de expressão, são formas *expressivas*. Fayga Ostrower adverte: para o artista, "criar formas" implica "deformar, no sentido de abandonar as formas como elas existem na natureza, em seu contexto natural" (Ostrower, 1998, p. 193).

Na ciência, os fenômenos singulares são estudados pelo cientista com a preocupação de serem entendidos à luz da lei que os rege. Fenômenos e leis precisam ser separados para serem articulados. Na arte, a universalidade da obra (sua capacidade de chegar ao outro) nunca pode ser formulada abstratamente (como uma lei) e nunca pode ser separada da singularidade sensível da criação artística.

A própria maneira de conceber a universalidade é diferente na ciência e na arte. A ciência submete a sua concepção da universalidade do gênero humano às observações dos biólogos, dos antropólogos, dos sociólogos, dos historiadores etc. A arte pode discernir aspectos dessa universalidade nas imagens da família, da tribo, da cidade ou da nação.

A representação da comunidade humana na arte se liga à aspiração que as pessoas têm de se completarem. Na sociedade burguesa, essa aspiração é duramente reprimida e sabotada em suas bases. A ideologia dominante – que é a das classes dominantes – difunde amplamente a convicção de que inquietação é sinal de imaturidade, inconformismo é sintoma de neurose, e difunde discretamente a convicção de que adaptar-se à situação atual é prova de sensatez.

A ideologia dominante não consegue, porém, encobrir na consciência dos grandes artistas a percepção de uma contradição crucial. O francês Alain, num livro intitulado *Systéme des beaux-arts,* lembrava que arte é invenção, mas advertia que "não se inventa nada sem trabalhar". Ao trabalhar em suas criações, os artistas experimentam na própria carne as dolorosas dificuldades decorrentes da alienação do trabalho, derivada da divisão da sociedade em classes sociais antagônicas. E essas dificuldades são agravadas pela sociedade burguesa, pelo modo de produção capitalista.

Com o capitalismo houve um desenvolvimento extraordinário dos meios técnicos e recursos de linguagem postos à disposição dos artistas, mas as condições psicológicas geradoras de fortes tensões impulsionaram os criadores estéticos na direção de uma postura contestadora: a arte tem sido, predominantemente, expressão de insatisfação, de questionamento, frequentemente de revolta, em face do modo como está organizada a sociedade.

São impressionantes o número e a importância dos artistas que se movem, nestes últimos dois séculos, numa linha de oposição, de crítica, aos poderes constituídos e à ordem burguesa.

Entre os poetas, é fácil lembrarmos a rebeldia de Rimbaud, o satanismo de Baudelaire, o poder desestabilizador de Fernando

Pessoa, o revolucionarismo de Maiakovski, a visão crítica de Nova York por García Lorca, a vontade que Drummond teve de dinamitar Manhattan, as denúncias de Neruda, a inquietação radical de Brecht e de Pasolini etc. Entre os romancistas logo nos ocorrem os nomes de García Márquez, Cortázar, Proust, Dostoievski, Tolstoi, Graciliano Ramos, Jorge Amado, William Styron, Mark Twain, Thomas Mann, Kafka ou Ítalo Calvino. Entre os cineastas, Chaplin, Eisenstein, René Clair, Buñuel, Visconti, Ettore Scola, Glauber Rocha, Orson Welles, Martin Scorsese, Coppola, os irmãos Cohen, o John Ford de *Vinhas da ira* e tantos, tantíssimos outros. Entre os pintores, temos uma galeria que vai de Gauguin a Picasso, abrangendo uma legião de contestadores.

Mesmo grandes artistas que cultivavam pontos de vista explicitamente conservadores, como Balzac, assumiram em suas obras postura agudamente crítica em relação à organização das sociedades hegemonizadas pela burguesia e contribuíram para o questionamento de algumas das distorções trazidas pela ideologia dominante à compreensão da realidade.

Isso quer dizer que nas obras de arte bem-sucedidas há sempre uma superação da ideologia? Os grandes artistas realizam uma eliminação da distorção ideológica?

As respostas a essas duas perguntas poderiam ser, sumariamente: *sim,* para a primeira; *não,* para a segunda. Convém, no entanto, formular ambas as opiniões com bastante cuidado.

Se disséssemos que a arte elimina a distorção ideológica, estaríamos fetichizando a criação artística, transformando-a em conhecimento perfeito, cancelando seu enraizamento histórico. Estaríamos apagando nela as marcas do tempo e do lugar onde ela se realiza. As obras de arte, que vivem da força que lhes é conferida pela expressão singular de experiências subjetivas, estariam, então, nos proporcionando um conhecimento *puro* (e puramente objetivo) que, ao eliminar a subjetividade como tal – para eliminar todas as distorções ideológicas –, deixaria, paradoxalmente, de ser conhecimento artístico. Ora, essa concepção é insustentável: *a arte não é imune às distorções ideológicas.*

Contudo, nas obras de arte bem-sucedidas, embora não haja uma eliminação, podemos acreditar que há uma vitória limitada porém concreta contra as distorções ideológicas, uma superação parcial importante da ideologia.

Isso é algo que pode ser visto, por exemplo, em poemas de Fernando Pessoa. No "Poema em linha reta", o poeta faz uma severa autocrítica e investe contra uma das características mais frequentes da ideologia dominante: o *triunfalismo*. Em seu poema está feita não só a autocrítica como também a denúncia da falta de autocrítica nos outros. Quer dizer: é uma vitória na luta contra a distorção ideológica...

Tanto na ciência quanto na arte, na medida em que se realizem avanços de um conhecimento efetivo, estarão sendo vencidas batalhas significativas numa campanha *desideologizadora.*

Para reconhecermos a dinâmica da *desideologização,* entretanto, precisamos enxergar as marcas da ideologia. Em alguns casos, é fácil percebê-las. As obras de arte acolhem, com frequência, os preconceitos de seus autores. As peças de Shakespeare, as narrativas de Cervantes, os poemas de Baudelaire, deixam transparecer, às vezes, critérios obviamente superados, ideias cuja tolice é hoje evidente. Isso não diminui em nada a grandeza artística desses autores; são bobagens que os humanizam e não destroem, de modo algum, sua estatura de gigantes.

A crítica das ideologias não pode certamente se deter na localização dessas miudezas: não tem sentido dedicar muito tempo a catar pulgas no couro de um elefante. É muito mais fecunda a observação da distorção ideológica em níveis mais significativos.

Um dos caminhos que vêm sendo trilhados com maior eficácia no exame dos efeitos da ideologia nas artes é o da análise das consequências da crescente absorção da produção artística em geral pelos mecanismos do mercado.

A subordinação da criação ao ritmo vertiginoso da mudança dos *modismos* afeta os artistas de diferentes maneiras: leva-os muitas vezes a abandonar qualquer compromisso com valores estéticos duradouros e a se dedicar – com exclusividade – a valores estéticos efêmeros (movimento que, como vimos, é justificado por teóricos *pós-modernos*). O que há de mais problemático nesse movimento *não é a valorização do efêmero: é a desvalorização do duradouro.* O valor das obras de arte é medido como se elas fossem mercadorias iguais a quaisquer outras.

A quantificação coercitiva de todos os produtos culturais (inclusive as obras de arte) – que não podem deixar de se transformar em mercadorias e de ter um preço – deixa cada vez menos espaço para que os sujeitos (criadores ou consumidores) tenham uma compreensão segura dos valores estéticos intrinsecamente qualitativos das obras que criam ou admiram. Por isso, se difunde, inevitavelmente, a convicção de que o *preço* (medida estabelecida no mercado) pode ser aceito como tradução mais ou menos fiel do *valor* (qualidade). A ideologia ignora a advertência do poeta espanhol Antonio Machado: *todo necio/ confunde valor y precio.*

O *valor de troca* vai expulsando gradativamente do horizonte das pessoas as referências àquilo que Marx designava como *valor de uso.* Fredric Jameson – vale a pena relembrar – chegou a escrever: "O valor de troca se generalizou a tal ponto que mesmo a lembrança do valor de uso se apagou" (Jameson, 1996, p. 45).

Fortalece-se a tendência a uma produção ampliada de trabalhos descartáveis, que se prestam para algum proveito imediato, mas não para a contemplação estética. José Guilherme Merquior observou: "O objeto artístico deixou de ser venerando; doméstico, autoexibitivo, ele me golpeia a cada relance. A contemplação deixa de ser ritual. Na realidade, já nem é mais contemplação" (Merquior, 1980, p. 87).

Em decorrência da extrema complexidade da arte como fenômeno, é natural que as distorções ideológicas afetem a criação artística de diversas maneiras.

Esquematicamente, poderíamos dizer que há distorção ideológica na arte, no plano político, quando são impostas aos artistas simplificações propagandísticas (pró ou contra), ou quando, através da censura (ou da discriminação publicitária), lhes são impostas esquematizações que resultam no empobrecimento do quadro das contradições da realidade que o artista poderia perceber e representar. Esse é, provavelmente, o tipo de distorção ideológica mais fácil de ser percebido.

No plano daquilo que poderíamos chamar de teoria *sociológica,* a distorção mais comum é aquela que ocorre quando teóricos (como o bravo Plekhanov, por exemplo) impõem restrições ao pleno reconhecimento do poder da arte de engendrar o novo e reduzem a criação artística a uma explicitação de algo que já existia nas condições em que a obra foi criada.

No plano das atividades práticas econômicas, a distorção se concretiza quando a dinâmica rudemente utilitária do mercado se expande, na sociedade burguesa, e se infiltra coercitivamente na produção de obras de arte, induzindo os artistas a renunciar à busca mais ousada das formas adequadas a suas criações, para se dedicarem ao atendimento de demandas externas imediatas.

O movimento de *dentro para fora* (a chamada *inspiração*) é substituído por um movimento extra-artístico exasperado, de *fora para dentro,* que costuma ter uma motivação circunstancial *menor* (mesmo quando é sincera e respeitável), uma motivação pouco propícia a mergulhos profundos na compreensão da condição humana.

A arte proporciona aos seres humanos um conhecimento imediato que jamais é cancelado, que preserva seu viço, que não tem no plano do discurso científico e racional nenhuma *tradução* que possa substituí-lo ou que corresponda plenamente a ele. Ao mesmo tempo, esse conhecimento imediato pede uma complementação que não o negue, que o respeite e lance sobre ele novas luzes, por meio de um trabalho de reconhecimento de contradições e estabelecimento de mediações, no esforço de dar conta do movimento humano que passa pela especificidade da criação artística.

A distorção ideológica, no plano da posição dos valores estéticos no campo da teoria do conhecimento, tanto pode *fetichizar o imediato,* cultuando-o, quanto pode subestimá-lo e *atribuir poderes desmesurados às interpretações científicas e ao discurso "racional" sobre a arte.* Ou ainda: tanto pode desqualificar a imaginação e a fantasia quanto pode *endeusá-las,* transformando-as em divindades inacessíveis, incumbidas de combater a razão.

Pelos caminhos do irracionalismo, danifica-se gravemente o conceito, instrumento da razão. Pela via do racionalismo formal atribuem-se superpoderes ao conceito, tornando-o arrogante. Adorno propõe uma terceira posição, dialética, quando define filosofia, em sua *Terminologia filosófica:* "A filosofia é o esforço do conceito para curar as feridas que ele mesmo, o conceito, necessariamente causa" (Adorno, 1973, p. 39).

Também no que se refere à forma, as perspectivas ideologicamente distorcidas podem ser encontradas em ângulos opostos: estão presentes no *formalismo* – que ignora a ligação essencial da forma com o conteúdo histórico de todas as criações humanas – e também são fáceis de ser identificadas no *conteudismo,* quer dizer, na postura dos que se contentam com uma compreensão simplista da importância e da complexidade da conquista da expressão adequada na arte.

No âmbito específico da criação artística, por outro lado, a ação da ideologia mantém uma característica essencial que se manifesta na representação da realidade, na construção do conhecimento, em geral: *a ideologia atua também – talvez sobretudo – na limitação dos horizontes; se manifesta, possivelmente, mais no que não está sendo visto do que naquilo que está sendo enxergado.*

As distorções ligadas a referências decisivas que podiam e precisavam ser feitas na construção de uma obra de arte, isto é, as distorções ligadas a elementos que eram *pedidos* pelo *todo* da obra (e o *pedido* não foi atendido), de fato, causam às vezes estragos mais sutis do que preconceitos explícitos ou unilateralidades evidentes.

O critério da necessidade ou desnecessidade das referências cuja falta prejudica a obra, entretanto, só pode ser um critério *estético*; não pode remeter diretamente à história política ou social. O artista cria a obra a partir da vida, porém ela assume sua forma e se constitui como um todo rompendo a dependência direta em relação à realidade que a condicionou em sua gênese e introduzindo nessa realidade algo *novo*. O que conta mesmo não é o que já existe quando o artista se lança ao trabalho: é o que ele faz, é o que passa a existir quando se conclui a fatura da obra.

No caso das obras literárias em prosa, como a linguagem é formalmente a mesma que as pessoas usam no cotidiano, a imposição ideológica de critérios provenientes da história político--social à avaliação das obras de arte é mais difícil de ser evitada e provoca distorções sutis na relação dos seres humanos com os valores estéticos.

Antonio Candido ensina, com sua habitual clareza: "A capacidade que os textos possuem de convencer depende mais de sua organização própria que das referências ao mundo exterior, pois este só ganha vida na obra literária se for devidamente reordenado pela fatura"(Candido, 1993, p. 11).

Um exemplo pode ilustrar aqui o prejuízo acarretado pela confusão entre as exigências do todo de uma obra de arte literária e as exigências atribuídas à representação fiel do conjunto de um movimento histórico social. O crítico marxista estadunidense

Sidney Finkelstein reclama que, embora a obra de Marcel Proust tenha um quadro rico da sociedade francesa do início do século XX, nela "acontecimentos como o caso Dreyfus tornam-se apenas impressões acidentais, de importância não maior do que uma noite na ópera" (Finkelstein, 1947, p. 151).

Podemos observar, na restrição que o crítico faz a Proust, que ele está cobrando do romancista uma exatidão documental pautada pela história política da França, na qual o caso Dreyfus teve, com certeza, enorme importância. No entanto, *Em busca do tempo perdido* é um texto de ficção que não está *atrelado* ao registro dos acontecimentos da história política francesa (com os quais mantém um vínculo inegável, sim, porém mediatizado).

Como construção ficcional (artística), voltada para a expressão de experiências humanas vividas por burgueses e aristocratas da *Belle Époque*, o livro tematiza o vazio de suas existências e o anseio de felicidade que – como observou Walter Benjamin – atravessa toda a vida do personagem-narrador. A matéria do artista escritor não é tanto aquela que aparece na esfera pública, mas a que se encontra no âmbito dos sentimentos íntimos. Por isso, uma noite na ópera pode ter – e tem! – no universo específico do romance uma significação maior do que a repercussão do caso Dreyfus (que, é óbvio, historicamente teve um peso muito superior ao de qualquer espetáculo musical).

A avaliação crítica da obra de Proust por Finkelstein é inconsistente. E sua inconsistência não é casual, não resulta de um lapso do crítico, não decorre de uma falha técnica acidental. O fato de invocar categorias buscadas em Marx e pretender representar a perspectiva do marxismo não protege Finkelstein de distorções ideológicas. Ao tentar mostrar os limites da ideologia no romance de Proust, o ensaísta estadunidense revela seus próprios limites ideológicos. A ideologia pegou carona na argumentação que se dispunha a desmascará-la. Ela faz isso com frequência.

21. IDEOLOGIA E ÉTICA

Tal como na arte, a ideologia pode se expressar na ética de maneiras muito diferentes. Pode, por exemplo, se manifestar na disposição subjetiva, implícita ou explícita, no sentido de abandonar o envolvimento com a comunidade, ou no sentido de cancelar qualquer compromisso com ela.

Como a comunidade é a matriz dos valores (*ethos* em grego e *mores* em latim significam *costumes,* quer dizer, normas de conduta estabelecidas pela coletividade), os indivíduos que negam o vínculo que os liga à comunidade são, de fato, pessoas que renegam a ética.

Esse tipo de distorção ideológica se liga a *formas extremas de egoísmo*, que ultrapassam amplamente o chamado *egoísmo saudável*, ligado à autopreservação e à afirmação pessoal de si mesmo. Vale a pena observar suas características.

Somos todos indivíduos singulares, temos desejos e necessidades pessoais, interesses particulares. Não há nada de errado nisso, seria absurdo pretendermos renunciar a essas peculiaridades. No entanto, pode ser constatado nos seres humanos, em conexão com o caráter projetivo (teleológico) da práxis, um impulso no sentido de irmos além do que somos no presente, isto é, de nos superarmos a nós mesmos. Não é casual que, ao longo da história da humanidade, possam ser encontrados tantos sinais de inconformismo, de inquietação, de vontade de autossuperação.

Os indivíduos cuja vida interior se enriquece – em diálogo constante com os outros – não se resignam a ser apenas aquilo que já se tornaram, e querem ser mais do que estão sendo. Cultivam, então, um lado deles que os impele na direção de uma busca de *universalização*. Empenham-se na procura de certa integração – ainda que simbólica – na ampla comunidade dos homens: o gênero humano, a humanidade. Atendem à demanda de algo de *universal* que existe dentro deles.

Ignorar esse anseio, negá-lo, desqualificá-lo é propor às pessoas que se contentem em ser somente indivíduos finitos que existem empiricamente e que não têm efetiva participação no movimento da humanidade, não têm nenhuma possibilidade de se inserirem, de se prolongarem nele. Levada às últimas consequências, essa atitude de retraimento total leva o indivíduo a não se assumir como alguém que pertence ao gênero humano.

É claro que, na medida em que nos tornamos pessoas mais resolutamente autônomas, essa dimensão da nossa interdependência passa a ser mais complicada. Ela não desaparece, contudo. E passa a ser mais sutil (embora exatamente por isso o desafio de compreendê-la seja mais instigante).

O filósofo Kant – como já lembramos no início deste livro, no capítulo dedicado à questão da ideologia antes de Marx – fala de uma "sociabilidade insociável" [*ungesellige Geselligkeit*] dos seres humanos (Kant, 1986, p. 13). Atrofiada a sociabilidade e exasperado o lado *insociável,* o egoísmo *engessa* a singularidade, deforma o movimento de *universalização* e esvazia a ética.

Um caso muito significativo na expressão desse fenômeno é o do marquês de Sade. Não se pode dizer que esse famoso aristocrata devasso fosse um homem sem convicções: ele pagou caro por suas convicções, passou cerca de 27 anos preso. No entanto, precisamente são essas convicções que ilustram o fenômeno de que estamos falando.

Sade leva ao extremo o egoísmo subjacente ao individualismo metodológico dos pensadores das *Luzes* do século XVIII. E o associa à sexualidade. Segundo o marquês, a natureza nos fez irremediavelmente desiguais, e os mais fortes têm todos os direitos sobre os mais fracos. A sociedade está organizada, na prática, de tal modo que o uso dos fracos pelos fortes é inevitável e deve ser encarado como *normal*. O prazer de uns passa pela dor dos outros.

Para evitar situações nas quais o outro lhe apareça como sujeito no campo da sua atividade erótica, causando-lhe alguma perturbação (forçando-o a se *identificar* com ele), o homem forte de Sade humilha, degrada, violenta, destrói o parceiro, reduzindo-o sempre à condição de objeto do prazer, de meio para o gozo individual daquele que o usa.

Sade escreveu na prisão, entre outros relatos, duas histórias interligadas que desenvolvem sua argumentação, a de Justine e a de Juliette. São duas irmãs que seguem caminhos opostos: a primeira é boa e honesta, sofre todas as desgraças, mostra ser uma tola. A segunda é esperta e perversa, sua trajetória, apesar de alguns momentos dramáticos, é a de uma vitoriosa.

Em *Justine,* a virtuosa heroína declara ao padre Clemente, que a sequestrou, que jamais aceitará a "lubricidade destrutiva" do sacerdote, e este lhe retruca que, sendo a sexualidade por natureza destrutiva, a recusa da moça em admitir essa verdade universal só podia ser explicada como manifestação de um ponto de vista estreito, do seu medo particular de ser objeto do prazer alheio. E, com um senso de humor bastante truculento, a acusa de ser... egoísta (Sade, 1950, p. 199).

Em *Juliette,* o personagem Noirceuil ensina à sua pupila: "Se eu tomo a mulher, a filha e os bens do meu vizinho, é possível que eu esteja cometendo uma injustiça em relação a ele. No entanto, se essas coisas me proporcionam um grande prazer e eu me privo delas, estarei cometendo uma injustiça contra mim mesmo" (Sade, 1954, tomo I, p. 254).

É difícil encontrar uma fundamentação teórica tão franca (e com um senso de humor tão truculento) para a ideologia do egoísmo cínico radical como essa que o marquês expõe pela boca dos seus personagens.

Não podemos deixar de observar, porém, que, mesmo em sua expressão mais desenvolta e coerente, essa ideologia é incapaz de ultrapassar os limites que aparecem no seu desenvolvimento voltado para o total esvaziamento da ética. Um episódio da trajetória de Juliette é sintomático. A moça, ouvindo a apologia do egoísmo radical feita pelo poderoso Saint-Fond, seu protetor, sente medo dele e se pergunta a respeito da possibilidade de que ele venha a destruí-la no altar de seus prazeres. E Saint-Fond se vê obrigado a tranquilizá-la, dizendo-lhe que ela pode confiar nele: "É preciso que exista algo de sólido no mundo, alguma coisa com que a gente possa contar. E qual seria essa coisa se não fosse o intercâmbio entre os amigos?" (Sade, 1954, III, p. 103).

O surpreendente aparecimento de uma ética da amizade num depravado como Saint-Fond sugere certa inviabilidade de esvaziamento completo da ética pela via do egoísmo cínico integral. Saint-Fond não só mostra ser sincero em sua amizade por Juliette como se mostra amigo de outro egoísta radical, mestre da moça, o já citado Noirceuil.

Paralelamente à distorção ideológica que se apoia no individualismo e incita os indivíduos ao egoísmo radical, outra manifestação da ideologia está, não em que cada um só pense em si mesmo (como propunha Sade), mas na *dissolução tendencial das pessoas nas coletividades.* Esse tipo de deformação propicia o fortalecimento de movimentos coletivos de conteúdo político hostil às liberdades pessoais.

Para os indivíduos que se beneficiam das possibilidades de uma autonomia crescente criadas socialmente pela hegemonia burguesa, no capitalismo, o preço a ser pago pela independência pode ser bastante alto. O indivíduo que se torna mais autônomo, nas condições hipercompetitivas ligadas à centralidade do mercado, está condenado a competir, a desconfiar do próximo, a disputar um lugar ao sol, a se manter permanentemente alerta. O modo de produção estimula nele a disposição para levar vantagem a qualquer custo, em detrimento dos demais, sempre que isso for necessário. E essa situação o coloca numa solidão extremamente penosa.

Como posso me abrir para alguém que percebo como um concorrente, uma ameaça? Como posso me entregar ao amor ao próximo se ele pode estar articulando uma manobra para tomar o meu lugar? Como posso tentar dar um sentido mais pleno à minha vida, ao meu trabalho, se não consigo me inserir efetivamente numa comunidade cujo movimento permitiria o desdobramento do que posso lhe levar?

A comunidade, matriz dos valores, está esgarçada. Quando tento trazer para o movimento dela uma contribuição pessoal capaz de tentar corresponder aos valores que assimilei dela, tenho enorme dificuldade para enxergá-la, não consigo reconhecer seus contornos.

Todos pertencemos, certamente, à grande comunidade que é o gênero humano. Na nossa existência cotidiana, entretanto, não se pode esperar de nós que essa comunidade universal abstrata funcione como referência operacional e nos ilumine o caminho, pois se trata de uma figura demasiado genérica e lhe falta o recheio das *mediações particulares sensíveis, imprescindíveis ao nosso dia a dia.*

Procuramos, então, de maneira frequentemente um tanto sôfrega, formas de existência comunitária mais acessíveis, dimensionadas de acordo com as nossas possibilidades de apreensão imediata.

É o que se constata quando se observa a inserção de seres humanos em comunidades dos mais variados tipos: em comunidades patrióticas, religiões, grupos de torcedores nos esportes, clubes recreativos, partidos políticos, organizações culturais, empresas, escolas etc. Em princípio, como já foi dito, essa inserção manifesta necessidades humanas perfeitamente legítimas de socialização e não há nada a objetar contra *ela*.

As comunidades particulares se constituem num movimento que pode enriquecer a grande comunidade humana, levando-lhe algo de que ela precisa vitalmente para não se esvaziar na abstração: a diversidade concreta da condição humana, presente nas diferenças das culturas, bem como nas distintas experiências da vida comunitária.

O que é fundamental é que essas comunidades particulares, para funcionarem como *mediadoras entre a singularidade dos indivíduos e a universalidade do gênero humano*, não se fechem sobre si mesmas, não se ossifiquem, não enrijeçam.

Qualquer organização sempre corre o risco de sofrer um *engessamento* capaz de interromper a conexão – essencial à função de mediação – tanto com a universalidade quanto com a singularidade dos seres humanos. Toda comunidade particular é passível de ser transformada num ninho de víboras.

Eticamente, contudo, o *problema* é outro. A comunidade particular pode continuar a ser o que tem sido legitimamente, sem degeneração, e, apesar dessa preservação da sua *normalidade*, pode ser o lugar escolhido por indivíduos que, consciente ou inconscientemente, estão dispostos a abrir mão da autonomia.

Pessoas que se sentem inseguras, têm medo da solidão, se assustam com sua própria fragilidade, são pessoas vulneráveis à tentação de se entregar a uma crença monolítica e ao movimento coletivo que pode vir a ser o portador material dessa fé.

Em qualquer organização, essas pessoas podem achar espaço para reunir aqueles com os quais descobrem afinidades para atuarem juntos. Em qualquer comunidade particular, podem surgir e podem se desenvolver tendências fanáticas, acentuadamente intolerantes.

Esse é um território excepcionalmente fecundo para a disseminação de distorções ideológicas eticamente muito problemáticas e politicamente muito perigosas.

A história política do século XX está cheia tanto de comportamentos mesquinhamente egoístas quanto de movimentos impregnados de fanatismos. Muitos funcionários do Estado e do partido, na Alemanha do período nazista, praticaram ações abomináveis alegando que estavam, como bons funcionários, cumprindo zelosamente as ordens dadas pelas autoridades legítimas.

Todas as comunidades que correspondem à necessidade de mediação entre o indivíduo (singular) e a humanidade (universal) podem sempre sofrer graves deformações ideológicas. Isso vale para os judeus com seus 3 mil e tantos anos de história, para os cristãos com seus 2 milênios de história, bem como para os budistas e os muçulmanos. Vale para os Estados nacionais e partidos políticos, para as organizações culturais e recreativas, para as torcidas de futebol como para as escolas de samba. Nenhuma dessas coletividades está imune ao fanatismo.

O fanático não é necessariamente um ser entusiasmado ou esbravejante: pode ser uma pessoa de estilo calmo e frio. O que caracteriza o fanatismo é a intolerância drástica em relação aos que não partilham da sua crença; é a repugnância incontrolável diante de um interlocutor considerado ilegítimo (de tal modo que *o diálogo se torna inviável*).

A palavra *fanático* vem do latim *fanum* (o templo) e passou a designar o indivíduo que se entregava por inteiro ao deus do templo, trocando sua liberdade de reflexão crítica pela adesão total a uma fé cega. Manifestações de fanatismo se encontram, com frequência, nas superstições religiosas, mas também podem ser identificadas no sectarismo político. E aparecem mesmo em ambientes intelectualmente refinados, por intermédio de um zelo doutrinário excessivo disfarçado em exigência de rigor.

No essencial, o fanatismo não se deixa reduzir a um problema psicológico, embora tenha muito a ver com as preocupações dos estudiosos da área psi. Para o exame da sua conexão com a questão da ideologia, o fanatismo se torna um fenômeno tão mais significativo quanto maior for a capacidade de movimentos fanáticos de arregimentar adeptos em ações coletivas.

O filósofo tcheco Karel Kosik analisou uma infiltração de distorção ideológica dessa espécie no movimento comunista mundial, na prática dos leninistas. Concentrando sua atenção na figura do revolucionário profissional burocratizado, do militante inteiramente dedicado à organização revolucionária, Kosik chama-o, ironicamente, de *Comissário do Povo*. E observa que, identificado com o Partido e com a Revolução, ele age como portador de uma verdade que lhe é inerente e precisa ser levada aos outros na íntegra, tal como está formulada, sacralizada, sem modificações. Kosik diz do Comissário:

> Pelo fato de querer transformar os homens sem transformar-se a si mesmo, ele tem a confirmação, no desenvolvimento da sua atividade, do preconceito de que sua atividade terá tanto mais sucesso quanto mais o objeto da sua ação transformadora e educativa for passivo. A atividade do Comissário provoca, assim, a passividade dos homens; e uma passividade assim produzida passa a ser, por sua vez, condição de existência e justificação do próprio sentido da atividade do Comissário. As intenções reformadoras se transformam, assim, em prática deformadora. (Kosik, 1969, p. 111)

O fato de que o outro não se disponha a aderir passivamente à *verdade* que o Comissário lhe leva torna-o imediatamente suspeito, possivelmente alguém imbuído de má-fé, talvez uma criatura comprometida com o *inimigo*.

A figura do Comissário ilustra um dos caminhos que a ideologia pode trilhar para distorcer o anseio das pessoas por uma inserção numa comunidade humana capaz de completá-las e dignificá-las. Sem equiparar o movimento comunista e o nazismo, podemos reconhecer que em ambos, com características muito diferentes, a força da ideologia aproveitou a necessidade da dimensão comunitária para impulsionar muita gente em direção a práticas alienadas.

Mas Kosik não se restringe ao exame crítico do Comissário; ele recorre a Goethe para falar também numa outra figura: a da *bela alma*.

O homem da *bela alma* tenta preservar sua integridade ética esquivando-se às *impurezas* da ação. Como a ação jamais oferece ao sujeito nenhuma garantia de que ele não se conspurcará, o homem da *bela alma* não age. E, ao não agir, acumplicia-se por omissão com a injustiça constituída no quadro vigente. Na medida em que se propõe um ideal inatingível, a *bela alma,* na realidade, está optando pelo fracasso. Ou resolve agir (e é infiel aos seus princípios) ou insiste na recusa à ação (e se torna conivente com os que detêm o poder na sociedade).

A idealização da condição humana é um caminho usualmente trilhado pela distorção ideológica que se manifesta na ética. Diversas teorias filosóficas, reagindo contra a postura dos indivíduos que se voltam para a contemplação exclusiva do próprio umbigo, empenham-se em valorizar o altruísmo. E sustentam a ética do comportamento *desinteressado.*

A pregação do *desinteresse* tem-se revelado inócua. O *interesse,* em sentido amplo, como o desejo, é – ao que tudo indica – ineliminável da condição humana.

As pessoas se movem em função do que supõem ser seus interesses. O campo dos interesses, contudo, é vasto e cheio de diferenças.

O sujeito pode se interessar por algo que lhe convém circunstancialmente, mas contraria o interesse de outras criaturas. Pode também se interessar por algo que corresponde ao desejo ou à ambição do seu grupo (da sua *corporação?*), mas colide com o interesse da humanidade. Pode igualmente, como indivíduo, viver um interesse que partilha com uma comunidade cujo movimento seja de crescente abrangência, de abertura para a humanidade, elevando-se como indivíduo privado ao âmbito de um cidadão do mundo (como queria Erasmo de Rotterdam).

Etimologicamente, o termo só assumiu o sentido de lucro, proveito ou vantagem na Idade Média. No latim clássico, a palavra vinha de *inter* (entre) e *esse* (ser): referia-se àquilo que, juridicamente, estava entre as coisas que não podiam deixar de ser consideradas.

Seres humanos, na medida em que estão vivos, possuem seus próprios interesses vitais. O que se há de cobrar deles, no plano da ética, não é que se dispam de seus interesses ou que renunciem a seus desejos. Se pudessem ser *desinteressados*, ou desprovidos de desejos, aliás, seriam, de fato, apenas indesejáveis e desinteressantes... O que cada pessoa precisa esclarecer para si mesma é a exata natureza dos seus diferentes interesses e dos seus diversos desejos. Quais são seus interesses (ou seus desejos) mais importantes e quais são os menos importantes? Quais são os interesses partilhados com outros e quais os exclusivos de cada um? Como esses interesses e esses desejos estão relacionados uns com os outros?

A ideologia pode acompanhar e apoiar o movimento hedonista que preconiza a satisfação imediata de todos os impulsos prazerosos em termos egoístas (ou ao menos em termos de indiferença em face das necessidades e dos desejos alheios), como pode, também, se expressar na linha do ascetismo, da renúncia aos prazeres, da desconfiança visceral diante dos desejos humanos, da subestimação do corpo.

Tanto na entrega total, exclusiva, à busca do gozo, quanto num certo ideal de *santidade* que se traduz na imposição de uma *espiritualização* excessiva, repressora, a ideologia encontra espaço para impedir que os seres humanos sejam enxergados como realmente são, em suas características contraditórias, em sua *sociabilidade insociável.* Em ambas as direções, a ideologia pode influir numa avaliação, não do que os homens são (ou podem se tornar), mas daquilo que, segundo o avaliador, eles *deveriam* ser. E esse *dever ser*, imagem idealizada da condição humana, já é em si mesmo uma expressão indisfarçável da ideologia.

Valores éticos capazes de inspirar uma resistência concreta às distorções ideológicas precisam ser propostos a seres humanos concretos, quer dizer, a indivíduos que não abrem mão de seus interesses, que não renunciam facilmente a seus desejos. Esses indivíduos, com suas respectivas singularidades, com seus interesses e desejos pessoais, contribuem para que a grande comunidade a que pertencem possa ser pensada, aproximativamente, em toda a sua concretude, isto é, em toda a riqueza das suas diferenças internas, das suas contradições.

22. IDEOLOGIA E COTIDIANO

HÁ UM NÍVEL DE ATIVIDADE DA consciência que é fundamental para tentarmos compreender como se manifesta a ideologia: o nível da percepção cotidiana da realidade.

Grandes modificações históricas nas condições em que vivem os homens são impulsionadas por ideias, sentimentos, convicções, paixões que se manifestam muitas vezes, pioneiramente, em personalidades que se destacam por qualidades excepcionais de sensibilidade e inteligência. Essas modificações, entretanto, só se concretizam efetivamente, produzindo efeitos duradouros, e em certo sentido irreversíveis, quando são de algum modo incorporadas aos comportamentos, aos hábitos, ao modo de vida do *homem comum,* em sua existência cotidiana.

A esse nível de atividade dos seres humanos no seu dia a dia corresponde um nível de consciência que, adotando um termo usado na *Estética* de Lukács, já mencionada na primeira parte deste livro, passamos a designar como *consciência cotidiana.*

Entre as características mais importantes dessa consciência cotidiana está a de se fixar sempre numa relação tendencialmente imediata com o que apreende. Ao contrário do que se passa como conhecimento alcançado pela via das artes, ou do conhecimento filosófico ou científico, que para se desenvolverem precisam ir além do imediato, a consciência cotidiana – submetida às pressões e às injunções do dia a dia – tende a permanecer muito próxima da superfície da empiria, muitas vezes grudada nela, sem nenhum distanciamento efetivo.

Podemos recordar uma historinha que ilustra esse fenômeno: a dos cegos e do elefante. Os cegos queriam conhecer o elefante e cada um deles teve sua oportunidade de tocar no animal. Um abraçou a perna do bicho e concluiu que ele se parecia a uma coluna. Outro tocou na tromba e afirmou que era como uma serpente. Um terceiro segurou o rabo e achou que o elefante lembrava uma cordinha. Um quarto pôs as mãos no tórax do animal e se convenceu de que o bicho era como uma muralha. E assim por diante.

Em geral, no nosso dia a dia, não chegamos ao extremo da avaliação feita pelos cegos dessa historinha, porém – em termos menos evidentes – incorremos em unilateralidades.

Em certo sentido, podemos dizer que mesmo pessoas que desenvolveram capacidades extraordinárias no plano da pesquisa, do discurso teórico, da reflexão crítica, do conceito, ou da criação e da ampla compreensão das artes, ao se moverem no plano prático da vida cotidiana se servem das formas de percepção e entendimento típicas da consciência cotidiana.

Ninguém escapa inteiramente à cotidianidade, tanto como forma de atividade quanto como forma de consciência. Mesmo levando em conta a excepcional fecundidade de um artista como Picasso, de um escritor como Balzac, de um pensador revolucionário como Marx, somos levados a reconhecer que na maior parte do tempo, ao longo da vida, Picasso, Balzac e Marx viveram uma existência cotidiana – comendo, bebendo café (Balzac), cerveja (Marx) ou vinho (Picasso), fazendo suas necessidades fisiológicas, se divertindo, pondo a correspondência em dia, tomando banho, se despindo, se vestindo, pagando contas (ou se preocupando com elas), divagando, batendo papo com a esposa e com os amigos, fazendo ou recebendo visitas, atendendo a solicitações da família etc. – e se guiaram pela consciência correspondente a essa existência.

Agnes Heller, quando ainda se movia no horizonte do pensamento de Lukács, procurou analisar algumas das características estruturais da consciência cotidiana e assinalou: a atividade cotidiana não chega a ser *práxis* e a consciência cotidiana não chega a ser *teoria* (Heller, 1970, p. 45). As atividades do dia a dia são em geral dispersivas e suas múltiplas solicitações não permitem que o sujeito concentre suas energias criadoras, analíticas ou reflexivas na sua autorrealização consequente ou na elaboração teórica rigorosa.

A consciência cotidiana precisa de certa *espontaneidade,* que lhe impõe limitações, quando comparada às formas de percepção e compreensão da realidade proporcionadas pela arte e pelas ciências. Seria totalmente irrealista (e inumano) pretender que as pessoas desenvolvessem permanentemente o esforço do trabalho, da investigação autodisciplinada ou da construção objetiva de obras de expressão artística. No cotidiano, predomina a *lei do menor esforço.*

A consciência cotidiana do *homem comum* precisa de certa dispersão, entre outras razões porque a concentração cansa, a persistência da atenção acarreta desgaste, cansaço, as pessoas carecem de repouso, sentem necessidade de espairecer um pouco, necessitam de diversão, de entretenimento.

No âmbito da cotidianidade, o sujeito tende a se adaptar passivamente às circunstâncias, adquire e conserva hábitos, tende à imitação e à repetição. Suas crenças e convicções se simplificam e ocupam um grande espaço na sua percepção da realidade. Sua representação das coisas e dos seres é muito frequentemente analógica, e seus juízos – provisórios – se prestam a generalizações abusivas (que Agnes Heller chama de *ultrageneralizações*).

Essas características tornam compreensível o fato de que a consciência cotidiana constitua um terreno especialmente fértil para a proliferação de preconceitos. Não é casual que seja na linguagem da vida cotidiana que se manifestam com maior nitidez os preconceitos raciais e sexistas. Cabe, no entanto, a advertência: nem tudo na consciência cotidiana é alienado, nem tudo nela é ideologicamente distorcido.

Ultrageneralização, por exemplo, pode ser uma imagem sugestiva de algo que um indivíduo sente e pretende comunicar imediatamente a outros, sem atribuir maior importância à sua mensagem, ou talvez lhe conferindo um toque de humor, ou ainda transformando-a em provocação ao diálogo. A dimensão ideológica surge quando a *ultrageneralização* se liga a alguma tendência histórica real, às motivações de algum grupo que pode tirar proveito de determinado preconceito porventura embutido na generalização desmesurada.

Pensar por analogias também não é necessariamente um procedimento vicioso (e pode ser uma forma de manifestação de sensibilidade artística). Os hábitos também podem ser considerados úteis, podem facilitar a vida das pessoas, desde que não se enrijeçam e se transformem em rotinas rígidas.

Divertir-se, também, não é inevitavelmente um acumpliciamento com a injustiça, uma conivência com a opressão e a exploração na sociedade. Por mais notável que seja a contribuição que Adorno e Horkheimer trouxeram para a análise crítica da *indústria cultural* (está abordada num capítulo especial da primeira parte do presente trabalho), não podemos deixar de perceber certa estreiteza elitista no horizonte dos dois mestres da *Escola de Frankfurt*. Os seres humanos, por mais explorados que sejam, por mais infelizes que a pobreza possa torná-los, são capazes de viver e *curtir* momentos agradáveis, engraçados, sem por isso estar sendo resignados ou conformistas. A condição de vítima não impede que o sujeito ria. O sofrimento não mata o senso de humor nem elimina necessariamente toda alegria.

Ao se divertir, o indivíduo pode – ou não – estar se alienando. A ambiguidade do riso está frequentemente vinculada à ambiguidade da consciência cotidiana em geral. Assim como o riso pode assumir uma dimensão comprometida com o individualismo, com o cinismo, com o egoísmo de um coração ressecado, e também pode assumir uma dimensão crítica que manifesta a perspectiva inconformista dos de *baixo* (lembremos Bakhtin), a consciência cotidiana pode apenas sancionar a situação existente (e contribuir para que ela perdure), mas também pode de algum modo questioná-la e conter elementos que contribuam para estimular a busca de alternativas para o quadro atual constituído.

A ambiguidade típica da consciência cotidiana, então, ao mesmo tempo que a torna extremamente vulnerável à distorção ideológica, apresenta possibilidades interessantes de resistência aos processos da ideologia.

O campo da cotidianidade, em seu conservadorismo básico, constitui um desafio essencial para os que se empenham em promover transformações históricas revolucionárias. A maior dificuldade está não em reconhecer a existência das limitações conservadoras da consciência cotidiana, mas em saber encaminhar as mudanças mais profundas que puderem ser realizadas, distinguindo, no plano da reflexão e da consciência crítica, entre o que a ação deve conservar e o que ela precisa, efetivamente, superar.

O cotidiano é o terreno em que o revolucionário é intimado a reaprender sempre que, no processo das transformações históricas, do qual ele pretende participar com disposição libertária, haverá – inevitavelmente – coisas que terão de ser conservadas. Afinal, mudança e permanência, como ensinava o velho Hegel, são categorias de determinação reflexiva: uma não faz sentido, concretamente, sem a outra.

O revolucionário, por força da própria dinâmica da sua opção, se arrisca a superestimar o espaço do que pode ser modificado e a subestimar o espaço do que deve ser preservado. A cotidianidade lhe aparece como a desagradável região que, para ser atravessada, lhe impõe revisões dolorosas nessa sua tendência.

As duas tendências mais sutis e mais difíceis de serem neutralizadas nas distorções ideológicas a que se vê submetida a consciência cotidiana são:

1) aquela que se manifesta na desqualificação absoluta da cotidianidade (com o total desprezo por seus saberes mais ou menos empíricos e com a imposição autoritária dos saberes constituídos sancionados pelas ciências) e

2) aquela que subestima os limites da consciência cotidiana, difundindo a crença de que o movimento da percepção imediata e da apreensão sensível no dia a dia é um movimento quase autossuficiente, que pouco tem a assimilar das formas mais desenvolvidas do conhecimento.

Quer dizer: são as tendências que ora consideram idênticas a consciência cotidiana e a distorção ideológica (dispensando a pesquisa das diferenças internas do campo), ora apontam as distorções ideológicas que se manifestam no discurso dos cientistas como uma comprovação relativista de que as imagens e as representações imediatas da consciência cotidiana são critérios tão bons e válidos como quaisquer teorias científicas.

Na medida em que compreendemos que a consciência cotidiana corresponde a uma necessidade universal e percebemos que todos os indivíduos se servem dela, devemos nos debruçar atentamente sobre os elementos importantes dos saberes que nela se engendram, independentemente do fato de serem ou não serem *científicos*.

A consciência cotidiana, com seus saberes, nos alerta para a diversidade do mundo, que é sempre maior do que as ciências conseguem reconhecer. Henri Lefebvre, marxista pioneiro na reflexão sobre a cotidianidade, chegou a escrever que "é na vida cotidiana que se situa o núcleo (*noyau*) racional, o centro real da práxis" (Lefebvre, 1968, p. 64). É uma formulação enfática, que contrasta claramente com aquela de Agnes Heller, que citamos há pouco, sobre a atividade cotidiana (que, segundo ela, nunca é práxis).

A afirmação de Lefebvre se arrisca a minimizar os limites da consciência cotidiana, porém tem o mérito de sublinhar as possibilidades de uma gênese da práxis a partir da atividade cotidiana. Embora a perspectiva de Agnes Heller nos pareça mais correta, talvez valha a pena matizá-la, evitando que incorra numa ênfase simetricamente oposta à outra, mas também passível de pecar por unilateralidade. Talvez possamos modificá-la um pouco, alterando-a para: a atividade cotidiana quase nunca chega a ser práxis e a consciência cotidiana quase nunca chega a ser teoria. Essa formulação matizada tem a vantagem de nos chamar a atenção para a importância de competências que estão sendo engendradas, e saberes que estão sendo elaborados, numa mal definida zona de transição entre a cotidianidade, de um lado, e a teoria e a práxis, de outro.

Se, contudo, nos satisfizermos com o que tais saberes nascentes nos proporcionam e nos esquivarmos ao que Hegel chamava de "o esforço do conceito" [*die Anstrengung des Begriffs*], isto é, se não reconhecermos a importância decisiva da construção rigorosa do conhecimento científico, estaremos, conscientemente ou não, encalhados na superficialidade. E, mais uma vez, vale a pena lembrar o velho Hegel, que advertia: "Na facilidade com que o espírito se satisfaz pode ser medida a extensão daquilo que ele está perdendo" [*An diesem, woran dem Geist genügt, ist die Grösse seines Verlustes zu ermessen*] (Hegel, 1970b, p. 17).

A ideologia ancorada no conservadorismo da consciência cotidiana, hoje, trata de camuflar esse conservadorismo. As imagens criadas pela distorção ideológica mais frequente na experiência do dia a dia dos indivíduos estão comprometidas com uma maneira de percebermos a realidade contemporânea como um vigoroso movimento positivo, de vertiginoso progresso: uma autêntica *revolução tecnológica,* que está mudando tudo.

Numerosos fatos podem ser apontados para dar maior credibilidade a essas imagens. O cotidiano de um número enorme de pessoas é marcado por hábitos e experiências que não lhes eram acessíveis no século XIX: multidões viajam de automóvel e de avião, veem televisão, vão ao cinema, ouvem rádio, usam fax, computador, telefone sem fio ou celular, caneta esferográfica, gravador, viajam na internet, tomam sorvete, recorrem a analgésicos, antibióticos, pílulas anticoncepcionais, vestem calças jeans, se refugiam do calor em locais que têm ar refrigerado, sabem da energia nuclear, dos transplantes de órgãos, dos exames de DNA etc.

Esse elenco de fatos é impressionante e seria rematada insensatez ignorar sua significação para o imaginário coletivo da população, envolvendo tanto a burguesia quanto as camadas médias e as massas populares.

Uma observação crítica mais consistente, no entanto, poderá mostrar que a mudança acelerada e em alguns casos espetacular dos hábitos e experiências do dia a dia não alterou substancialmente a *estrutura* das sociedades. No novo quadro se reconhece o mesmo modo de produção capitalista, apenas com novos e mais poderosos instrumentos, com mecanismos mais ágeis, tirando proveito de novas motivações.

Um dos teóricos da *revolução tecnológica,* o sociólogo Anthony Giddens sustenta que ela, com menos barulho, com menos estrépito do que as revoluções políticas, mudou profundamente o mundo e o homem, promovendo uma globalização descentralizadora e encontrando como reação conservadora as intolerâncias fundamentalistas (Giddens, 2000).

Haveria muito que dizer sobre a posição de Giddens: a descentralização promovida pela globalização tem resultado num controle imperial do mundo pelos Estados Unidos da América; as manifestações do fundamentalismo só têm tido historicamente maior impacto, envolvendo mais gente, quando a tolerância cosmopolita apregoada pelos dirigentes dos principais Estados ocidentais perde credibilidade e é vista como mera manobra que encobre uma política de exclusão, de opressão ou de exploração. Se nos limitamos a condenar a intolerância, assumindo uma postura discursiva *moralista,* bastante comum na tradição liberal, estamos renunciando ao esforço de entender o que as manifestações de intolerância representam nos momentos históricos em que se expandem.

Para nós, no âmbito do que dizíamos sobre o cotidiano, o que mais interessa é a tese da *revolução tecnológica.* Pelo impacto produzido na vida cotidiana de tanta gente, pode-se considerar razoável o uso do termo *revolução.* Quando, porém, Giddens a compara com as ruidosas revoluções políticas, convencido de que ela as substitui, ele está incorrendo numa subestimação – ideológica! – do desafio com que se defronta a ação política transformadora.

Algumas perguntas nos ocorrem, de imediato: em que consistem, exatamente, as modificações desencadeadas pela introdução das mudanças tecnológicas na vida cotidiana das multidões, no século XX? Em que tais mudanças tornam dispensáveis as transformações almejadas pelas revoluções políticas?

As inovações que produziram impacto na vida cotidiana das pessoas ao longo do século XX são, com frequência, ambíguas. O automóvel, por exemplo: por um lado, ele dá ao seu proprietário o poder de se deslocar rapidamente para onde, quando e como quiser; por outro lado, na medida em que aumenta vertiginosamente o número de carros particulares e de seus respectivos proprietários, diminuem os recursos disponíveis para o aperfeiçoamento dos meios de transporte coletivos e se criam colossais engarrafamentos. A opção por uma mudança efetiva nesse *lado noturno* da proliferação dos carros particulares e a implementação da decisão de promover um aprimoramento dos meios de transporte coletivos – defendendo o interesse coletivo – não dependem de uma ação política revolucionadora?

Outro exemplo: os transplantes de órgãos. É claro que eles, ao serem viabilizados, prolongam vidas humanas, representam vitórias da saúde sobre a doença. Nas condições em que vivemos, entretanto, submetidos às pressões do capital, com os indivíduos atomizados pela competição desenfreada, a inovação tecnológica desencadeia um processo inevitável de uma busca tendencial de órgãos onde quer que eles se encontrem para serem comprados pelos ricos e poderosos que deles necessitem. E esse processo já chegou, como sabemos, até ao assassinato de crianças para o aproveitamento de seus órgãos. O combate eficiente a esse tipo de comportamento não requer uma modificação política drástica das condições socioeconômicas que o causam?

O progresso tecnológico tem acarretado um aumento tendencial do desemprego. Os socialistas propõem uma solução que passa pela redução da jornada de trabalho sem diminuição dos salários; o capitalismo não admite essa mudança. Ela não terá, então, de ser feita pelas vias – barulhentas – da política?

O quadro apresentado por Giddens, independentemente das suas intenções, atenua o peso das contradições, suaviza os contrastes. E subestima uma característica fundamental da sua *revolução tecnológica:* as inovações mais espetaculares mudaram muito mais as condições da vida cotidiana dos *indivíduos,* considerados como tais, do que a vida cotidiana das *comunidades.*

A experiência histórica indica que as transformações mais profundas das comunidades, da estrutura das relações sociais, dependem mesmo das revoluções políticas. E o não reconhecimento dessa dependência parece decorrer, de fato, de uma *despolitização* artificial, forçada, isto é, de um bloqueio ideológico.

Vamos nos deter um momento no exame de algumas características da distorção ideológica tal como se manifesta na esfera da política.

23. IDEOLOGIA E POLÍTICA

O CAMPO EM QUE A IDEOLOGIA MANIFESTA mais explicitamente seu poder de enviesamento é, com certeza, o campo da atividade política.

O sujeito da ação política é alguém que quer conhecer o quadro em que age, quer poder avaliar o que pode e o que não pode fazer, mas, ao mesmo tempo, é um sujeito que depende, em altíssimo grau, de motivações particulares – suas e dos outros – para agir.

Por mais sinceros que sejam os princípios universais que adota, o sujeito da ação política atua de maneira a mobilizar pessoas que, de fato, só se mobilizam em função de motivações pessoais, de desejos próprios, de interesses particulares.

A política é levada, assim, a lidar com duas referências contrapostas, legitimando-se por meio da universalidade dos princípios e viabilizando-se por meio das motivações particulares.

O problema se agrava, ainda, na medida em que, para enfrentar a concorrência, para competir com outros sujeitos, que procuram arregimentar seguidores para uma caminhada que se dispõe a seguir em outra direção, o político é levado a misturar as duas coisas: o universal e o particular. E é a confusão dos dois polos que manifesta, de modo explícito e permanente, a presença do viés ideológico.

Uma política que se subordinasse rigorosamente à universalidade dos princípios não conseguiria promover uma mobilização ampla, consistente e duradoura de indivíduos particulares. E – o que é pior – caso tal política venha a funcionar ela terá efeitos deformadores extremamente graves na cabeça daqueles que ela arregimentou, caracterizando-se como um movimento de produção de *fanáticos.*

Por outro lado, uma política que esvaziasse os princípios universais de qualquer conteúdo real, que se dispusesse a aproveitar com total desenvoltura quaisquer vantagens circunstanciais, sem se preocupar com compromissos programáticos ou com metas a médio e longo prazos, seria uma política de *oportunistas,* de indivíduos incapazes de se elevarem ao âmbito de uma dedicação fecunda à comunidade.

Em geral, os caminhos trilhados pela política evitam uma opção explícita por uma dessas linhas extremadas: o doutrinarismo, o oportunismo crasso, o cinismo ostensivo ou a completa indiferença. São frequentes as combinações de elementos representativos de tais direções, porém combinados em graus diversos. E é nessa combinação hábil que se enraíza a ideologia.

Cada pessoa, cada grupo, ao intervir na política, ou ao se omitir em face dela, tende a acreditar que seu ponto de vista é mais adequado às necessidades ou às conveniências da humanidade do que o ponto de vista dos outros.

Quando se trata do exercício do poder, aqueles que têm a posse dos grandes meios de produção inevitavelmente tendem a ficar convencidos (e tratam de convencer os demais) de que a situação de que se beneficiam é, se não a melhor, ao menos a menos ruim das situações possíveis. Na medida em que os conhecimentos proporcionam algum poder, aqueles que detêm o *saber* tendem a acreditar necessariamente que a superioridade da sua cultura só não é reconhecida por ignorância ou por má-fé. Os ricos, por sua vez, costumam crer que a existência de diversidade nas fortunas é *normal,* já que pode ser constatada em todas as sociedades. E os privilegiados se inclinam a considerar seus privilégios como *direitos.*

Essa capacidade de se autoiludir confere aos detentores do poder e da riqueza uma eficiência maior na argumentação, no modo como iludem os outros. A mentira desavergonhada não consegue, em geral, ser convincente como o discurso político que acolhe elementos de autoilusão.

É sintomático que a mitologia grega, tão rica, não tenha tido um deus específico para a política. O comércio tinha um deus, que, aliás, era bastante safado: Hermes (o Mercúrio dos romanos). A indústria tinha um deus: Hefesto (o Vulcano dos romanos), casado com Afrodite, a deusa da beleza, e traído por ela. A sabedoria tinha uma deusa: Palas Atena (a Minerva dos romanos). E o deus da política, quem seria?

Zeus, o deus dos deuses, fazia política o tempo todo, no Olimpo, mas nunca se dispôs a ser o deus da política. Os atenienses do tempo de Péricles prezavam muito as prerrogativas da cidadania, discutiam bastante. Um pouco mais tarde, Aristóteles escreveu um famoso tratado intitulado *A política.* A palavra derivava de *pólis* e designava uma relação intersubjetiva. Enquanto a *poiésis* era a produção de uma coisa (relação sujeito/objeto), a *práxis* era a ação dos cidadãos uns em relação aos outros, era a atividade do homem livre empenhado em persuadir os demais (relação sujeito/sujeito).

Apesar da importância que reconheciam à atividade política, os atenienses – que foram mais longe do que todos os demais povos da Antiguidade na experiência da *pólis* – não tinham um deus para ela.

A política, com suas ambiguidades, com suas tensões entre o universal e o particular, entre o ideal e o interesse, com suas possibilidades libertárias e seus poderosos meios de manipulação e de opressão, com sua grandeza e suas misérias, talvez tenha parecido aos gregos um espaço humano, demasiado humano para que algum deus o apadrinhasse.

Em Atenas, a cidade deu origem à ideia de cidadania. O conceito chegou até nossos dias, porém seu significado sofreu alterações importantes. Para Aristóteles, cidadão era quem podia – e devia – participar das decisões do governo. Quer dizer: pela primeira vez na história os cidadãos constituíam um grupo numeroso, mas ainda assim minoritário, já que ficavam excluídos da cidadania os escravos, as mulheres e as pessoas que não haviam nascido em Atenas.

Muitos séculos mais tarde, nas condições da história moderna, essa concepção de cidadania mudou. Desenvolveu-se a exigência democrática de que os direitos da cidadania valessem para todos e incluíssem não só os direitos políticos mas também os direitos civis. O pensamento político mais avançado vê a cidadania como uma meta a ser conquistada e uma condição a ser aprimorada por todos e para todos.

Como escreve Carlos Nelson Coutinho:

> A cidadania não é dada aos indivíduos uma vez para sempre, não é algo que vem de cima para baixo, mas é resultado de uma luta permanente, travada quase sempre a partir de baixo, das classes subalternas, implicando assim um processo histórico de longa duração. (Coutinho, 2000, p. 51)

Em face desse processo histórico, a ideologia conservadora atua de duas maneiras diversas: 1) em uma linha explicitamente antidemocrática, de oposição ao processo; e 2) em uma linha que declara sua adesão ao movimento de construção e aprimoramento da cidadania, porém de fato subordina o apoio à preservação do controle feito por setores de elite.

Na primeira linha se encontram movimentos de extrema-direita, como o fascismo e o nazismo. Em vez de se limitarem a uma resistência passiva às mudanças, esses conservadores radicais são ativistas, tomam iniciativas ousadas. Em sua atuação no século XX, eles não hesitaram em saquear até o quadro das experiências práticas e o acervo conceitual da esquerda revolucionária.

Mussolini, por exemplo, buscou em Marx dois conceitos essenciais (modificando-os, é claro): o de luta de classes e o de ideologia. Reconhecendo a existência da luta de classes, o Duce *corrigiu* o autor d'*O capital,* sustentando que era exatamente para disciplinar o conflito que precisava ser criado um Estado forte, ditatorial, capaz de se impor tanto aos capitalistas quanto aos trabalhadores: o Estado fascista.

E, admitindo a justeza da observação de Marx segundo a qual é impossível avaliar mais aprofundadamente uma ideia sem levar em conta seu condicionamento histórico e seu uso social, Mussolini concluiu que afinal tudo é *ideologia* e no discurso só importa mesmo a utilidade imediata do que está sendo dito. De tal modo que a unidade de teoria e prática, pensada por Marx, virou uma pragmática *identidade* de teoria e prática. A teoria perdeu a capacidade de *criticar* a ação, o conhecimento deixou de ter exigências próprias significativas.

Coerente com sua perspectiva, Mussolini dispensava qualquer compromisso com a coerência. Definia o fascismo como um movimento *super-relativista,* porém advertia que ele precisava do *mito da italianidade.* Anunciou que os *fasci* jamais se tornariam um partido e poucos meses depois presidiu o congresso de fundação do Partido Nacional Fascista, caracterizando-o como o coroamento da experiência anterior. Fez pronunciamentos pela monarquia e pela república.

Justificando a violência fascista, assegurou que ela não era imoral porque não era *fria e calculada,* e sim *instintiva e impulsiva.* Alguns meses mais tarde, exaltou a violência fascista porque ela era "pensante, racional, cirúrgica" (Konder, 1977, p. 32).

Tudo isso para o Duce era compatível com sua concepção da ideologia, quer dizer, correspondia a um conceito de ideologia que reduzia a construção do conhecimento à racionalização de desejos e interesses e à produção de armas usadas nos conflitos políticos, sempre em função das circunstâncias e das conveniências momentâneas.

Essa concepção rudemente pragmática de ideologia não foi adotada somente por Mussolini e pelos fascistas; com algumas variações, de fato, ela teve muitos outros adeptos nos anos de 1920, 1930 e 1940, entre eles numerosos representantes da versão mais difundida do *marxismo-leninismo.*

E ainda convém acrescentar: até um historiador muito distante do fascismo e do movimento comunista, um pesquisador que fez observações muito agudas sobre fenômenos ideológicos, como Norbert Elias, endossou essa forma extremamente empobrecida do conceito, o que o levou, afinal, a recusá-lo.

Em sua fina análise do processo civilizador, depois de ter estudado o condicionamento social dos medos e ansiedades dos indivíduos, sua força, forma e papel na personalidade das pessoas, Elias não se dá conta dos pontos de contato existentes entre sua abordagem e as preocupações que se manifestam na questão da ideologia, como ela emerge do pensamento de Marx.

E, na parte final de sua obra, explicita sua rejeição do conceito que atribui ao outro nos seguintes termos: "Não faz sentido explicar o processo civilizador como uma *superestrutura* ou *ideologia,* isto é, exclusivamente a partir de sua função como arma na luta entre interesses sociais específicos" (Elias, 1993, v. 2, p. 235).

Mas essa breve referência ao mal-entendido encontrado no livro de Norbert Elias não deve nos afastar do objetivo que pretendemos alcançar, que é o de dizer algo sobre as duas linhas de atuação mais influentes da ideologia conservadora no âmbito do processo democratizador de formação da consciência da cidadania.

Já dissemos algo sobre a linha mais drasticamente antidemocrática, agora cabe nos determos rapidamente sobre a segunda linha, que subordina seu apoio ao fortalecimento da cidadania ao controle do processo por parte de uma *elite*.

Como ideologia, o elitismo é bem mais sutil do que as tendências ostensivamente antidemocráticas. Em muitos casos, os representantes dessa linha que se declara favorável ao fortalecimento da cidadania, porém se preocupa com fenômenos de *massificação*, percebem e apontam problemas reais, dificuldades que o processo de democratização da sociedade não pode ignorar. Embora abordem a questão de um ângulo que lhes impõe limites para a análise, revelam às vezes perspicácia na crítica de procedimentos *demagógicos* e atitudes *populistas*. Reagem contra a atribuição de *saberes* um tanto mágicos às massas populares (como se os de *baixo* tivessem sido miraculosamente preservados de quaisquer efeitos deformadores exercidos pela ideologia dominante).

Para os teóricos mais influentes ligados a essa tendência, sempre existiram de um lado os que governam e de outro os que são governados. E, dando um passo adiante, já caracterizado como um movimento nitidamente ideológico, esses teóricos (Mosca, Pareto etc.) asseguram: sempre existiram e *sempre existirão* essas duas categorias.

A constatação de uma determinada situação histórica que tem perdurado é transformada em uma tese que *engessa* o quadro, *coagula* a situação, *eterniza* e legitima a contraposição, estratificando-a e anulando, assim, toda possível história futura diferente, exterminando toda possibilidade de mudança inovadora.

Existem, sem dúvida, diferenças entre os seres humanos, pessoas que se mostram mais bem preparadas e mais talentosas que as outras, e que constituiriam de algum modo uma *elite,* que não se confunde com os grupos de detentores do poder político e da riqueza. Mas esse destaque é circunstancial, o espaço dos *melhores* é ocupado por uma população flutuante, seus habitantes são provisórios e não têm nele residência garantida. O sábio de hoje pode se tornar rapidamente o tolo de amanhã. De uma hora para outra, qualidades viram defeitos, acertos resultam em erros. E a qualquer momento, os de *baixo* – sem que os idealizemos! – podem nos surpreender com a perspicácia de seus *insights*.

A distorção ideológica do elitismo não está no fato de ele advertir contra os riscos do *plebeísmo,* de uma perda de qualidade cultural ou da *socialização* da vulgaridade, e sim na incapacidade de seus teóricos para enxergar as potencialidades do aprendizado das camadas populares por meio da participação ampliada no exercício da cidadania.

Assustados com as expressões mais barulhentas dos movimentos sociais, os teóricos do elitismo repetem que são favoráveis ao *progresso,* mas sem sacrifício da *ordem;* recomendam *prudência* e *moderação;* e asseguram que qualquer *radicalização* nas reivindicações populares *igualitárias* pode prejudicar os delicados mecanismos de proteção das liberdades individuais.

A distorção ideológica começa na resposta que esses teóricos dão à questão proposta por Antonio Gramsci: é impensável a possibilidade de que algum dia venha a ser superada a divisão dos seres humanos entre governantes e governados? Entre dirigentes e dirigidos?

Na medida em que consideram a hipótese da superação da dicotomia perigosamente utópica, os teóricos do elitismo não só se recusam a admiti-la (não se permitem sequer enxergá-la como possibilidade) como se insurgem contra aqueles que a reconhecem como futuramente alcançável.

Mesmo entre os liberais, essa distorção ideológica pode ser percebida com sintomática clareza. Se fossem coerentes com o discurso que fazem, ainda que céticos em relação à utopia de uma sociedade integralmente democratizada, eles aceitariam como legítima a busca dessa democratização e defenderiam o direito dos outros de tentar alcançá-la. (Podemos lembrar a frase famosa do liberal Voltaire: "Posso não concordar com nenhuma palavra daquilo que o senhor está dizendo, mas defenderei até a morte o seu direito de dizê-lo".) No entanto, ao longo da história dos dois últimos séculos, numerosos liberais têm, com frequência, apoiado ditaduras e políticas de repressão aos socialistas e às correntes de esquerda, em geral.

Esse fenômeno, aliás, nos faz lembrar que uma das características da ideologia, tal qual Marx a analisou, está no fato de que ela se revela com maior franqueza na ação do que no discurso.

Falando, o político – desde os tempos de Péricles, em Atenas – pode conseguir convencer os outros de que os interesses particulares por ele representados coincidem com os interesses gerais da sociedade. Agindo, porém, pondo em prática suas ideias, traduzindo-as em medidas práticas, que são sentidas no cotidiano da comunidade, cada um terá ocasião de avaliar por conta própria, com maior objetividade, o conteúdo real da política que está sendo implementada.

UMA QUESTÃO NUNCA INTEIRAMENTE RESOLVIDA?

A partir de Marx, a questão da ideologia vem se impondo ao pensamento contemporâneo como uma questão crucial das discussões mais apaixonadas em torno da teoria do conhecimento. Depois de ter exercido poderosa influência nas ideias do século XX (como procuramos recordar na primeira parte deste livro), o filósofo alemão do século XIX continua interpelando os teóricos do início do século XXI.

Não existe imunidade contra a ação sutil da ideologia: ela pode se manifestar tanto na percepção sensível quanto na análise e na reflexão; pode aparecer tanto na pretensão à universalidade quanto na resignação à particularidade. O pensamento pode se perder tanto na abstração quanto na empiria. A sensibilidade pode falhar sendo intensa ou enfraquecida.

Hegel ensinava que o erro é um momento necessário no caminho da verdade. É uma observação justa, porém demasiado genérica. Em face da questão da ideologia, somos interpelados permanentemente sobre os erros concretos que possivelmente estamos cometendo e devemos tentar identificá-los um a um.

O empenho desmistificador é valioso mas não garante a eficácia da desmistificação. Para enxergar nossos limites, para reavaliar nossas tolices, em última análise dependemos dos outros, porque nosso impulso mais comum costuma ser marcado pela autoindulgência.

Não é casual que uma das expressões mais típicas do *triunfalismo* da ideologia dominante entre nós seja uma peça que parece uma caricatura de uma epopeia: o *curriculum vitae.* Quem se candidata a um emprego, quem pretende conseguir uma promoção no trabalho, apresenta essa peça cheia de meias verdades patéticas ou ridículas, e sonega informações a respeito de suas derrotas (embora muitas vezes as derrotas tenham ensinado à pessoa coisas mais importantes do que os *êxitos* exibidos com tola vaidade).

Em 1984, num livro intitulado O *marxismo na batalha das ideias,* o autor do presente trabalho argumentou no sentido de que devemos reconhecer que, mesmo numa trajetória pessoal *bem-sucedida,* é elevado o coeficiente de fracasso. E chegou a sugerir que, ao lado do *curriculum vitae,* numa tentativa de corrigir sua unilateralidade, as pessoas fossem desafiadas a elaborar outro documento com o histórico de suas derrotas e seus fracassos: o *curriculum mortis* (Konder, 1984). Seria, com certeza, uma peça mais interessante do que a outra; e provavelmente contribuiria para a crítica da ideologia.

A questão da ideologia, quando é reconhecida e enfrentada, exacerba a desconfiança e relativiza os conhecimentos constituídos. Isso é, com certeza, profundamente necessário para o avanço do conhecimento. Mas, para complicar mais as coisas, a distorção ideológica pode se infiltrar na própria desconfiança ou mesmo na relativização. A exacerbação da desconfiança e o exagero da relativização podem acarretar certo esvaziamento no esforço do conhecimento, certa desmobilização na práxis. A ideologia pode estar no excesso como na insuficiência; no que falta como no que sobra. O poeta Fernando Pessoa se deu conta disso no *Cancioneiro,* quando escreveu:

No mal-estar em que vivo,
no mal pensar em que sinto,
sou de mim mesmo cativo,
a mim mesmo minto.

Nenhum conhecimento pode ser considerado isento de suspeitas. Nas condições das comunidades dilaceradas ou fechadas sobre si mesmas, na situação das sociedades marcadas pelo trabalho alienado e por graves divisões sociais, nos quadros de relações humanas rigidamente hierarquizadas, agravam-se, inevitavelmente, as dificuldades do conhecer.

A consciência dos indivíduos singulares mais ou menos *pulverizados* ou *atomizados* é levada a crer que seus movimentos estritamente particulares alcançam uma dimensão universal que, de fato, está longe deles.

Felizmente, ao mesmo tempo que se iludem, os indivíduos inquietos podem questionar suas próprias ilusões. Tropeçando nas distorções do conhecimento, os seres humanos insistem em reagir contra elas. Conhecer é um anseio que não se dissipa com a constatação das colossais dificuldades encontradas nos caminhos do conhecimento.

Onde há conhecimento há ideologia. Mas onde há ideologia há algum conhecimento, alguma coisa a ser aproveitada. Marx passou anos a fio na biblioteca do Museu Britânico, estudando as obras dos economistas ingleses cuja *cientificidade* ele contestava e cujo caráter ideológico ele sempre denunciou. O conhecimento não pode ser buscado *fora* da ideologia, porém está na própria ideologia, dentro dela, insistente, como um parasita benfazejo.

De maneira geral, essa compreensão de que o conhecimento, mesmo submetido às pressões deformadoras da ideologia, sobrevive e luta para se afirmar, é uma compreensão que encontramos entre teóricos que se ocupam dos problemas gnosiológicos nos mais diversos campos, como as ciências naturais, as ciências humanas e sociais, a história, a filosofia e as artes.

O historiador Arnold Hauser, por exemplo, adverte: "O desejo de ser livre de toda e qualquer ideologia é uma variante da velha ideia de salvação filosófica que prometia ao espírito humano acesso a um mundo de segurança meta-histórico e sobrenatural, de valores absolutos e eternos" (Hauser, 1973, p. 51). Não há como escapar ao ideológico (ou ao menos à suspeita de estar tropeçando nele, sem nos darmos conta).

Em outro trecho de seu livro, contudo, o mesmo Hauser ressalva o fato de que, se a ideologia nos aparece como inevitável, nem por isso devemos considerar inevitável a redução do conhecimento humano à ideologia, a total absorção do conhecimento pela ideologia. Nas palavras de Hauser:

> Apesar das inevitáveis parcialidades da nossa perspectiva mental, possuímos, na realidade, o poder de examinar criticamente o nosso próprio pensamento e desse modo corrigir, até certo ponto, a parcialidade e o erro das nossas opiniões. (Hauser, 1973, p. 16)

No exercício desse poder de examinar criticamente o nosso próprio pensamento, poderemos chegar a eliminar as distorções ideológicas? Estamos condenados a esperar um completo revolucionamento da sociedade, a superação de todas as consequências da luta de classes, o fim do capitalismo e a construção do comunismo, para poder nos apoiar em conhecimentos confiáveis? É claro que não é esse o caso.

Desde já, estamos – querendo ou não reconhecê-lo – recorrendo a *verdades,* a convicções suficientemente vigorosas para nos possibilitarem os meios de continuar vivos, os meios de prosseguir agindo, fazendo escolhas, definindo preferências, tomando decisões.

A desconfiança autocrítica, por mais que se radicalize, não elimina em nós a persistência de convicções positivas. O exercício da descrença não suprime a crença. Até para descrer, preciso crer em alguma coisa: preciso crer ao menos na minha capacidade de descrer.

O poeta Brecht diz isso num poeminha gracioso:

> Só acredite no que seus olhos veem e seus ouvidos escutam
> Não acredite nem no que seus olhos veem e seus ouvidos escutam
> E saiba que, afinal, não acreditar ainda é acreditar.

Se, por hipótese, descreio de absolutamente tudo, não posso sequer comunicar minha crença na descrença, porque o simples fato de expressá-la na linguagem mostraria que continuo acreditando que vale a pena falar. Se nada vale a pena, não valeria a pena dizer (para quê? para quem?) que nada vale a pena.

Somos seres de carne e osso, seres vivos, engajados na aventura de viver. Existimos agindo, tomando decisões, fazendo escolhas, tomando iniciativas, trabalhando, utilizando na nossa atividade o imprescindível (embora precário) conhecimento disponível. É na prática, na realização dos nossos projetos, que checamos a justeza dos nossos pensamentos e a verdade dos conhecimentos em que nos apoiamos.

Reencontramos, então, a reflexão do velho Marx. A questão da ideologia é uma questão teórica crucial mas não tem solução no plano da teoria: é aquela questão a que se refere uma das "Teses sobre Feuerbach", quando Marx nos diz que se trata, efetivamente, de uma questão teórica que é *prática*, que deverá ser resolvida pela *práxis*.

A práxis, na concepção de Marx, é uma atividade teleológica, projetiva, antecipadora de objetivos; e, para que o sujeito possa alcançar objetivos que estão sempre mudando, cabe-lhe repensar o que supostamente já sabia e enfrentar o desafio de inventar maneiras novas de perseguir novas metas.

A práxis, então, é a atividade pela qual o ser humano se autorrealiza, fazendo sempre recuarem os limites que lhe são impostos. É uma atividade que carece de qualquer ponto fixo de chegada. Precisa se inventar e para isso deve criar sempre teorias

278 • A QUESTÃO DA IDEOLOGIA

novas, construir novos conhecimentos, assumindo novos riscos. Podemos concluir, assim, que, de algum modo, *a questão da ideologia não pode ser inteiramente resolvida, ou, ao menos, não pode ter uma solução cabal, conclusiva, tranquilizadora. Ela será sempre "resolvida", na medida do possível, em cada época, em cada contexto específico.*

No capítulo dedicado à questão da ideologia em Marx, no início deste livro, foram lembrados os conceitos de *valor de uso* e *valor de troca*. E foi dito que, para o autor d'*O capital,* o valor de uso é por natureza qualitativo e subjetivo, quer dizer, existe no processo vital pelo qual os sujeitos necessitam de algo ou desejam alguma coisa e se servem dela. O valor da coisa, então, está no sujeito que a aprecia, que a usa ou a consome. Já o valor de troca é diferente: ele se realiza no âmbito de relações sociais objetivas e é avaliado quantitativamente.

Marx notou que já no século XIX o valor de troca estava expandindo em ritmo acelerado a esfera da sua vigência, desde que o mercado se tornara o centro da vida, no modo de produção capitalista. De lá para cá, o processo da expansão se acelerou ainda mais, tornou-se vertiginoso e invadiu o espaço que costumava ser ocupado pelo valor de uso.

O valor de uso não pode desaparecer porque corresponde a algo de essencial na existência humana: à necessidade que o sujeito tem de tomar decisões, de fazer escolhas, de hierarquizar preferências, de poder definir metas, de satisfazer desejos, de atender às suas necessidades.

Nietzsche dizia que, em sânscrito, a palavra usada para designar o homem significava *aquele que avalia.* Há quem questione a exatidão filológica dessa afirmação, porém sua força está na contribuição que ela nos traz – filosoficamente – para a compreensão de que a humanidade e os valores intrinsecamente qualitativos são, de fato, interdependentes.

Os valores de uso, portanto, são inelimináveis. Contudo, estão sendo cada vez mais severamente danificados. Na medida em que passam a ser quantificados e lhes são atribuídos *preços,* eles vão deixando de ser reconhecidos pelo que são. Tornando-se vendáveis, são incorporados à dinâmica do valor de troca e sofrem graves perdas de credibilidade e respeito.

A perspectiva de uma postura crítica consequente, revolucionária, em face do capitalismo passa por uma luta constante contra a expansão desmesurada da lógica do valor de troca e pelo resgate da significação vital do valor de uso.

O processo da relação entre o conhecimento e a ideologia tem, de certo modo, características análogas às do processo da tensa relação entre o valor de uso e o valor de troca, nas condições do capitalismo. O conhecimento corresponde a uma necessidade humana tão profunda como o valor de uso e é tão insuprimível quanto este. E a ideologia é tão objetivamente necessária, historicamente, quanto o valor de troca, mas exerce efeitos daninhos, perniciosos, ao expandir seus domínios e impor sua dinâmica para além das fronteiras impostas pela busca do conhecimento (tal como o valor de troca acarreta danos ao valor de uso, quando passa a exorbitar de seu antigo território).

Ao que tudo indica, os marxistas – e o próprio Marx já abria caminho para isso – tenderam a confiar demasiadamente no encaminhamento rápido da solução das dificuldades da questão da ideologia por meio da ação revolucionária do movimento operário e das organizações socialistas.

A prática dos trabalhadores e a luta dos revolucionários cortariam o nó górdio da teoria. Não havia motivo, então, para que se fizesse um investimento muito maior do que aquele que efetivamente era feito na análise ou na reflexão teórica, na elaboração de novos conceitos ou na revisão de velhas categorias.

Ao longo do século XX, porém, algumas características importantes da massa dos trabalhadores se modificaram, o perfil da classe mudou e ela se mostra hoje bem mais heterogênea do que no século XIX.

As experiências socialistas tiveram resultados mais problemáticos do que seus idealizadores imaginavam. A Revolução Russa de novembro de 1917 criou um Estado de novo tipo, cujo modelo foi amplamente exportado, mas durou apenas sete décadas.

Chegou-se a uma nova situação, na qual precisamos cobrar de nós mesmos um aprofundamento na análise e na reflexão sobre a questão da ideologia. E esse aprofundamento não pode deixar de se fazer em ligação com o conceito decisivo na filosofia de Marx: o conceito de práxis.

A práxis, atividade projetiva, teleológica, antecipadora de objetivos, fundada sobre opções, necessita da teoria. E nada lhe assegura que ela venha a ter, no nível de que carece, a teoria pela qual anseia.

Entre o *praticismo* do militante disciplinado que se limita a cumprir tarefas e o *sábio* que tem *vocação especulativa* e se dedica exclusivamente à teoria, encerrado na biblioteca, há diversos espaços que podem proporcionar mediações fecundas entre a paixão vivida na ação e a reflexão crítica independente, mas comprometida com o projeto transformador (e com sua concretização).

Uma das constatações que podem ser feitas a partir dos capítulos deste livro é a de que os pensadores mais notáveis, entre os que refletiram sobre a questão da ideologia, exploraram relativamente bem pouco as possibilidades de um efetivo diálogo entre eles, no que se refere ao conceito de ideologia. As reflexões mais instigantes não se articulavam (a não ser sofrendo violência conceitual) em torno de um movimento que pudesse ser caracterizado como expressão de uma "racionalidade" histórica. E não é casual que os defensores dessa "racionalidade", para dá-la por constituída, precisem quase sempre recorrer a justificativas que remetem à ação de grupos, sistemas ou partidos organizados, que são apresentados desde logo, acriticamente, como "encarnações" práticas da "revolução".

A convicção que se formou no autor do presente trabalho, durante a pesquisa, a convicção que se enraizou na observação dos problemas relacionados à questão da ideologia neste início do século XXI, é a de que, para poder estimular avanços mais profundos na análise crítica dos fenômenos ideológicos, a práxis dos revolucionários, nas atuais circunstâncias, necessita de *investimentos maiores e mais ousados na teoria*.

Embora, em última análise, a solução de problemas teóricos cruciais dependa da ação prática, convém fazer a ressalva de que a ação prática capaz de resolver esses problemas precisa, ela mesma, da teoria. Quer dizer: precisa de uma teoria melhor, mais abrangente e mais rigorosa do que aquela que tem tido. Essa conclusão não implica menosprezo algum pelo trabalho dos teóricos que se empenharam em decifrar os enigmas dos períodos anteriores ao nosso. Ao contrário, o avanço no trabalho teórico a ser empreendido agora pressupõe o exame rigoroso – e por isso mesmo respeitoso – do que já foi feito no plano da teoria.

No balanço do caminho percorrido e na reavaliação das teorias elaboradas no passado, a distorção ideológica, como já observamos em outros momentos e em outros movimentos da consciência, pode operar de diversos modos: pode induzir o sujeito a uma postura exacerbadamente destrutiva em relação a tudo que precedeu sua compreensão das coisas (o mapeamento das ideias alheias se torna, como disse Gramsci, uma espécie de "museu de monstruosidades") e também pode levar o observador a não reconhecer a profundidade das rupturas, superdimensionando a dimensão da continuidade e promovendo o aproveitamento superficial de *cacos* de conhecimento empírico, num amálgama eclético, que dissolve a teoria e esconde as contradições.

A práxis, nas circunstâncias atuais, precisa estar atenta para os riscos de ambos os movimentos da ideologia. Na busca da teoria de que necessita, ela deve aproveitar a lição de Gramsci: *o ponto de vista mais avançado tem de ser também o mais abrangente.*

É a abrangência que permite ao sujeito da práxis aproveitar a riqueza de um quadro de referências mais amplo, alargar o campo do pensável, enriquecer o espaço das comparações e fazer escolhas mais bem fundamentadas. É a abrangência que viabiliza o esforço de uma rejeição efetiva às explicações unilaterais e simplistas, abrindo caminho para as indagações relativas ao novo, isto é, à "formação ininterrompida da novidade qualitativa" (como dizia o Lukács de *História e consciência de classe*).

É claro que a abrangência de que fala Gramsci não pode ser entendida como mera ampliação de informações recolhidas ou como um acréscimo de erudição. Cumpre entendê-la como uma *visão de conjunto*, um recurso de contextualização, que possibilita à práxis orientar-se de maneira a superar as distorções ideológicas mais rudes ou mais toscas (e talvez algumas das mais sutis e sofisticadas). Comprometida com a ação transformadora, com a criatividade dos seres humanos, a abrangência nos incita a ultrapassar os limites dos conhecimentos constituídos, nos convoca para avançar no campo do *saber constituinte*, quer dizer, no campo dos conhecimentos capazes de reconhecer sua própria historicidade e aptos para uma participação ativa, decisiva, na invenção histórica dos homens por eles mesmos.

REFERÊNCIAS BIBLIOGRÁFICAS

ADORNO, Theodor. *Ästhetische Theorie*. Frankfurt/Main: Ed. Suhrkamp, 1974.

_____. *Minima moralia*. Trad. de Luiz Eduardo Bicca. São Paulo: Ática, 1992.

_____. *Prismas*. Trad. espanhola de Manuel Sacristán. Barcelona: Ariel, 1962.

_____. *Philosophische: Terminologie*. Frankfurt/Main: Suhrkamp, 1973.

_____. *Gesammelte Schriften*. Frankfurt/Main: Suhrkamp, 1972 e anos seguintes.

ADORNO, Theodor W. & HORKHEIMER, Max. *Dialética do esclarecimento*. Trad. de Guido Antonio de Almeida. Rio de Janeiro: Zahar, 1985.

AGOSTI, Hector P. *Ideología y cultura*. Buenos Aires: Estudio, 1979.

ALTHUSSER, Louis. *Aparelhos ideológicos de Estado*. Trad. de Walter José Evangelista & Maria Laura Viveiros de Castro. Rio de Janeiro: Graal, 1983.

ANDERSON, Perry. *As origens da pós-modernidade*. Trad. de Marcus Penchel. Rio de Janeiro: Jorge Zahar Editor, 1999.

ANDREUCCI, Franco. "A difusão e a vulgarizaçãodo marxismo". *In*: HOBSBAWM, Eric J. *et al. História do marxismo*. v. 2. O marxismo na época da Segunda Internacional. Rio de Janeiro: Paz e Terra, 1982.

APTER, David Ernest. *Ideology and Discontent*. Berkeley/California: Institute of International Studies, 1964.

BACON, Francis. "Novum organum". *In: Bacon*. São Paulo: Nova Cultural, 1982. Coleção Os Pensadores.

BAKHTIN, Mikhail. *Marxismo e filosofia da linguagem*. Trad. Michel Lahud & Iara Frateschi Vieira. 3ª ed. São Paulo: Hucitec, 1986.

_____. *Estética da criação verbal*. Trad. de Maria Ermantina Galvão Gomes Pereira. São Paulo: Martins Fontes, 1992.

_____. *Problemas da poética de Dostoievski*. Trad. de Paulo Bezerra. Rio de Janeiro: Forense Universitária, 1981.

_____. *L'Oeuvre de François Rabelais et la culture populaire au Moyen Age et sous la Renaissance*. Paris: Gallimard, 1970.

_____. *Esthétique et théorie du roman*. Paris: Gallimard, 1978.

BAUDRILLARD, Jean. *A transparência do mal*. Trad. de Estela dos Santos Abreu. Campinas: Papirus, 1990.

_____. *Simulacres et simulation*. Paris: Galilée, 1981.

_____. *O paroxista indiferente*. Lisboa: Edições 70, 1998.

284 • A QUESTÃO DA IDEOLOGIA

BELL, Daniel. *The End of Ideology;* on the Exhaustion of Political Ideas in the Fifties. Nova York: Free Press/Macmillan, 1961.

BENJAMIN, Walter. *Gesammelte Schriften.* Frankfurt/Main: Suhrkamp, 1974 e anos seguintes.

BIRMAN, Joel. *Mal-estar na atualidade.* Rio de Janeiro: Civilização Brasileira, 1999.

BOBBIO, Norberto, MATTEUCCI, Nicola & PASQUINO, Gianfranco (coords.). *Dicionário de política.* Brasília: Editora da UnB, 1998.

BOUDON, Raymond. *A ideologia.* Trad. de Emir Sader. São Paulo, Ática, 1989.

BOURDIEU, Pierre. *A dominação masculina.* Trad. de Maria Helena Kühner. Rio de Janeiro: Jorge Zahar, 1999.

BRAUDEL, Fernand. *Civilização material e capitalismo.* Lisboa: Cosmos, 1970.

BUCK-MORSS, Susan. *The origin of negative dialectics:* Theodor W. Adorno, Walter Benjamin and the Frankfurt Institute. Hassocks/Sussex: Harvester Press, 1977.

CANDIDO, Antonio. *O discurso e a cidade.* São Paulo: Duas Cidades, 1993.

CARLTON, Eric. *Ideology and Social Order.* Londres: Routledge & Kegan Paul, 1977.

CHAUI, Marilena. *O que é ideologia.* São Paulo: Brasiliense, 1980. Coleção Primeiros Passos.

_____. *Cultura e democracia.* São Paulo: Moderna, 1981.

_____. *Conformismo e resistência.* São Paulo: Brasiliense, 1986.

CONNOLY, William E. *Political Science & Ideology.* Nova York: Atherton Press, 1967.

COUTINHO, Carlos Nelson. *Contra a corrente.* São Paulo: Cortez, 2000.

CUSA, Nicolau de. *De la docte ignorance.* Paris: Ed. de la Maisnée, 1979.

DEBRUN, Michel. *Ideologia e realidade.* Rio de Janeiro: Instituto Superior de Estudos Brasileiros (Iseb), 1959.

DIDEROT, Denis. "Suplemento à viagem de Bougainville". *In: Diderot.* Trad. de Jacob Guinsburg. São Paulo: Nova Cultural, 1985. Coleção Os Pensadores.

DUBY, Georges. *As três ordens ou o imaginário do feudalismo.* Lisboa: Editorial Estampa, 1981.

_____. "História social e ideologia das sociedades". *In*: LE GOFF, Jacques, NORA, Pierre (orgs.) *História*: Novos problemas. Trad. de Theo Santiago. Rio de Janeiro: Francisco Alves, 1976.

_____. "Ideologias e história social". *In: História: Novos problemas.* Trad. de Theo Santiago. Rio de Janeiro: Francisco Alves, 1977.

_____. *A história continua.* Rio de Janeiro: Jorge Zahar & Editora da UFRJ, 1993.

_____. *Guerreiros e camponeses.* Lisboa: Editorial Estampa, 1980.

DUBY, Georges, LE GOFF, Jacques, LE ROY LADURIE, Emmanuel *et al. A Nova História.* Lisboa: Edições 70, 1978.

EAGLETON, Terry. *Ideologia.* Trad. de Luís Carlos Borges e Silvana Vieira. São Paulo: Boitempo/Editora da Unesp, 1997.

_____. *As ilusões do pós-modernismo.* Trad. de Elisabeth Barbosa. Rio de Janeiro: Jorge Zahar, 1993.

ELIAS, Norbert. O *processo civilizatório.* Rio de Janeiro: Jorge Zahar, 1993.

FINKELSTEIN, Sidney. *Art and Society.* Nova York: International Publishers, 1947.

LEANDRO KONDER • 285

FISCHER, Ernst. *A necessidade da arte.* Rio de Janeiro: Jorge Zahar, 1967.

FOUCAULT, Michel. *Microfísica do poder.* rev. e org. de Roberto Machado. Rio de Janeiro: Graal, 1979.

_____. *Em defesa da sociedade.* Trad. de Maria Ermantina Galvão. São Paulo: Martins Fontes, 1999.

FOURIER, Charles. "Le nouveau monde industriel et sociétaire", em *Oeuvres complètes,* v. VI. Londres: Anthropos, 1970.

FREITAG, Barbara. *A teoria crítica ontem e hoje.* São Paulo: Brasiliense, 1986.

FREUD, Sigmund. Interpretação dos sonhos, em *Obras completas,* edição standard, volumes IV e V. Rio de Janeiro: Imago, 1996.

_____. Moisés e o monoteísmo, em *Obras completas,* edição standard, volume XXIII. Rio de Janeiro: Imago, 1996a.

_____. *Totem e tabu.* Trad. de Origon Carneiro Muniz. Rio de Janeiro: Imago, 1999.

_____. *O mal-estar na civilização.* Trad. de José Octávio de Aguiar Abreu. Rio de Janeiro: Imago, 1997.

_____. *O futuro de uma ilusão.* Trad. de José Octávio de Aguiar Abreu. Rio de Janeiro: Imago, 1997b.

GABEL, Joseph. *La Fausse conscience.* Paris: Éditions de Minuit, 1962.

_____. *Idéologies.* Paris: Anthropos, 1974.

GIDDENS, Anthony. *Mundo em descontrole: o que aglobalização está fazendo de nós.* Trad. de Maria Luiza de Borges. Rio de Janeiro: Record, 2000.

GINZBURG, Carlo. *Mitos, emblemas, sinais.* São Paulo: Companhia das Letras, 1987.

GOLDMANN, Lucien. *Le Structuralisme genetique.* Paris: Denoel/Gonthier, 1977.

_____. *Epistemologia e filosofia política.* Lisboa: Editorial Presença, 1984.

GRAMSCI, Antonio. *Quaderni del carcere.* Edição crítica do Instituto Gramsci, org. de Valentino Gerratana. Turim: Einaudi, 1975.

HABERMAS, Jürgen. *O discurso filosófico da modernidade.* Trad. de Ana Maria Bernardo *et al.* Lisboa: Dom Quixote, 1990.

_____. *Didática e hermenêutica.* Trad. Alvaro L. M. Valls. Porto Alegre: L&M, 1987.

_____. *La technique et la science comme "idéologie".* Trad. francesa de Jean-René Ladmiral. Paris: Gallimard, 1973a.

_____. *Erkenntnis und Interesse.* Frankfurt/Main: Suhrkamp, 1973b.

HAUPT, Georges. *L' Historien et le mouvement social.* Paris: Maspero, 1980.

HAUSER, Arnold. *Teorias da arte.* Trad. de F. E. G. Quintanilha. São Paulo/Lisboa: Martins Fontes/Editorial Presença, 1973.

HEGEL, G. W. F. *Grundlinien der philosophie des rechts.* Frankfurt/Main: Suhrkamp,1970a.

_____. *Phänomenologie des geistes.* Frankfurt/Main: Ulstein, 1970b.

HELLER, Agnes. *O quotidiano e a história.* Trad. de Carlos Nelson Coutinho. Rio de Janeiro: Paz e Terra, 1970.

HORKHEIMER, Max. *Origens da filosofia burguesa da história.* Lisboa: Editorial Presença, 1984.

_____. *Traditionelle und kritische Theorie.* Frankfurt/Main: Fischer, 1970.

JAMESON, Fredric. *O inconsciente político*. Trad. de Valter Lellis Siqueira, rev. de Maria Elisa Cevasco. São Paulo: Ática, 1992.
_____. *O método Brecht*. Rio de Janeiro: Vozes, 1999.
_____. *Marxismo e forma*. Trad. de Iumma Maria Simon, Ismail Xavier e Fernando Oliboni. São Paulo: Hucitec, 1985.
_____. *Pós-Modernismo*. Trad. de Maria Elisa Cevasco, rev. de Iná Camargo Costa. São Paulo: Ática, 1996.
_____. *Marxismo tardio: Adorno, ou a persistência da dialética*. Trad. de Luiz Paulo Rouanet. São Paulo: Editora da Unesp/Boitempo editorial, 1996a.
_____. *Espaço e imagem*. Trad. de Ana Lúcia Almeida Gazolla. Rio de Janeiro: Editora da UFRJ, 1994.
_____. *As marcas do visível*. Vários tradutores. Rio de Janeiro: Graal, 1993.
_____. *The Prison House of language*, Princeton: Princeton University Press, 1972
_____. *Fables of aggression*, California: *University of California Press*, 1979.
JAY, Martin. *The Dialectical Imagination: a History of the Frankfurt School and the Institute of Social Research*. Boston: Little Brown, 1973.
KANT, Immanuel. *Ideia de uma história universal de um ponto de vista cosmopolita*. São Paulo: Brasiliense, 1986.
KONDER, Leandro. *Introdução ao fascismo*. Rio de Janeiro: Graal, 1977.
_____. *O marxismo na batalha das ideias*. Rio de Janeiro: Nova Fronteira, 1984.
KOSIK, Karel. *Dialética do concreto*. Trad. de Célia Neves e Alderico Toríbio. Rio de Janeiro: Paz e Terra, 1969.
KUMAR, Krishan. *Da sociedade pós-industrial à pós-moderna*. Rio de Janeiro: Jorge Zahar, 1997.
LACAN, Jacques. *Escritos*. Trad. Vera Ribeiro. Rio de Janeiro: Jorge Zahar, 1998.
LAPLANCHE e PONTALIS. *Vocabulário da psicanálise*. São Paulo: Martins Fontes, 1986.
LE GOFF, Jacques, *Para um novo conceito de Idade Média*. Lisboa: Editorial Estampa, 1980.
LEFEBVRE, Henri. *La vie quotidienne dans le monde moderne*. Paris: Gallimard, 1968.
LICHTHEIM, George. *The concept of ideology and other essays*. Nova York: Randon House, 1967.
LÖWY, Michael. *As aventuras de Karl Marx contra o Barão de Münchhausen*. Trad. de Juarez Guimarães e Suzanne Felício. São Paulo: Buscavida, 1987.
LUKÁCS, Geörg. *Geschichte und klassenbewusstsein*. Neuwied/Berlim: Luchterhand, 1970.
_____. *Schriften zur ideologie und politik*. Neuwied/Berlim: Luchterhand, 1967.
LYOTARD, Jean-François. *A condição pós-moderna*. Rio de Janeiro: José Olympio, 1986.
MACRAE, Donald G. *Ideology and society*. Londres: Heinemann, 1961.
MAFFESOLI, Michel. *Lógica da dominação*. Trad. de Mamede de Souza Freitas. Rio de Janeiro: Jorge Zahar, 1978.
_____. *O conhecimento comum*. São Paulo: Brasiliense, 1988.

MANNHEIM, Karl. *Ideologia e utopia*. 2ª ed. Trad. de Sérgio M. Santeiro, rev. técnica de César Guimarães. Rio de Janeiro: Jorge Zahar, 1972.

MARCUSE, Herbert. *Cultura e sociedade*. Trad. de Wolfgang Leo Maar, Isabel Maria Loureiro e Robespierre de Oliveira. Rio de Janeiro: Paz e Terra, 1992.

_____. *O marxismo soviético*. Rio de Janeiro: Saga, 1969.

_____. *A ideologia da sociedade industrial*. Trad. de Giasone Rebua. Rio de Janeiro: Jorge Zahar, 1967.

_____. *Eros e civilização*. 7ª ed. Trad. de Álvaro Cabral. Rio de Janeiro: Jorge Zahar, 1978.

MERQUIOR, José Guilherme. *As ideias e as formas*. Rio de Janeiro: Nova Fronteira, 1980.

MÉSZÁROS, István. *Filosofia, ideologia e ciência social*. Vários tradutores, rev: técnica de Ester Vaisman. São Paulo: Ensaio, 1993.

_____. *O poder da ideologia*. Trad. de Magda Lopes. São Paulo: Ensaio, 1996.

MEW. *Marx-Engels-Werke*. Berlim: Dietz, 1959 e anos seguintes.

MONTAIGNE, Michel de. "Ensaios" em *Montaigne*. Trad. de Sérgio Millet. São Paulo: Abril Cultural, 1972. Coleção Os Pensadores.

OSTROWER, Fayga. *A sensibilidade do intelecto*. Rio de Janeiro: Campus, 1998.

PLASTINO, Carlos. *A aventura freudiana*, Rio de Janeiro: Tempo Brasileiro/Editora da UFRJ, 1993.

PLEKHANOV, *Gueorgui*. *A arte e a vida social*. Trad. de Aryde Andrade. Rio de Janeiro: Lux, 1955.

RANCIÉRE, Jacques. *La leçon d'Althusser*. Paris: Gallimard, 1974.

RICOEUR, Paul. *Interpretação e ideologias*. 4ª ed. Trad. de H. Japiassu. Rio de Janeiro: Francisco Alves, 1990.

ROUANET, Sergio Paulo. *A razão cativa*. São Paulo: Brasiliense, 1985.

_____. *As razões do Iluminismo*. São Paulo: Companhia das Letras, 1987.

_____. *Mal-estar na modernidade*. São Paulo: Companhia das Letras, 1993.

SADE, Marquês de. *Justine ou les malheurs de la vertu*. Paris: Le Soleil Noir, 1950.

_____. *Histoire de Juliette, les prosperités du vice*. Paris: J. J. Pauvert, 1954.

SCHWARZ, Roberto. *Ao vencedor as batatas*. São Paulo: Duas Cidades, 1977.

_____. *Um mestre na periferia do capitalismo*. São Paulo: Companhia das Letras, 1990.

SELIGER, Martin. *The marxist conception of ideology; a critical essay*. Cambridge: Cambridge University Press, 1977.

SLATER, Phil. *A origem e o significado da Escola de Frankfurt*. Trad. de Alberto Oliva. Rio de Janeiro: Jorge Zahar, 1978.

STEIN, Ernildo. *História e ideologia*. Porto Alegre: Movimento, 1972.

TRAGTENBERG, Mauricio. *Burocracia e ideologia*. São Paulo: Brasiliense, 1992.

VOVELLE, Michel. *Idéologies et mentalities*. Paris: Maspero, 1982.

VYGOTSKY, Lev Semyonovich. *Pensamento e linguagem*. Trad. de Jefferson Luiz Camargo, rev. técnica de José Cipolla Neto. São Paulo: Martins Fontes, 1993.

WATKINS, Frederick & KRAMMIK, Isaac. *A idade da ideologia*. Trad. de Rosa Maria e José Viegas. Brasília: Editora da UnB, 1981.

WILLIAMS, Raymond. *Marxism and literature.* Oxford: Oxford University Press, 1977.
WOLIN, Richard. *Walter Benjamin, an Aesthetic of Redemption.* Nova York: Columbia University Press, 1982.
ZIZEK, Slavoj. *Eles não sabem o que fazem.* Trad. de Vera Ribeiro. Rio de Janeiro: Jorge Zahar, 1990.
_____. (org.). *Um mapa da ideologia.* Trad. de Vera Ribeiro. Rio de Janeiro: Contraponto, 1996.